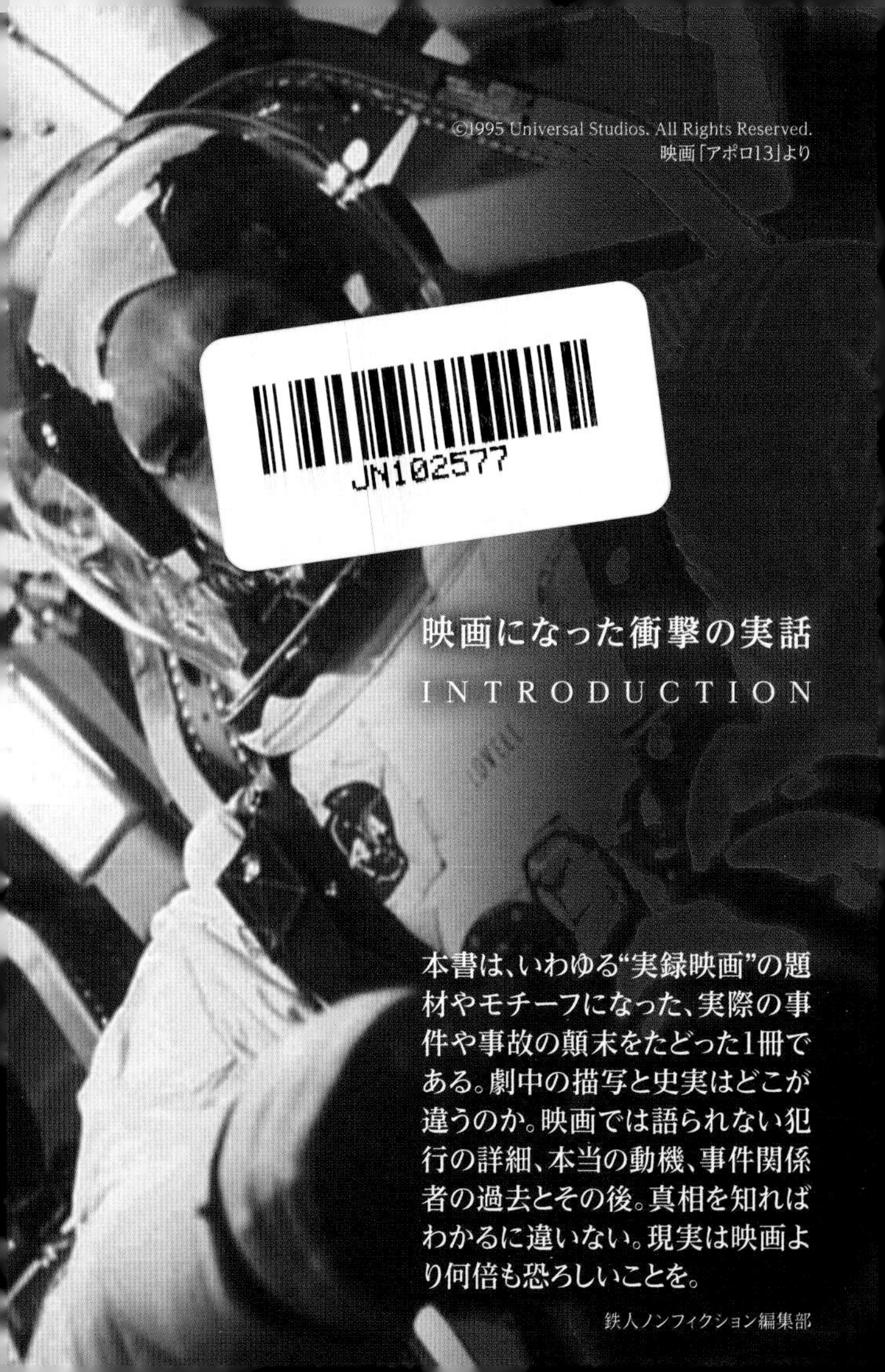

映画「アポロ13」より

映画になった衝撃の実話

INTRODUCTION

本書は、いわゆる“実録映画”の題材やモチーフになった、実際の事件や事故の顛末をたどった1冊である。劇中の描写と史実はどこが違うのか。映画では語られない犯行の詳細、本当の動機、事件関係者の過去とその後。真相を知ればわかるに違いない。現実は映画より何倍も恐ろしいことを。

鉄人ノンフィクション編集部

事件を主導した
白人警官役のウィル・ポールター。
映画「デトロイト」より

デトロイト暴動の様子。43人が死亡、
1,189人が負傷した。実際の写真

デトロイト

暴動の最中、白人警官が黒人3人を拷問・殺害

映画が暴いた「アルジェ・モーテル事件」の真相

FILMS

1967年7月26日、米ミシガン州デトロイト市内のホテル「アルジェ・モーテル」で、3人の黒人男性が殺害された。同月23日に勃発した暴動を鎮静しようとするデトロイト市警察の仕業だと判明するが、暴行・殺人・職権濫用罪などで起訴された3人の警察官は何のお咎めもなく無罪放免となった。

事件から50年、2017年に公開された映画「デトロイト」は、当事者たちへの取材と協力を得て、人種差別が原因で起きたこの殺人事件の顛末を克明に描いている。

現在、全米一危険な都市と言われるデトロイトは、20世紀初頭から自動車産業の拠点として発展。1950年代には人口185万人を超える、アメリカ4番目の都市として繁栄していた。

それが映画の舞台となった1967年、まさに崩壊への一石が投じられる。「アルジェ・モーテル」で亡くなった3人を含め43人が死亡、1千189人が負傷した「デトロイト暴動」だ。

映画では詳しく描かれていないが、デトロイトの繁栄を支えたのは南部からやってきた黒人と、ヨーロッパからの白人移住者である。

デトロイト

2017／アメリカ／監督：キャスリン・ビグロー
1967年に起きたデトロイト暴動を題材にした実録サスペンス。暴動の最中、警察が暴行を伴う尋問の結果、3人の黒人男性が死亡した「アルジェ・モーテル事件」の顛末を、「ハート・ロッカー」「ゼロ・ダーク・サーティ」などの社会派ドラマで著名な女性監督キャスリン・ビグローが、息詰まるタッチで描く。

1950～1960年代にかけて、黒人たちは公民権の適用と差別の撤回を求めて激しい「公民権運動」を繰り広げていたが、デトロイトは悪名高き白人至上主義団体「KKK」の主要拠点で、昔ながらの人種差別がまかり通っていた。大勢の黒人たちは市の西側の狭い地域に居住地を定められ、あてがわれるのは低賃金の3K仕事ばかりだった。

次第に黒人労働者と白人との格差は広がり、治安は悪化。市警察と黒人労働者は、まさに一触即発状態だった。そんな状況で7月23日早朝、デトロイト西側の無許可酒場に警察が摘発に入り、暴動が勃発する。映画のとおり、ベトナムからの帰還兵2人を祝うパーティに参加していた80人以上の黒人客が逮捕され、それを見ていた野次馬たちが暴れ始めたのだ。

暴動は23日から27日まで続く。市警察だけでは対処できず、当局はミシガン国家警備隊、州警察、ウェイン郡保安官らを動員。その間にも火災や略奪、狙撃などが街のあちこちで発生し、都市機能は完全に麻痺してしまう。

そして25日夜、アルジェ・モーテルで事件が起きる。宿泊者の黒人青年カール・クーパー（当時18歳）が、オモチャの銃で警察を挑発したのが発端だ。

発砲の通報を受けた警察は狙撃者を取り押さえるためホテルへ急行し、宿泊者への尋問を行う中で3人の黒人青年を殺害。後の裁判では、1人は容疑者、2人は警察による正当防衛とされ、青年らを直接、手にかけた警官3人は無罪となった。ちなみに陪審員は全員白人だった。

しかし、映画「デトロイト」は当時現場にいた当事者や警察、軍隊などにインタビューを行ったうえ、未だ明らかにされていない事件の真相に迫っている。

事件の舞台となったアルジェ・モーテル。
現在、建物は取り壊され公園になっている

あの夜、警察は宿泊者12人をモーテル1階の廊下に壁に手を付かせて並ばせると、銃の在処を探るべく、殴る蹴るの暴力とともに手荒い尋問を開始した。

もとより銃などあるはずもないが、警察は聞く耳を持たず、〝殺人ゲーム〟で彼らを脅す。これは、1人ずつを別部屋に連行、まるで殺したかのように見せかけて他メンバーを震え上がらせ、口を割らせるというものだ。

何とも汚い手口だが、劇中で描かれるように、若い警官ロナルド・オーガスト（同22歳）は、それがゲームと知らずオーブリー・ポーランド（同19歳）を本当に射殺してしまう。裁判でオーガストは、ポーランドが自分を襲ってきたため撃った「正当な殺人」と説明

上／事件で亡くなった3人。左から、フレッド・テンプル、オーブリー・ポーランド、カール・クーパー。全員が10代だった。　下／モーテルから運び出される犠牲者の遺体

して陪審員に認められたが、現場にいた警備隊の1人は、ポーランドが倒れる前に2人は決して争っていなかったと証言している。

　フレッド・テンプル（同17歳）が殺されたのも、映画のとおりで、銃やナイフを持っていたわけでもないのに警官ロバート・パイル（当時33歳）に撃たれてしまう。

　また、事件が発覚すると、警察が黒人警備員メルビン・ディスムケス（同25歳）を、まるで殺人事件の犯人であるかのように扱ったのも実際のとおりで、彼は裁判にも引っ張り出されている。

　映画と実際との違いは2つ。1つはアルジェ・モーテルで現場の指揮を執っていた市警察の白人警官フィリップ・クラウスのキャラクターである。モデルになったのは、デトロイト市警に勤務していたデビッド・セネック（同23歳）だが、劇中の彼の言動は、当時数多くいた差別主義者の白人警官を組み合わせたもの。ただし、セネックが最初にオモチャの銃を撃ったクーパーを尋問もせずに射殺、死体の横にナイフを置いて凶悪犯であるかのように仕立てたのは紛れもない事実だ。

主犯の白人警官は無罪釈放後、教会の執事に

事件の裁判に出廷した加害者の警官。左からロナルド・オーガスト、デビッド・セネック、ロバート・パイル。右の黒人男性は事件現場に居合わせた警備員メルビン・ディスムケスで、映画のコンサルタントを担当、「劇中で描かれたことは99.5%が真実」と断言している。カラー写真は劇中で演じたキャスト

もう1つは、たまたま居合わせた白人女性2人（当時18歳）への警察の態度だ。映画では1人だけを裸にし、「黒人と寝ていたのか」と侮蔑的言葉を投げかけている。ところが実際は、2人とも裸にしたうえ殴り、彼女たちがレズビアンの恋人だろうと、同性愛者を差別する言葉でなじったのだという。

事件後、加害者の3人はいずれも警官を辞め、主犯格のセネックは建設業を経て、教会の執事に。3人の被害者遺族はデトロイト市に対して訴訟を提起、和解金として、それぞれ6万2千500ドル（現在の価値にして約3千万円）を受け取った。

暴動で2千500以上の建物が破壊されたデトロイトは、その後白人の郊外への移住が進み、現在、街の中心街はゴーストタウンと化している。

15時17分、パリ行き

事件の当事者が本人役で出演

劇中では描かれない「タリス銃乱射事件」犯人の正体

乗客に向かって銃を構えるイスラム過激派の犯人。映画「15時17分、パリ行き」より

２０１８年公開の巨匠クリント・イーストウッド監督作「15時17分、パリ行き」は、２０１５年にヨーロッパで起きた無差別テロ「タリス銃乱射事件」を題材としている。

映画は、事件が起きた列車に乗り合わせ、犯人を取り押さえたアメリカ人の若者３人を主役に、事件に至るまでの彼らの半生を、プロの役者を使わず本人たちに演じさせることでリアルに再現しているが、事件を起こした犯人の詳細については全く触れられていない。

２０１５年8月21日、オランダ・アムステルダムからフランス・パリへ向かう15時17分発の高速鉄道「タリス」には、５５４人が乗り合わせていた。

列車がフランスとベルギーの国境付近を走行しているとき、１人の男性がトイレに入る。男は自動小銃、ピストル、大型ナイフで武装すると、外にいた乗客に向かって発砲。そのまま銃口を他の乗客に向けて歩き出した。

奥さんと旅行中だったフランス人のマーク・ムーガリアンは、とっさに飛びかかり、ライフルを奪うが隠し持っていたピストルで首を撃たれ崩れ落ちる。

ここから無差別銃撃が始まるはずだった。が、同じ車両に乗っていた客が男に立ち向かう。アメリカ空軍兵のスペンサー・ストーン、オレゴン州兵のアレク・スカラトス、

15時17分、パリ行き

2018／アメリカ／監督：クリント・イーストウッド
2015年8月21日、アムステルダム発パリ行きの高速鉄道の車内で発生した「タリス銃乱射事件」に立ち向かった3人のアメリカ人青年の半生、ヨーロッパ旅行の途中で事件に遭遇するまでの過程を追った人間ドラマ。主役の3人、当日の乗務員、負傷者を診た看護師、乗り込んできた刑事など多くの人たちが本人役で出演している。

実際の犯人アユーブ・エル・カザニ（事件当時25歳）

大学生のアンソニー・サンドラーの当時23歳の幼なじみ3人と、イギリス人ビジネスマンのクリス・ノーマンだ。彼らは、協力して男を制圧、取り押さえることに成功する。ちなみに、劇中では描かれていないが、本来なら乗客を守るべき乗務員は、乗務員室に逃げ込んで施錠。客が扉を叩いても対応せず、全員が殺されることを覚悟していたそうだ。

事件を起こした犯人は、アユーブ・エル・カザニ（当時25歳）。モロッコに生まれ、２００7年にスペイン移住。携帯電話会社に勤務する一方、「ジハード（聖戦、転じて自爆テロ）」を説くラジカルモスクに通っていた他、麻薬取引に関与。また、シリアで過ごした期間もあり、イスラム過激派として、ベルギー、スペイン、ドイツ当局にマークされ、フランスの国家安全保障にとって最高の警告レベルと認識されていたという。

事件後、カザニが、２０１5年11月、パリ市街と郊外の商業施設で、いわゆる「イスラム国」の複数の戦闘員が銃撃や爆発を同時多発的に起こし、死者１３０名、負傷者３００名以上を生んだ「パリ同時多発テロ事件」の首謀者アブデルハミド・アバウド（事件後、警察によって射殺）と緊密な関係を持っていることが判明し、当初はアバウドの指示でテロを起こしたものと考えられていた。

が、逮捕されたカザニは「目的は無差別テロではない。乗客から金を盗ろうとしただけだ」と供述。男を取り押さえたスカラトスも、ライフルにトラブルがあったものの犯人が対処法を知らなかったことから、銃器について訓練は受けていないだろうと証言しているそうだ。

いったい犯人の真の目的は何だったのか。カザニは2018年4月現在も沈黙を続け、フランスの刑務所

ライフルに怯まず、犯人に立ち向かっていったスペンサー・ストーン。映画「15時17分、パリ行き」より

下／ストーンの友人で、共に事件解決に尽力した大学生のアンソニー・サンドラー（左）とオレゴン州兵のアレク・スカラトスも本人役で出演

事件を起こした真の目的も背景も不明

実際の事件の際に撮られた写真。犯人に撃たれ、搬送されたマーク・ムーガリアン（中央）も本人役で映画に出演している

に収監されている。

映画は、時間の多くを費やし、主役3人の生い立ちを描き出す。

ストーンとスカラトスは、カリフォルニア州サクラメントで共にシングルマザーに育てられ、幼い頃から親友として絆を育む。そこに中学に入り、ヤンチャな黒人少年サンドラーが加わる。

3人が通っていたのはキリスト教原理主義の学校で、シングルマザーの子供や黒人は他にいなかった。級友にいじめられるのも、落ち着きがないのも、父親がいないから、黒人だからと大真面目に先生が口にする偏見だらけの世界だった。

それでも3人はキリス

ト教を信じ、人の役に立ちたいとストーンとスカラトスは兵隊に、サンドラーは大学に進学。仲良し3人組が初めて出かけたヨーロッパ旅行で事件に遭遇する。

監督のイーストウッドは、小さな偶然とも思える出来事の積み重ねが〝奇跡〟につながっていく過程を淡々と追う。撃たれたムーガリアンを応急処置することができたのは、ストーンがパラシュート部隊に入れず仕方なく救護兵になったため。友人に「パリはつまらない」と言われたのに結局、パリに向かったこと。ワイファイが入らないからと3人が車両を移動していなければ犯人を制圧するまで多くの犠牲者が出た可能性があったこと等々。

映画は、実際にフランス政府からストーンら3人とクリス・ノーマンに「レジオン・ドヌール勲章」が授与された際の様子や、アメリカの地元で3人を讃えるパレードの映像で締めくくられる。

3人は言う。「自分たちは自分のできることをしただけ」だと。

フランソワ・オランド仏大統領（中央）に勇気を讃える「レジオン・ドヌール勲章」を授与された3人と、クリス・ノーマン（左端）。実際の写真

衝突事故で破損したバシキール航空の旅客機

アフターマス

妻子を亡くしたロシア人建築家の復讐劇

「ユーバーリンゲン空中衝突事故」管制官刺殺事件

2017年に公開された「アフターマス」は、飛行機の衝突事故で妻と娘を亡くし、金で解決しようという航空会社を嫌悪し、ミスを犯した管制官に復讐を果たす男を描くヒューマンドラマだ。物語は、2002年にドイツ上空で実際に起きた「ユーバーリンゲン空中衝突事故」と、その後に発生した殺人事件がベースとなっている。

映画の題材となった飛行機空中衝突事故は、２００２年７月１日の午後９時35分、ドイツ南部のユーバーリンゲン市上空で、ロシアのバシキール航空の旅客機（乗客60人、乗員9人）と、バーレーンの定期貨物便（パイロット２人）が衝突した惨事で、両機に搭乗していた71人全員が死亡した。

事故原因は映画で描かれているように、当該空域を管制していたスイス・チューリッヒにある民間航空管制会社「スカイガイド社」（主要株主はスイス連邦で、株式資本の99・91％を保有）管制官のミスだった。

まず、規律違反が横行し、２人いるはずの管制官が１人だけだったこと。さらにこのとき機器点検中で、通常、管轄内で飛行機が異常接近した場合に鳴る接近警報装置が無効になっていたうえ、電話回線の電源が切られていたというありえない状況にあった。

当然、管制業務に支障が起きる。予定が遅れていた飛行機の進入に気を取られ、衝突した両機の異常接近に気づいたのは衝突のわずか43秒前。そ

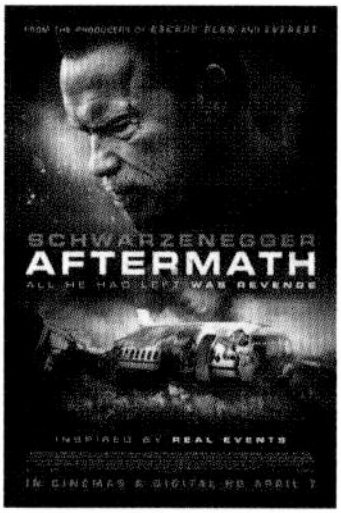

アフターマス

2017／アメリカ／監督：エリオット・レスター
2002年7月に起きた「ユーバーリンゲン空中衝突事故」と、その後に起きた管制官殺人事件を題材にした人間ドラマ。

事故で妻子を亡くし悲観にくれる主人公をアーノルド・シュワルツェネッガーが演じた。映画「アフターマス」より

のとき両機では、搭載された空中衝突防止装置（以下ＴＣＡＳ）が互いの機影を捉え、旅客機は上昇、貨物便は下降しろと適切な指示を出していたにもかかわらず、状況を把握しきれていなかった管制官が旅客機に下降せよと誤った指示を出す。そこで旅客機のパイロットはＴＣＡＳではなく管制官に従って下降し、貨物機と衝突してしまったのである。

実は、管制官の指示とＴＣＡＳの指示が相反する場合、いずれを優先すべきかの国際的基準はなく、この事故の後にＴＣＡＳに従うことが定められている。

映画は、この事故で妻と妊娠中の娘を失った主人公ローマンをアーノルド・シュワルツェネッガーが演じている。モデルになったのはロシア人建築家のヴィタリー・カロエフ（事故当時46歳）で、奥さんと10歳の息子、４歳の娘が犠牲になった。

事故の知らせを聞いたローマンが、居ても立ってもいられず、墜落現場にボランティアとして紛れ込み、妻のネックレスや遺体を見つけるシーンもほとんど事実に即している。

現場に駆け付けたカロエフは、トウモロコシ畑に横たわる妻の遺体や、バスの待合所前でアスファルトに打ち付けられた息子の遺体、そして娘のネックレスと、木がクッションになったらしい無傷の娘の遺体を発見したのだという。

悲嘆にくれたカロエフは、亡くなった妻子3人のイラストを描いた墓石を建立。1人で家にいることに耐えられず墓所で日々を送る。

主人公のモデル、ヴィタリー・カロエフ(左)と、事故の犠牲になった娘のダイアナ

そんな彼に、謝罪の言葉ひとつもなく、管制会社の弁護人は「和解しないとお金がもらえなくなる」と補償金の話ばかり。事故の1周年式典にさえ管制会社の責任者は顔も出さなかった。
事故の法的問題については、補償の過程でバシキール航空が倒産するなど解決は複雑化。結局、2006年、管制会社の従業員8人が殺人罪で起訴され、4人が有罪判決を受けたものの3人は執行猶予、残る1人も罰金刑のみで終わった。
裁判でも、直接のミスをしたデンマーク人管

事故後、主人公に殺害される管制官を演じたスクート・マクネイリー。映画「アフターマス」より

制官ピーター・ニールセン（映画ではジェイコブ）の個人情報は秘匿され、責任の所在は曖昧なまま。ニールセン本人は会社を辞め、名前を変え、引っ越しをして新しい生活をスタートさせた。

劇中では、復讐を目論む主人公に、取材で知り合った記者がミスをした管制官の名前と住所を明かしているが、実際のカロエフは、モスクワの私立探偵を雇ってニールセンの居場所を突き止めている。

カロエフが、ニールセンが移り住んだスイスのチューリッヒ郊外の自宅を訪ね、ナイフで刺殺するのは事故から1年7ヶ月後の2004年2月24日。室内にいた妻と3人の子供は、あ然としてニールセンが死んでいくのを見守っていたそうだ。

裁判でカロエフは、動機を話した。管制会社が、補償金として16万フラン（約2千万円）を支払う代わり、他に何も要求するなと言ってきた。それが頭にきて、直接、ニールセンに家族の写真を見せて謝ってもらうことに決めた。だが、ニールセンは謝罪するどころか写真を手で払いのけたので思わず刺してし

服役3年で釈放、帰国後に政府の最高賞を受賞

まった、と。

映画では10年以上服役したところで刑期が短縮されたように描かれているが、現実は、もともと懲役8年の判決で、情状酌量のうえ刑期が見直され、2007年に釈放された。

その後、故郷ロシアに帰ったカロエフは住民に大歓迎を受け、2008年にはロシア・北オセチア共和国の副建設大臣に任命。2015年に再婚し、翌年には政府の最高賞「オセチアの栄光へ」というメダルを贈られている。若い世代を教育し、法と秩序を維持するために地域住民の生活条件を改善したのが授賞理由だという。

カロエフは、出所から10年後の2017年、新聞記者に事件について聞かれ答えている。

「彼を殺しても気分はよくならなかった」

ちなみに、映画のようにニールセンの息子が彼を殺しに来た事実はない。

釈放時のカロエフ（上。2007年）と、妻子のお墓に報告する様子

救助される兵士たち。映画「ダンケルク」より

ダンケルク

ナチスに追い詰められた36万人の英仏軍兵士を民間船で救助

FILMS

史上最大の救出劇「ダイナモ作戦」

2017年に公開された「ダンケルク」は、1940年、第二次世界大戦初期のヨーロッパ戦線で敢行された兵士救出ミッション「ダイナモ作戦」を題材にした実録戦争ドラマだ。

ナチス・ドイツ軍の電撃的なヨーロッパ侵攻により、フランス北部ダンケルクの浜辺に追い詰められたイギリスやフランスなど連合軍の兵士はおよそ40万人。絶望的状況のなか、ウィンストン・チャーチル首相率いるイギリス政府は、彼らを助け出すため、輸送船や駆逐艦はもちろん、民間船までをも徴用して約36万人の救出に成功したのである。

第二次世界大戦が勃発したのは、1939年9月1日、ナチス・ドイツ軍がポーランドに侵攻したのがきっかけだった。対し、イギリス・フランスはドイツに宣戦布告し、ソ連軍もポーランドに侵攻を始める。

1940年になると、航空部隊の支援と連携した機甲部隊によって〝電撃戦〟を展開するドイツ軍は、ノルウェー、オランダ、ルクセンブルク、ベルギーを次々攻略。イギリスは同年5月10日、連合国を防衛するため、フランスに遠征軍を送っていた。

それでも、ドイツの進撃は止まらず、5月24日、80万人のドイツ軍によって、英仏両軍を中心とした連合軍40万人が、ドーバー海峡に面したダンケルクの海岸に追い込まれてしまう。救助に向かった大型の駆逐艦は、ド

ダンケルク

2017／イギリス・アメリカ・フランス／監督：クリストファー・ノーラン
「ダークナイト」「インセプション」などで知られるクリストファー・ノーランが、初めて実話を監督した戦争映画。1940年、第二次世界大戦初期、ドイツ軍によってフランス北端のダンケルク海岸に追い詰められた英仏連合軍兵士36万人を民間船で脱出させた「ダイナモ作戦」を描く。

1940年5月、助けを待つ兵士で溢れかえる
実際のダンケルク海岸

イツ軍の標的となって近づけず、まさに万事休すの状況だった。

ここで連合軍が壊滅してしまえば、ヨーロッパはヒトラーの意のまま。ドーバー海峡を越えてのイギリス攻略も目前だ。

この時点でイギリス政府には2つの選択肢があった。イタリアを仲介役にドイツと平和条約を結ぶか、徹底抗戦を選んで自力で兵士を救出するか。

悩んだ末、イギリスは後者を選ぶ。チャーチル首相は国民に訴え、貨物船、漁船、遊覧船など民間の船を緊急徴用。劇中で描かれるとおり、船員が不足していたため、860隻ほどの船が所有者本人たちの操縦でダンケルクに向かった。

ドイツ軍が海岸で助けを待つ兵士はもちろん、救助に向かう船舶をいつ総攻撃してもおかしくない危険な状況で、実際、当時のドイツ軍の戦力なら、十分壊滅できたはずだ。

しかし、このときヒトラーは「ダンケルクへの進撃停止命令」を出していた。ドイツ軍の電撃戦は、砲兵と空軍による爆撃で敵を制圧してから装甲車で突入することで戦果を上げていたものの、すでに砲兵と空軍爆撃機が追いつかない状況になっていた。そこで、決死の覚悟で守るイギリス軍に突撃するのは勝てても損害が大きいと判断した軍幹部と、断固突入を言い張る装甲軍団とが対立。仲裁したヒトラーは、軍の秩序を保つため、指揮系統上位の主張を認めて停止命令を出したのである。

映画がスタートするのは、ここからだ。海岸に追い詰められた兵士に焦点を当てた「陸」の1週間と、イギリスからドーバー海峡を渡って救出に駆け付ける遊覧船の船長親子を追った「海」の1日、そして救出を援護するイギリス空軍の戦闘機スピットファイヤ機による「空」の1時間が描かれる。

登場する人物個々人は架空のキ

民間の小型船で海岸から兵士を駆逐艦に輸送した、実際の「ダイナモ作戦」の様子

ャラクターだが、「ダイナモ作戦」と名づけられた救出作戦のプロセスは史実に基づいている。

映画では、イギリスの遊覧船船長親子が自分の船を操縦してダンケルク海岸に到着してから後のことは詳しく描かれていない。

実は数人乗ればいっぱいの遊覧船で兵士をイギリスに運んだわけではなく、ドイツ軍の砲撃が届かない沖に駆逐艦を停泊。小型船を往復させ、海岸から兵士を輸送していた。劇中のとおり、ドイツ軍は完全に戦闘を放棄しておらず、海岸に近づく大型船や飛行機を爆撃していたために採られた苦肉の策だった。

この方法で5月27日から6月4日までの間に約36万人（34万人との説も）を救出することに成功する。が、その陰には、ダンケルクにドイツ軍が向かわないよう、隣町のカレーで戦っていた4千人のイギリス軍部隊の存在があった。彼らは自分たちが救出されることはないと知ったうえでドイツ軍を引きつけておくため犠牲になったのだ。

映画は、兵士が救出されたところで終わる。が、全てが成功したわけではない。この救出中に1万人が命を落とし、さらに撤退を援護するため残ったフランス軍2個師団（約2万人）を含め3〜4万人の兵士が捕虜になった

劇中で脱出する兵士たちを指揮するボルトン海軍中佐(中央)と、彼のモデルで、1940年6月2日、最後の船が出発するまで兵士たちを鼓舞し続け「ダンケルク・ジョー」と呼ばれたキャプテン・ウィリアム・テナント。映画「ダンケルク」で唯一、実在のモデルがいる人物

圧倒的優位だったドイツ軍の攻勢を防ぎながら36万人の兵士を脱出させた「ダイナモ作戦」は「ダンケルクの奇跡」とも呼ばれるが、イギリスが被った被害は甚大だ。フランスに持ち込んだ火砲などの重装備品及び車両は全て放棄。6隻の駆逐艦も魚雷や空爆により撃沈された。

だが、その後もイギリスは度重なるドイツ軍の空爆に屈することはなく、1945年4月には連合国とともにドイツを破滅に追い込んだのである。

ヒトラーに屈せず「ダイナモ作戦」を決断したイギリス政府の動きについては、2018年公開の「ウィンストン・チャーチル　ヒトラーから世界を救った男」に詳しい。

ペンタゴン・ペーパーズ 最高機密文書

『ワシントン・ポスト』が政府に挑んだ戦い

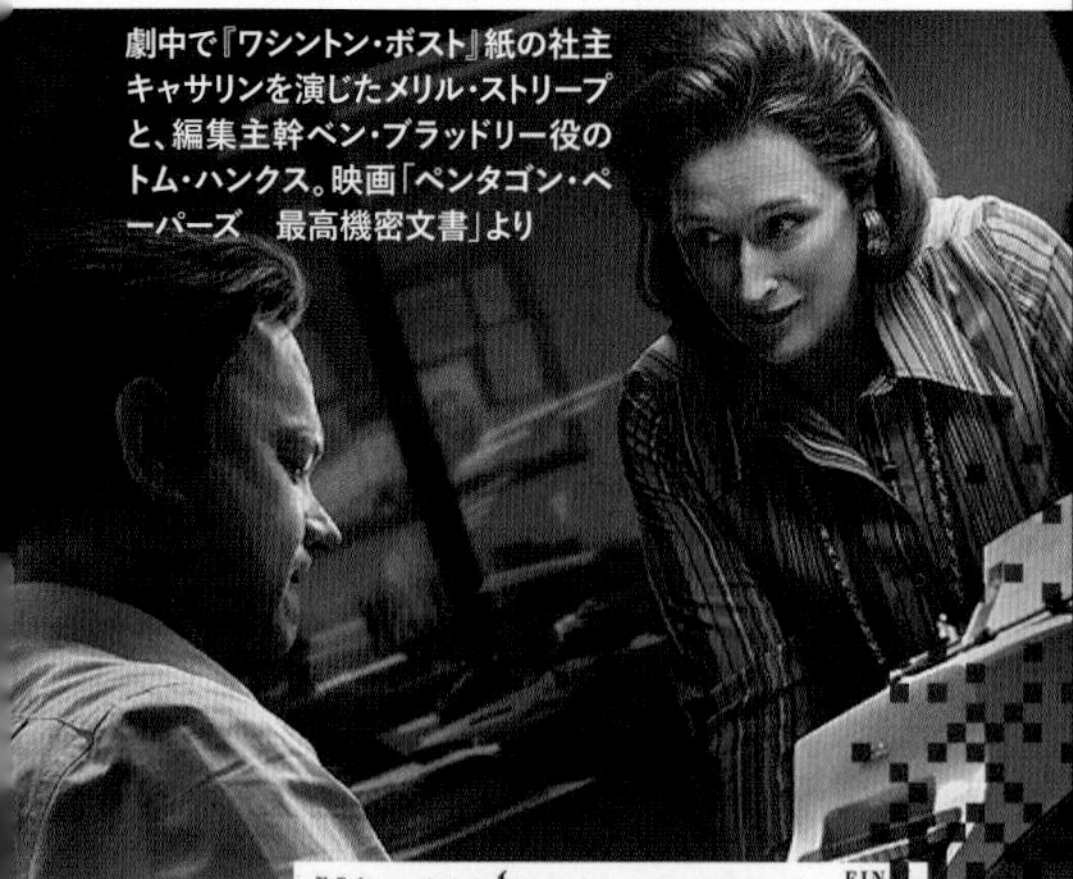

劇中で『ワシントン・ポスト』紙の社主キャサリンを演じたメリル・ストリープと、編集主幹ベン・ブラッドリー役のトム・ハンクス。映画「ペンタゴン・ペーパーズ　最高機密文書」より

The Washington Post

FRIDAY, JUNE 18, 1971

Documents Reveal U.S. Effort In '54 to Delay Viet Election

Times' Stand Wins Wide Hill Support

End-War Bid Fails; Doves

1971年6月18日付の『ワシントン・ポスト』紙。米政府がベトナム統一選挙を妨害した事実を公表した

「ベトナム戦争」極秘分析文書はこうして紙面に掲載された

１９７１年、アメリカ政府がひた隠しにしていたベトナム戦争を分析・記録した国防省の最高機密文書、通称「ペンタゴン・ペーパーズ」の存在を『ニューヨーク・タイムズ』紙がスクープした。米政府はすぐさま記事を差し止め処分とするが、ライバル紙『ワシントン・ポスト』紙の女性発行人キャサリン・グラハムは、編集主幹のベン・ブラッドリーらと文書の後追い記事を掲載。報道の自由を統制しようとする政府に戦いを挑む。

巨匠スティーブン・スピルバーグ監督のもと、メリル・ストリープとトム・ハンクスという2大オスカー俳優が初共演を果たした「ペンタゴン・ペーパーズ　最高機密文書」は、この歴史的事件をキャサリン・グラハムの自伝を基に映画化した作品である。

１９６９年、リチャード・ニクソンが第37代大統領になった当時、アメリカはすでにベトナム戦争の泥沼の中にいた。

映画で詳細は語られないが、「ペンタゴン・ペーパーズ」は、１９６７年、マクナマラ国防長官の命令で作成された「アメリカ合衆国のベトナムにおける政策決定の歴史、１９４５～１９６６年」と題された47巻、7千ページから

ペンタゴン・ペーパーズ　最高機密文書

2017／アメリカ／監督：スティーブン・スピルバーグ
ベトナム戦争に関してアメリカ政府が隠していた「最高機密文書」の存在を知った実在のジャーナリストたちをモデルに、政府の圧力に屈することなく世に真実を公表しようとする姿を描く社会派ドラマ。

文書の掲載を決断した直後に撮影された
実際のキャサリン・グラハム（右）とベン・ブラッドリー

なる調査・報告書の通称だ。内容は、アメリカがベトナム戦争へ突入した経緯を客観的にまとめたもので、1968年に完成していた。

そこに記されていたのは、トルーマン、アイゼンハワー、ケネディ、ジョンソンの4政権にわたって隠蔽されてきた衝撃の事実である。例えば、当初から20万人規模の軍隊が必要だったのに戦争に介入していった過程や、米軍の上限である50万人では勝利への見通しがないこと。また、4人の大統領は何度も国民に虚偽の報告をし、政府が平和的解決を追求していると発表したときでさえ、裏で軍やCIAが軍事行動を拡大していたこと。さらには、暗殺やジュネーブ条約違反など、米政府の闇の歴史が綴られていた。

執筆者の1人で、後に文書を持ち出すダニエル・エルズバーグ（1931年生まれ）は、海兵隊からハーバード大学へ進み、国務省と国防省で勤務。2年間南ベトナムで調査した後、軍事計画を立案・研究するランド研究所に移籍し、「ペンタゴン・

ペーパーズ」の執筆に携わった。

しかし、ベトナム戦争を研究するうちに、政府の政策に批判的となり、1969年8月に反戦イベントに参加したことで、文書の持ち出しを決意する。

エルズバーグは、かつて核戦略を担当、機密文書にアクセスする権限を持つエリート研究員で、3ヶ月をかけて文書をコピー。当初は正当な手段で文書を国民に公表しようと考えていたが、連邦議会議員の説得に失敗。『ニューヨーク・タイムズ』に機密文書をリークすることを決断する。

1971年3月、エルズバーグが文書を同紙の花形記者ニール・シーハンに手渡すと、『ニューヨーク・タイムズ』は特別チームを編成し、3ヶ月をかけて情報を精査。公表したときに起こり得ることを認識したうえで紙面掲載に踏み切った。

同年6月13日、一面トップで政府が隠蔽してきた機密文書の存在を報じ、今後連載記事とすることを宣言。第1弾では、アメリカが1964年から大規模な軍事介入を開始した内幕が暴露された。

内容はショッキングだった。それまで政府は、1964年8月に、トンキン湾で北ベトナム軍の哨戒艇がアメリカの駆逐艦に魚雷で攻撃してきたため、やむなく報復に転じたと説明していたが、実際は、

「ペンタゴン・ペーパーズ」を持ち出したダニエル・エルズバーグ。写真は不起訴が確定した直後に撮られたもの

この「トンキン湾事件」より以前から、アメリカが北ベトナム国内で秘密裏に破壊活動を行っていたというのだ。

『ニューヨーク・タイムズ』のスクープが報じられると、政府は裁判所に記事の差し止めを請求し、訴えが通る。

その3日後、『ワシントン・ポスト』が後追いで「ペンタゴン・ペーパーズ」の内容を報じた。

『アメリカ政府は1945年の統一選挙を妨害しようとしていたことが文書から判明』

南北に分断されていたベトナムで、戦争が拡大する前に一度だけ統一選挙を行おうという動きがあった。しかし、アメリカは、共産主義国が生まれることを恐れ、選挙を妨害。平和への道を閉ざしていたことを暴露する、渾身のスクープだった。

社主のキャサリン・グラハムが、役員や弁護士たちが反対するなか、スパイ防止法の共謀罪に問われるかもしれない危険を冒してまで公表を決断したのは、父の教えがあったからだ。

「新聞が最も大切にしなければならないのは読者の利益でオーナーの個人的利益ではない」

1971年当時の『ワシントン・ポスト』編集部。左端が社主のキャサリン、右端が編集主幹のブラッドリー。中央の2人は後に「ウォーターゲート事件」をスクープする記者のカール・バーンスタイン（左）とボブ・ウッドワード

案の定、政府は『ワシントン・ポスト』にも差し止めを求めたが、戦っていたのは『ワシントン・ポスト』だけではなかった。キャサリンが掲載に踏み切ったことにより、ボストンやデトロイト、フィラデルフィアなど全米17の新聞が「ペンタゴン・ペーパーズ」の内容について次々掲載。もはや、世論は無視できないところまできていた。

同年6月30日、最高裁が機密文書の掲載を認める判決を下したことで、報道の自由は守られ、各社とも国民に賞賛を持って迎えられたが、文書を持ち出したエルズバーグはスパイ防止法違反に問われ、起訴される。

劇中では描かれないが、彼の裁判が行われたのは１９７３年。まさに「ウォーターゲート事件」（詳細は本書１１４頁参照）真っ只中である。公判では、当局が違法でエルズバーグの家に侵入したり、盗聴で証拠を採取したことが判明し、訴えは棄却。エルズバーグは無罪となった。

キャサリンは74歳までトップを務めた後、息子のドナルドに仕事を託し、２００１年、84歳で天に召された。

文書は、アメリカのベトナム戦争介入が失敗だったことを物語っていた

マーク・ウォールバーグが演じた、犯人を追うボストン市警の捜査官は映画オリジナルのキャラクター。映画「パトリオット・デイ」より

パトリオット・デイ

映画が犯人逮捕に至るまでの経緯を正確に描写

2013年4月15日、米マサチューセッツ州ボストンで行われていた「第117回ボストンマラソン」の最中に2度の爆発が起こり、3人が死亡、282人が負傷する事件が発生した。

2016年に公開された映画「パトリオット・デイ」は、この卑劣なテロ事件を題材に、捜査関係者や被害を受けた市民らを徹底

ボストンマラソン爆弾テロ事件

取材、犯人逮捕に至った顛末を事実どおりに描いた実録サスペンスだ。

毎年4月の第3月曜日『愛国者の日（パトリオット・デイ）』に開催されるボストンマラソンは、1897年に創始された近代オリンピックに次いで歴史の古いスポーツ大会の一つだ。

東京マラソンなどとは異なり、資格タイムを満たした者しか参加できないため、「選ばれし者のマラソン」とも称される、世界でも注目の競技会である。

2013年4月15日は、2万3千人ほどのランナーが参加し、観衆約50万人が行方を見守っていた。

事件が起きたのはレース中の午後2時45分。ゴール付近のコプリー広場で爆発が起こり、12秒後に約100メートル離れた地点で2度目の爆発が発生。治安機関の発表によると、爆発物は殺傷能力を高めるため圧力釜の中にボールベアリングや釘などの金属片を入れた「即席爆発装置」だったという。

この爆発で8歳男児、29歳女性、中国人大学院生の3人が死亡。260人以上が負傷し、

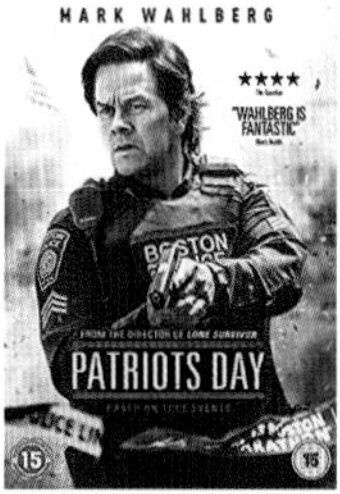

パトリオット・デイ

2016／アメリカ／監督：ピーター・バーグ
2013年発生のボストンマラソン爆弾テロ事件を題材とした実録サスペンス。捜査関係者や犯人、被害者の市民など事件に関わった多くの人々の動きをたどりながら、事件発生から犯人逮捕に至った顛末を描く。

このうち17人が手足などの切断を余儀なくされた。

映画は、事件の捜査を担当したボストン市警察殺人課の刑事トミー・サンダース（演：マーク・ウォールバーグ）の視点で描かれる。が、この人物は捜査の経緯をわかりやすく説明するために設定された映画オリジナルのキャラクターで、トミーを取り巻く前半のドラマ部分も全てフィクション。ただし、後半の犯人逮捕に至るまでの描写は事実に即している。

テロの発生でマラソンが中止になると、警察はまず緊急時計画に基づきランナーを避難させ、爆発現場周辺15区画を立ち入り禁止とした。さらに国際空港からの出発や、一部のバスや地下鉄も運行を停止させた他、家族の安否を心配する市民のためにホットラインを設置して情報提供を行い、グーグルも安否確認サービスなどを開設する。

犯人の身元はすぐに割れた。現場周辺の監視カメラ

2013年4月15日午後2時45分、爆破テロが起きた瞬間を捉えた貴重な1枚

や個人がスマホなどで撮影した映像を分析したところ、バックパックを背負って脇目も振らず歩いている不審な黒キャップと白キャップの男２人が発見されたのだ。

映画には描かれていないが、両足を切断する被害に遭った男性が、捜査員に〈カバン、男を見た〉とメモを渡すとともに、男が爆発の２分半前にバックパックを下ろした情報を当局に提供したことも素早い容疑者特定に繋がった。

事件から４日後の４月18日、当局が監視カメラに映った２人の写真を一般に公開したことで、容疑者がチェチェン人の兄弟と判明する。兄タメルラン・ツァルナエフ（当時26歳）は工学専攻の大学生、弟ジョハル（同19歳）も大学生で、アルカイダがイスラム教徒をテロに勧誘する目的で発行したオンライン・マガジン『インスパイア』から爆弾作成を学んだらしい。

監視カメラの映像から特定された容疑者タメルラン・ツァルナエフ（黒いキャップ）とジョハル（白いキャップ）の兄弟

身元が割れた兄弟が、事件後、いくつもの爆弾を手にニューヨークに向かったのも映画のとおりなら、ピストルを奪うため警官を殺害し、中国人留学生のベンツを乗っ取り、金を奪ったのも事実だ。
４月19日、隙を見て留学生がガソリンスタンドで逃げ

警察と犯人の銃撃戦が行われた実際の現場

出すと、警察はGPS信号で車両位置を特定することに成功。ボストン郊外のウォータータウンに逃走車のベンツがあることを突き止めた。

すぐさま現場に急行した警察に対し、犯人は銃と爆弾で抗戦。この銃撃戦で、警官にも重傷者が出たが、兄タメルランの身柄が確保される（その後、病院で死亡）。

一方、弟ジョハルは現場から逃走したものの、住宅の裏庭のボートの中で血だらけの状態で隠れていたところを住人が発見、警察に通報され、同日深夜、逮捕となった。

いったい兄弟の動機は何だったのか。劇中ではよくわからないが、2002年にアメリカにやってきた2人の両親は亡命認定を受け、マサチューセッツ州に住み着く。

兄は2006年にボストン大学を受験するも不合格となり、会計の勉強をしながらボクシングに打ち込む。イスラム教徒になったのは2008年で、以降、ロシアに出向いたり、急進的聖職者の動画を熱心に観るなど、過激派に傾倒していく。

ちなみに、事件後に見つかった彼のメモには、「(爆撃が) ア

兄は警察との銃撃戦で死亡、弟は死刑

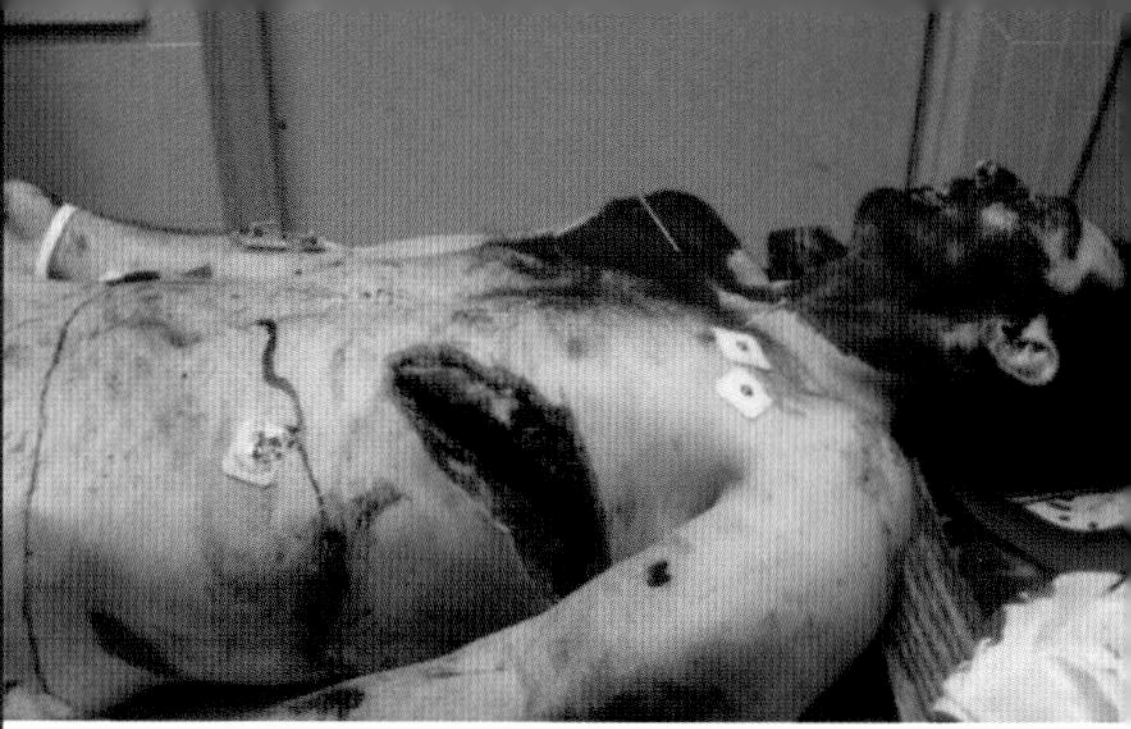

銃撃戦で死亡した兄タメルランの遺体と、住宅の裏庭に隠れていたところを通報され、観念したように警察に投降する弟ジョハル（実際の写真）

フガニスタンとイラクにおける米国の軍事行動に対する報復」と記されていたそうだ。

対し弟は普通の大学生活を送っており、兄に引っ張られる形で犯行に加わったが、逮捕後の裁判ではニューヨークのタイムズスクエアでの爆弾テロも計画していたと供述している。

２０１５年４月、彼に下された判決は、４件の殺人を含む30の罪状により死刑。２０１８年４月現在、刑務所に収監されている。

バリー・シール アメリカをはめた男

敏腕パイロットから
コカインの運び屋へ

主人公を演じたトム・クルーズ。
映画「バリー・シール アメリカをはめた男」より

2017年公開、トム・クルーズ主演の「バリー・シール　アメリカをはめた男」は民間航空会社の敏腕パイロットから、CIAエージェントにスカウトされ、さらにはコカイン密輸で莫大な富を築いたものの、最後は取引先の麻薬組織に殺害される実在の人物、バリー・シールの波乱の生涯を描いた作品だ。

バリー・シールが麻薬王に殺されるまで

　劇中では、ロナルド・レーガン共和党政権のスキャンダル「イラン・コントラ事件」や、コロンビアの麻薬密売組織「メデジン・カルテル」、パナマのノリエガ将軍など、１９８０年代の事件や人物が次から次へと登場するが、実際のシールは、ケネディ暗殺やキューバ革命にまで関係していたという。

　映画は１９７８年、民間空港会社ＴＷＡのパイロットとして働いていたシールのもとへ、ＣＩＡ職員が訪ねてくるところから始まる。

　職員は、シールが葉巻の密輸で小遣い稼ぎをしているのを見逃す代わり、ＣＩＡのため、中南米で活動する共産反乱軍の写真を撮ってくるよう言い渡す。映画では、ここからシールの平穏な生活がガラッと変わったかのように描かれているが、実際のバリーは、10代の頃からＣＩＡと共に幾多のアメリカの闇の歴史に関わっていた。

　シールは１９３９年、米ルイジアナ州の州都バトン・ルージュで誕生。幼い頃から航空機に夢中で、16歳でライセンスを取ると広告の横断幕を引っ張って飛行し、天才パイロットと称された。ちなみに、１９５５年、「民

バリー・シール　アメリカをはめた男

2017／アメリカ／監督:ダグ・リーマン
1970年代、CIAの極秘密輸作戦に参加しながら、麻薬カルテルに協力して莫大な財産を築いた実在の天才パイロット、バリー・シールの生涯を描いたクライム・アクション。

1980年代前半に撮影されたバリー・シール本人

間航空巡視（航空に興味のある青少年向けの教育プログラム）」では、後にケネディ大統領の暗殺犯となるリー・ハーヴェイ・オズワルドと出会っている。

さらに、彼は17歳の頃からＣＩＡの契約パイロットになり、キューバのカストロ政権を倒そうとするアメリカ政府の指示により、反カストロ派に武器を搬送。いわゆる「オペレーション40」（ＣＩＡによる反カストロ防諜活動グループ）に所属していた。その後、アメリカ陸軍航空スクールに参加し、１９６２～１９６３年には特殊部隊にも加わりケネディ暗殺に何らかの形で関わったとされる。後の妻の証言によれば、シールは大統領が暗殺された直後に、事件現場のダラスから飛行機を飛ばしたそうだ。

シールがＴＷＡに勤務し始めたのは１９６６年。同時に、ＣＩＡの任務として中南米はもちろん、戦争真っ只中のベトナムへも行き来していたことがわかっている。

映画では、１９７２年にニューオリンズで逮捕されたことも描かれていない。逮捕理由は、反カストロのキューバ組織に7トンのプラスティックＣ４爆弾などを輸送していた容疑だった。裁判はＣＩＡの手配でうやむやになったものの、シールが釈放されたのは2年以上経った１９７４年6月のことだった。

翌1975年から、麻薬の密輸に手を染めるようになる。取引相手は、後に麻薬王と恐れられるパブロ・エスコバルが一大犯罪組織に成長させるコロンビアの「メデジン・カルテル」だ。

メデジン・カルテルはコカインの売買だけでなく営利誘拐を主な収入源とし、1980年代には月額6千万ドル（現在の価値で約300億円）を荒稼ぎした。その一方、コロンビア政府と抗争を繰り広げ、2千人規模の軍隊を編成しようと試みていたため、CIAはコロンビアの共産主義政府撃退に役立つと、シールの密輸も見て見ぬ振り。それどころか、カルテルに1千万ドルもの寄付を行っていたともいう。

1970〜1980年代、西側資本主義国の盟主として、アメリカ政府は中南米に共産主義がはびこることを懸念。様々な裏工作を行っており、シールはその手先として働いていたのである。

映画で描かれているように、シールはアメリカと中南米を行き来して大量のコカインをアメリカに持ち込み、莫大な金を稼いでいく。ボリビアでは〝コカインの女王〟と呼ばれた麻薬王ソニア・

シールの取引相手で、コロンビアの犯罪組織「メデジン・カルテル」のボス、パブロ・エスコバル。1993年、コロンビア国家警察により射殺された。享年44

アタラとも取引し、1回の飛行で億単位の金が転がり込んできたという。

危険な道を暴走していくシールがコカイン密輸容疑でDEA（麻薬取締局）によって逮捕されるのは1984年12月。彼を援護していたCIAも、このときすでに彼を見放していた。

逮捕されたシールは、当局に取引を持ちかける。ニカラグアで活動する武装社会主義軍団が、アメリカへの麻薬密輸に直接関わっていることを証言、政府への協力を買って出たのだ。

当軍団を敵視していたレーガン大統領はこの申し出を大歓迎。政府の要請により、シールはニカラグアの兵士が軍用貨物機にコカインを積み込む様子を盗撮する。レーガンは、その映像をテレビで流し、「アメリカの若者を傷つける薬物密輸者」と社会主義軍団を非難した。

が、それは同時にシールの破滅を意味していた。テレビで流された映像に、シールと共にカルテルの頭となったパブロ・エスコバルの姿が映っていたのだ。

カルテルを裏切った落とし前として、シールは1986年2月19日、ルイジアナ州バト

大金持ちになったシールと妻子

シールを死に追いやることになった問題の映像。中央がエスコバル、その右隣で手を挙げているのがシール

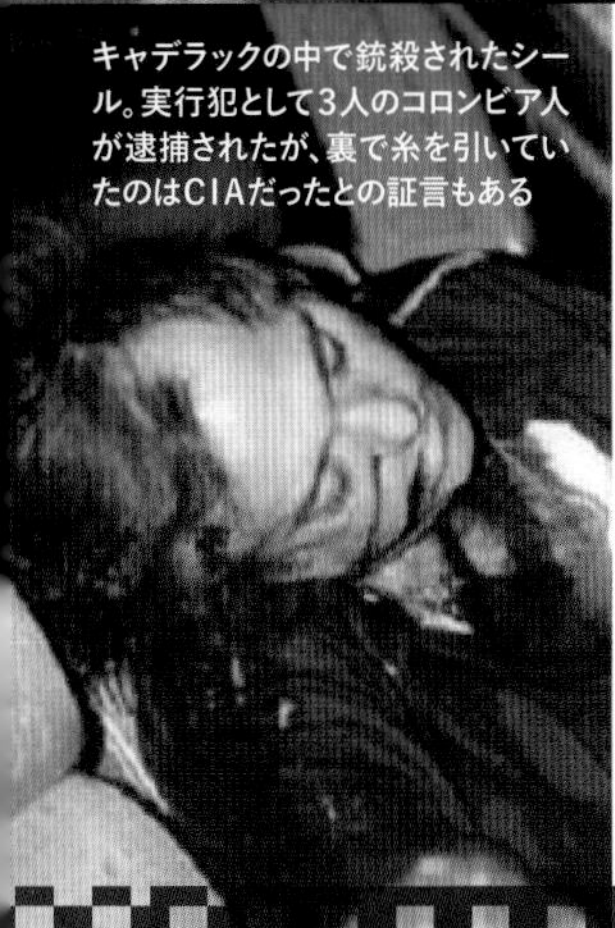

キャデラックの中で銃殺されたシール。実行犯として3人のコロンビア人が逮捕されたが、裏で糸を引いていたのはCIAだったとの証言もある

ンルージュの路上で停車中、銃殺される（享年46）。劇中ではエスコバル自身が殺したことになっているが、現実の実行犯はエスコバルが雇った3人の殺し屋だった。

映画で、シールはCIAにも麻薬カルテルにも脅され仕方なく巻き込まれていく気弱な人物のように描かれている。が、実際の本人は違ったようだ。死の直前、シールはテレビインタビューでこう語っている。

「私にとってエキサイティングなことは人生を脅かす状況に身を投じることだ。今は興奮だ」

CIAに見限られ、46歳で銃殺

劇中で「ファーザー」と呼ばれていた教祖。映画「サクラメント 死の楽園」より

サクラメント 死の楽園

教祖ジム・ジョーンズが900人以上の信者に死を強要

人種差別撤廃を唱え、人格者としてヒーロー扱いされていた頃のジム・ジョーンズ本人

悲劇の「ガイアナ人民寺院集団自決事件」

FILMS

1978年、南米ガイアナで世界中を震撼させる大事件が起きた。宗教集団「人民寺院」の信者900人以上が、教祖ジム・ジョーンズに洗脳されるまま毒物で集団自殺したのである。

2013年に公開された「サクラメント　死の楽園」は、この事件にインスパイアされたドキュメンタリー風ホラーである。

1931年、牧師が勢力を持つ米インディアナ州に生まれ、インディアナ大学在学時に牧師になったジム・ジョーンズ（劇中では「ファーザー」と呼ばれている）が教会を設立するのは1955年のこと。人種差別撤廃を唱え黒人を中心とした信者を獲得すると、1963年、カリフォルニア州に拠点を移し、「人民寺院」と名乗り教団化する。

時代はキング牧師やマルコムXらが起こした黒人公民権運動の真っ最中。韓国人と黒人の子供を養子にし、黒人や貧者にベッドや食事をふるまうジョーンズを、マスコミは優れた社会活動家と絶賛、信者が殺到した。

サクラメント　死の楽園

2013／アメリカ／監督：タイ・ウェスト
実在したカルト教団「人民寺院」による史上最大規模の集団自殺事件をモチーフにしたホラームービー。全編POV（主観視点）による撮影により、臨場感のある恐怖を演出している。

ガイアナ国防軍が撮影した死体の山（実際の写真）

だが、ジョーンズには真っ黒な裏の顔があった。信者に禁欲を説く一方、自らは女性信者を周りにはべらせるばかりか、信者から巻き上げた多額の寄付金や、政治家からの支援で得た金で大粒のダイヤを指にはめ、キャデラックを乗り回していた。

しかし悪事は長く続かない。薬物を乱用していたジョーンズは迫害の強迫観念に取り憑かれ、1973年、逃げ出すように南米ガイアナに移住する。自分たちで〝理想郷を作ろう〟というジョーンズの言葉に従った1千人ほどの信者も一緒だった。

彼らはガイアナのジャングルを切り開いた広大な土地に『ジョーンズタウン』と名づけた村を開設。自給自足の生活を始める。

が、理想郷とは名ばかりで、信者たちは外界と隔絶された村で、ジョーンズはじめ側近たちに頻繁に暴力やレイプを受け、強制労働を強いられた。

次第に逃げ出す信者も現れ、ジョーンズタウンの噂は徐々に本国にも漏れていく。

映画は、「エデン教区」と名づけられたコミューンに取材を試みたカメラマンら3人が、徐々に集団の実態を知り、最終的に教祖が信者に集団自殺を強要する殺りく現場から命からがら逃げ出す様をドキュメンタリー・タッチで描き出す。

1978年11月、ジョーンズタウンの噂を聞きつけ実際に現地に向かったのはカリフォルニアの下院議員やメディア関係者ら16人だ。映画同様、当初、視察団はジョーンズタウンを平和な町と勘違いしたが、数日滞在するうち、真の姿に気づく。

薬物のせいか情緒不安定なジョーンズの姿や、町外れの掘っ立て小屋に押し込められた病気の老人たち、監視のないところで多数の信者から受けた「助けてほしい」との訴え。ジョーンズタウンは狂気に満ち満ちていた。

帰国する視察団を信者が銃撃、5人を殺害

1978年11月18日、視察団と帰国希望者がジョーンズタウン近くの空港からアメリカに飛び立とうとした際に撮影された1枚。この直後、銃撃事件が起きて5人が殺害された

同月18日、視察団が帰国希望者16人をアメリカに連れ帰ろうとしたところ、ジョーンズは暴挙に出る。帰路についた一行を空港で信者に襲撃させたのだ。結果、下院議員ら5人が死亡し、11人が重軽傷を負う惨事に。かろうじて生き残ったパイロットたちは小型機1機で飛び立ち当局に事件を伝える。

追いつめられたジョーンズは、信者たちに集団自決を促す。

「これ以上、ジョーンズタウンでの生活は不可能になったので、別世界へ旅立とう」

言葉に従い信者は大きな鍋に入ったシアン化合物入りの飲料水を飲んだり、注射されたりして苦しみながら息絶えていった。

後に現地に入ったガイアナ国防軍は、数え切れないほどの死体の山を発見する。調査報告によれば、死亡者数は914人に上り、そのうち267人が18歳以下だった。しかも300人以上が背後から撃たれたり、自分の手の届かない位置に毒を注射されるなど他殺の可能性が高いという。

信者の子供たちとジョーンズ。写真の笑顔とは裏腹、言うことをきかない子供たちには容赦なく虐待を加えていた

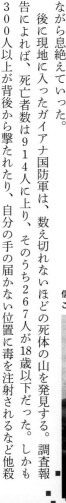

映画になった衝撃の実話

目次

巻頭グラビア

第1章 スクリーンに蘇ったシリアルキラー

第2章 凶悪

第3章

仰天

第4章　悲劇

第5章 真相

★本書は、弊社刊「映画になった衝撃の実話」(2018年5月発行) を再編集し文庫化したものです。

★本書掲載の情報は2020年8月現在のものです。

★作品解説に付記された西暦は初公開年、国名は製作国を表しています。

★本書の内容は大半の記事が映画の結末に触れています。悪しからず、ご了承ください。

主要参考文献

連続殺人紳士録　中央アート出版社

死体を愛した男　翔泳社

死の腕 〜ヘンリー・リー・ルーカス物語　中央アート社

FBI心理分析官－異常殺人者たちの素顔に迫る衝撃の手記　ハヤカワ文庫NF

別冊歴史読本 〜殺人百科データファイル　新人物往来社

Lethal Marriage　Seal Books

アミティヴィルの恐怖　徳間文庫

ミュンヘン－黒い九月事件の真実　角川文庫

主要参考サイト

殺人博物館　事件史探求　NAVERまとめ　世界の怪事件・怪人物

The NY Times　TIME U.S.　CBCnews　True Crime Library　trtv

Seize The Night　HEAVEN　Oxford DNB　INDYSTAR.com

trucrimelibtary　skeptic'sdic　BBCnews　朝鮮日報

香港三級片与十大奇案　MONSTERS　oxford dnb　ウィキペディア

その他、多くのサイト、資料を参考にさせていただきました。

第1章

スクリーンに蘇ったシリアルキラー

チャイルド44 森に消えた子供たち

ウクライナが生んだ
史上最狂の快楽殺人鬼

「ロストフの赤い切り裂き魔」と呼ばれた
殺人鬼アンドレイ・チカチーロ

アンドレイ・チカチーロ

アンドレイ・チカチーロ。1980年代を中心に旧ソ連国内で少なくとも52人の子供・女性を殺害した、犯罪史にその名を刻むシリアルキラーだ。

2015年公開の映画「チャイルド44　森に消えた子供たち」は、チカチーロの事件をモチーフに、時代をスターリン政権下の1950年代に置きかえ、連続殺人鬼を追うソ連国家保安省＝MGB（ソ連国家保安委員会＝KGBの前身）の捜査官の姿を描いたスリラーだ。

作品に登場する殺人鬼同様、チカチーロもまた「社会主義国家で連続殺人は発生しない」という幻想のもと、逮捕までに12年の歳月を要した。

映画は1933年、ウクライナを襲った大飢饉の中、少年3人が行方不明となるシーンから始まる。

チカチーロがウクライナで生まれたのは、その3年後の1936年。大飢饉の最中、彼の兄は飢えた隣人に誘拐され、食い殺されたという噂がある。

チカチーロは幼い頃から頭脳明晰だった、小学生でチェーホフを諳んじるほど

チャイルド44　森に消えた子供たち

2015／アメリカ／
監督：ダニエル・エスピノーサ
トム・ロブ・スミスの小説『チャイルド44』を原作とした犯罪スリラー。1950年代、スターリン体制下のソ連を舞台に、子供を狙った連続殺人事件と、その捜査に当たった秘密警察の姿を描く。

劇中、殺人鬼は最後、自分が餌食にしていた子供たちを殺めていた森の中に追い込まれる。映画「チャイルド44　森に消えた子供たち」より

の記憶力を見せて政治局の地方官から賞賛を受けたという。

やがて第二次世界大戦が始まり、チカチーロは後の人生を決定づける出来事に遭遇する。ドイツ軍によって手足を吹き飛ばされた死体を近所で見つけ、その姿に性的興奮を覚えたのだ。彼にサディスティックな感情が芽生えた瞬間である。

また、その内面には誰にも言えないコンプレックスがあった。同級生たちと比べてペニスが極端に小さく、女性のヌードを見ても何ら反応できない重度のインポテンツだったのだ。激しい劣等感に苦しんだチカチーロは、女性と付き合うのをあきらめ、勉強と自慰だけの毎日を送る。

そんなチカチーロに幸せが訪れたのは、ロストフ州で電話工に就いた24歳の夏のことだ。妹が友人の女性を紹介したところ、意外にも互いにすぐに惹かれ合い結婚。どうにかセックスにも成功し、

2人の子供を授かる。

が、幸せは束の間に終わる。27歳で小学校教師に転職すると、チカチーロは低学年の少女たちに暗い欲望を抱き、寄宿舎に忍び込んでは自慰に耽るようになる。生徒たちの間で「チカチーロ先生は体を触る」との噂が流れるまでに、さほど時間はかからなかった。

性衝動は日ごとに膨れ上がり、1978年、41歳のとき初めて犯行に手を染める。バス停で見かけた9歳の少女をさらって近くの資材小屋へ監禁。体重をかけて気絶させてから強姦を試みたが、唐突に少女が意識を取り戻したため反射的にナイフで性器をめった刺しにした。痛みに絶叫しながら死んでいく少女の姿に、チカチーロは人生で初めてのオーガズムを得たという。

ちなみに、この事件で警察は別の男性を誤認逮捕し、裁判所は彼を処刑台に送り込んでいる。このとき当局が正当に捜査していれば、

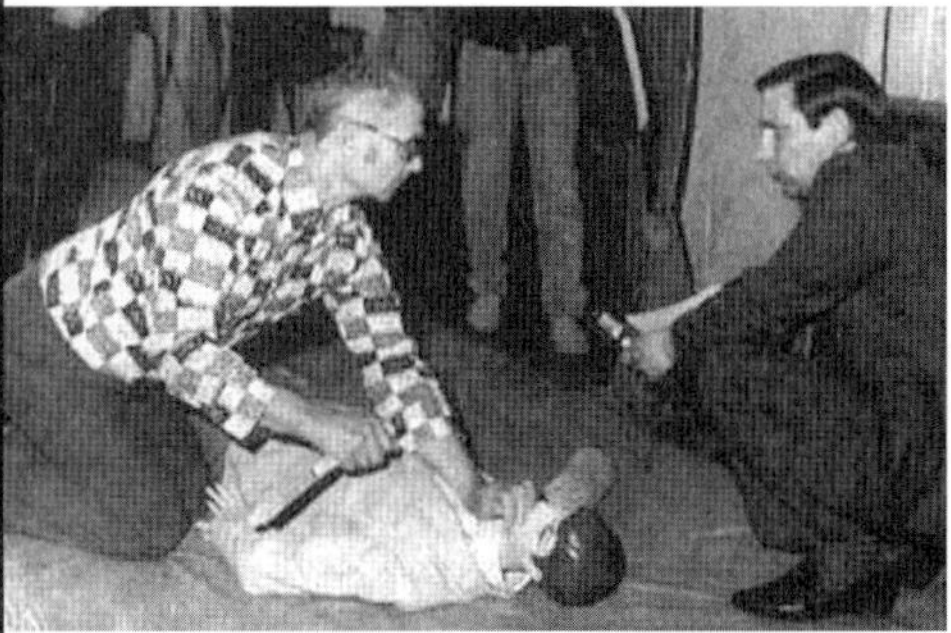

警察官立ち会いのもと、犯行を再現するチカチーロ

遺体から切り取った子宮、睾丸を食した鬼畜

後の惨劇は起こらなかったかもしれない。

その後、チカチーロは3年間、鳴りを潜めていたものの、1982年、勤務先の学校を解雇されたことをきっかけに、連続殺人を働き始める。

劇中の犯人がそうだったように、主にバス停や鉄道駅にいる家出した子供や若い浮浪者に声をかけて森に誘い込み、激しい暴行を加えナイフで殺害。そして、切り裂いた腹の中に射精した後、精子と人糞にまみれた大腸を食らう。被害者が少女だった場合は乳首や子宮を、少年の場合は睾丸を切り取り、口の中で転がしながら自宅まで持ち帰る。完全に常軌を逸していた。

チカチーロは1984年、殺人遺体が見つかった現場近くで、血だらけのナイフを持っていたところを警察に逮捕されている。しかし、彼の血液型と、遺体に付着した精液から判別された血液型が合致しなかったことで勾留を解かれる。

当時の医学では、血液と精液の型は必ず同じと信じられていたが、100万人に1人の割合で、血液と精液の型が一致しない人間がいることがわかるのは1990年。チカチーロはその100万人に1人の男だったのである。

これに安心したチカチーロは、やがて人体の生体解剖に興味を移す。標的の両手足の関節を砕いて動きを封じ、ゆっくり腹や性器を切開。相手が恐怖で意識を失った場合は、大腸や睾丸を噛みちぎって目を覚まさせる。もはや殺人は日常だった。

劇中の犯人は最後、森に追い詰められ、MGBの捜査官に射殺される。一方、チカチーロは1990年11月20日、仕事帰りの路上で逮捕された。

1985年、犯行手口から同一犯と見られる殺人が頻発する事態を重く見たKGBが捜査に介入する。主にロストフ地域周辺の道路や鉄道駅、バス停をパトロールさせ5年が経った1990年11月6日、顔に返り血を付着させ殺害現場付近を歩いていた男を警官が発見。2週間泳がせ証拠をつかんだ後、ようやく逮捕に踏み切った。

1992年4月から始まった裁判で、チカチーロは法廷内に設置された檻に入れられ、突如国歌を歌ったり、下半身を露出させるなど数々の奇行を見せる。全て精神異常による無罪を期待しての行動である。

しかし、同年10月に下った判決は死刑。1年半後の1994年2月14日、ロストフの刑務所内で銃殺刑に処された。享年57。

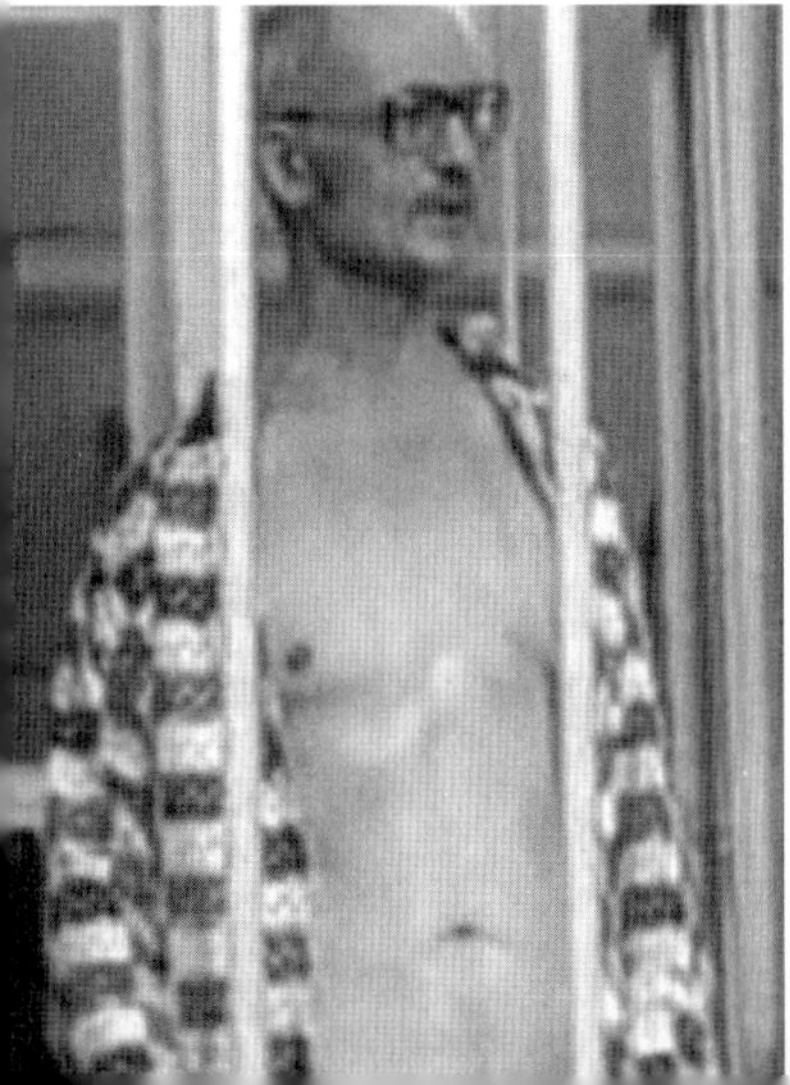

公判では檻の中に入れられ性器を露出するなど数々の異常行動を見せた

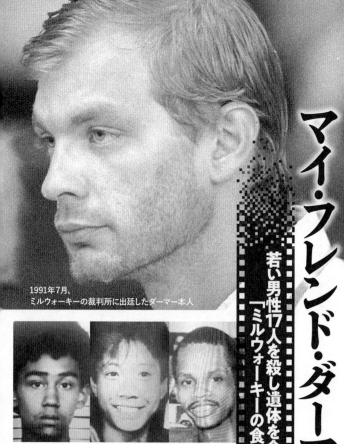

マイ・フレンド・ダーマー

若い男性17人を殺し遺体を食した「ミルウォーキーの食人鬼」

1991年7月、
ミルウォーキーの裁判所に出廷したダーマー本人

被害者はみな若い男性だった

ジェフリー・ダーマー

FILMS

若い男性を次々に殺害、遺体を犯して己の性欲を処理したうえ、その人肉で日々の食生活の大半をまかなう「ミルウォーキーの食人鬼」と呼ばれたジェフリー・ダーマー。彼が犯した事件は１９８０年代後半のアメリカを震え上がらせ、これまで数本の映画が制作されているが、２０１７年には、ダーマーの高校時代を描いた「マイ・フレンド・ダーマー」がアメリカで公開された。

稀代の食人鬼が犯した世にも忌まわしい事件とは？

１９６０年、米ウィスコンシン州の平凡な家庭に生まれたダーマーは、小学生の頃からウサギやネズミを強酸で溶かす実験にハマり、時には、串刺しにした犬の生首を森に飾って遊ぶ、異常な少年だった。

最初の殺人は１９７８年、18歳のとき。自分がゲイだと気づき始めたダーマーは、道ばたで拾ったヒッチハイクの少年を自宅へ連れ込んだものの、相手に全く〝その気〟がないことを察するや、反射的に鉄アレイで頭を殴り殺害。死体の肛門を犯した後、ノコギリでバラして床下に捨ててしまう。

２度目の殺人は９年後の１９８７年。ゲイバーで

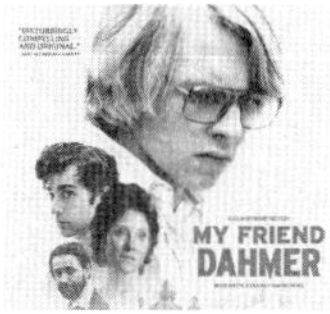

マイ・フレンド・ダーマー

2017／アメリカ／監督：マーク・マイヤーズ
連続殺人鬼ジェフリー・ダーマーの高校時代の同級生だったダーフ・バックダーフによるベストセラーノベルの映画化。ダーマーと両親の関係や、彼が高校を卒業してから17人を殺害、逮捕されるまでの過程を描く。主演は人気バンド「R5」のメンバー、ロス・リンチ。日本での公開は未定。

出会った黒人青年とホテルへ入ったまでは良かったが、相手と別れる段になって衝動的に被害者を絞殺。遺体をスーツケースに詰めて持ち帰り、前回と同じように死姦し尽くした後、記念として頭蓋骨だけを手元に残した。

その翌年、ウィスコンシン州ミルウォーキーに移り住んだダーマーは、動物解体用のナイフを買い揃え、2年間で7人を殺害する。いずれも自宅へ誘い込んで睡眠薬を飲ます手口で、死体を陵辱した後、頭部と性器を切り取って冷蔵庫に保存。さらに解体シーンの一部始終を写真に収め、自慰行為に使用した。

ダーマーの〝人肉食〟が始まったのは1989年頃からだ。この時期、もはや遺体を犯すだけでは飽き足らなくなっていた。

本屋で声をかけた黒人青年を睡眠薬で眠らせて、首の動脈を切断。バスタブで男の腹を裂くと、体内にペニスを差し込み大腸の奥で何度も射精した。

使い終わった遺体は、一部を硫酸で溶かして排水に流したが、内臓や上腕などはビニール袋に分けて冷蔵庫へ詰め込み、後で少しずつ取り出しては、ステーキにして塩コショウで味わった。後の裁判でダーマーは、この行為を「道徳のコンパスが故障した」と表している。

続く4ヶ月でさらに2人の青年の肉を食らうと、犯行はよりグロテスクさを増していく。

ある被害者は、鶏を裂くように全身の皮をはがされ、また別の者は、保存した生首をオナホールの代わりに使われた。

中でも悲惨なのは、1991年4月に殺されたエロル・リンゼイだ。いつものように獲物を眠らせたダーマーは、電気ドリルで彼の頭蓋骨へ穴を開け、脳に塩酸を流し込んだ。

ダーマーが、被害者を連れ込み餌食にしていた悪名高き「オックスフォード・アパートメント213号室」の室内

凄まじい激痛に目を覚ましたリンゼイは、絶叫しながら室内を転げまわった後、その場で首を絞められ死亡する。ダーマーの供述によれば、物言わぬ死体に寂しさを感じたため、自分に従順な〝ゾンビ〟を作ろうと考えたのだそうだ。

映画は、部屋に連れ込まれた黒人青年がダーマーのアパートを脱走するシーンで終わる。現実の事件も同様で、1991年7月、ダーマーの異常さに気づいた被害者が、ほぼ全裸の状態で往来へ飛び出し、警察のもとへ駆け込んだ。

その場で捕まったダーマーは、懲役936年の判決を受けウィスコンシン州コロンビア刑務所に送られたが、1994年11月、シャワールームで黒人の服役囚に頭を殴られ34年の生涯を終える。犠牲者は全部で17人だった。

テッド・バンディ

全米史上最高の殺人者

刑務所に毎日ラブレターが届いた美形の性犯罪者

この外見ゆえ、若い女性に近づいても警戒心を持たれなかった

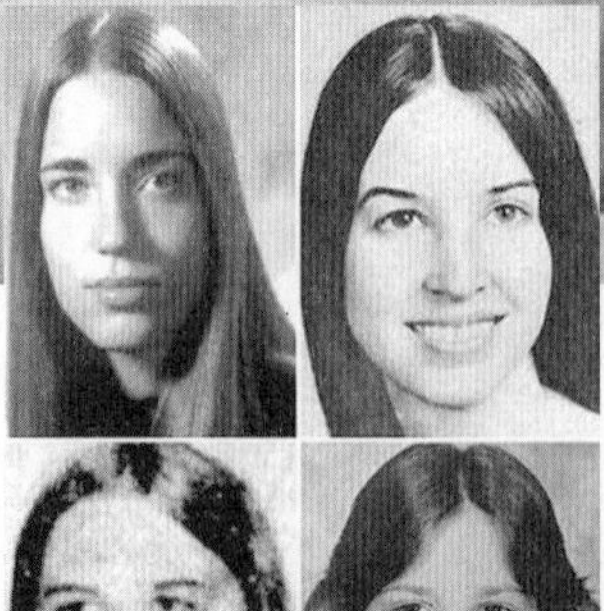

被害者の大半は、自分を最初にフった恋人と同じく、長い黒髪を真ん中分けした女性だった

テッド・バンディ

2002年公開のアメリカ映画「テッド・バンディ　全米史上最高の殺人者」は、犯罪史上初めて〝シリアルキラー〟の冠が付けられた稀代の殺人鬼テッド・バンディが電気椅子で処刑されるまでを、史実どおりに描いた作品である。

ハンサムな顔で若い女性に近づき、殴って意識を失わせたうえ強姦。さらに殺害後に切り刻んで屍姦し、後日、現場に戻りバラバラになった女性の口の中に射精するという、世にもおぞましい手口で40人あまりを殺害したバンディ。なぜ彼は、こんな極悪非道の犯罪を繰り返したのか。

バンディは1946年11月24日、米バーモント州に生まれた。デパートの店員だった母は未婚で、世間の目を気にしてか、祖父母が両親、母親は姉と信じ込まされて育つ。

自分の出生を怨んでいたバンディは高校時代から万引きや窃盗を日常的に繰り返し、さらには夜な夜な女子寮に出向き、着替えを覗いては自慰に耽った。

1965年、進学したピュージェットサウンド大学で、サンフランシスコの裕福な

テッド・バンディ　全米史上最高の殺人者

2002／アメリカ／監督：マシュー・ブライト
サイコパスの快楽連続殺人犯、テッド・バンディの成年後から死刑になるまでを描いた劇映画。2019年、バンディと長年交際していた女性エリザベスの視点から事件を描く新作映画「テッド・バンディ」が公開された。

家で育った長い黒髪の美人、ステファニーと恋に落ち、婚約を交わす。が、しょせんバンディは粗野なワガママ男。すぐに化けの皮が剥げ、わずか半年でフラれる。

失意のまま学校を中退したバンディは心機一転、マナーを学び、服装に注意を払い、社交性を磨く一方、共和党員として選挙活動にも参加し始める。周囲は、つまらない仕事を嫌がらずにこなす彼を「いずれ知事になる」と評価するまでになった。

2年後、ステファニーとの再会のときがやってくる。バンディの変わりように驚いた彼女は、再び彼への想いを燃やして婚約。だが、バンディは、その2週間後からわざと連絡を絶つ。自分と同じ失意をステファニーに味わわせるためだ。ここからバンディの凶行が始まった。

1974年の1月から秋にかけ、シアトルで8人の若い女性が消えた。髪が長く真ん中分けにしているのが共通点で、9月の狩猟期になり、山奥からバラバラの屍体となって発見された。

手口は単純だ。例えば、片腕にギプスをして、狙った女性の前で教科書を落とす。女の子が拾ったら車に運んでもらい、強姦の後、バールで頭を殴打して殺害するという具合だ。

1975年8月、バンディはコロラド州において、交通違反がきっかけで逮捕され、一連の犯行に使われた旧型のフォルクスワーゲンと同一車に乗っていたことから、連続殺人事件の容疑者として警察の追及を受ける。これで彼の凶行は全て明るみになるはずだった。が、判決前の1977年12月30日、バンディは秘かに隠し持っていた弓鋸で独房の天井に四角い穴を開け、脱走に成功する。

1978年1月15日、フロリダの女子大寮に押し入り2人を撲殺、同年2月9日には12歳の少女に性的暴行を加えた後、殺害。このまま悪夢は続くと思われたが、1週間後の同月16日、盗難車に乗っていたことから逮捕となる。

1979年6月からバンディの第2審が開かれた。5人の国選弁護人がいるにもかかわらず、バンディは自分で自分の弁護を行い、無罪を主張した。が、下った判決は死刑。その瞬間、彼はドサっと被告席に腰を落としたという。

そのルックスゆえか、死刑囚となってからも、フロリダの刑務所に収監されていたバンディのもとには毎日、ラブレターが届いた。それに励まされるかのように、彼は上訴審で無罪を争うべく日々を送っていた。しかし、その時は来る。1989年、1月24日午前7時6分、電気椅子で死刑執行。享年42だった。

バンディの死刑執行を信じない人間が多数存在していたため、翌日の新聞の一面に遺体の写真が大きく掲載された

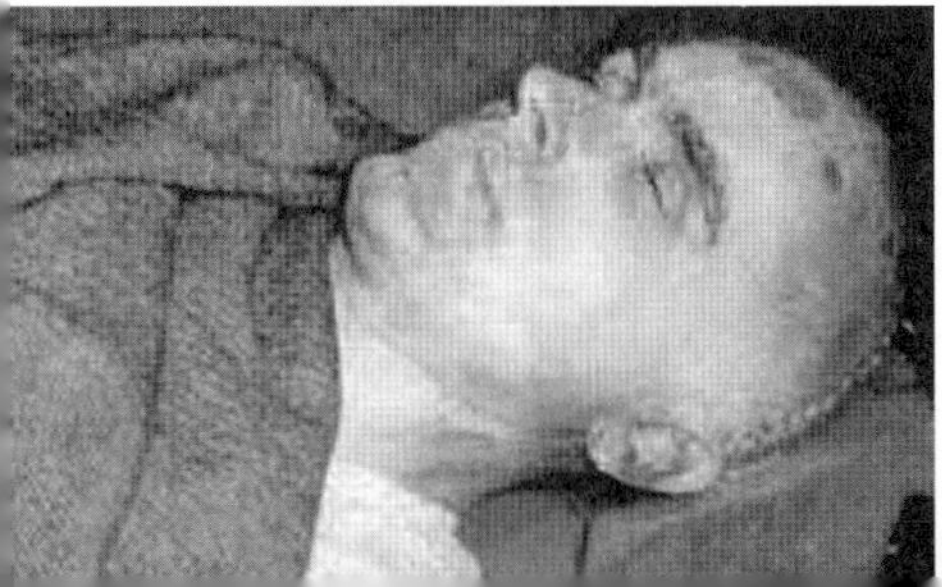

羊たちの沈黙

猟奇殺人鬼ハンニバル・レクターのモデル

FILMS

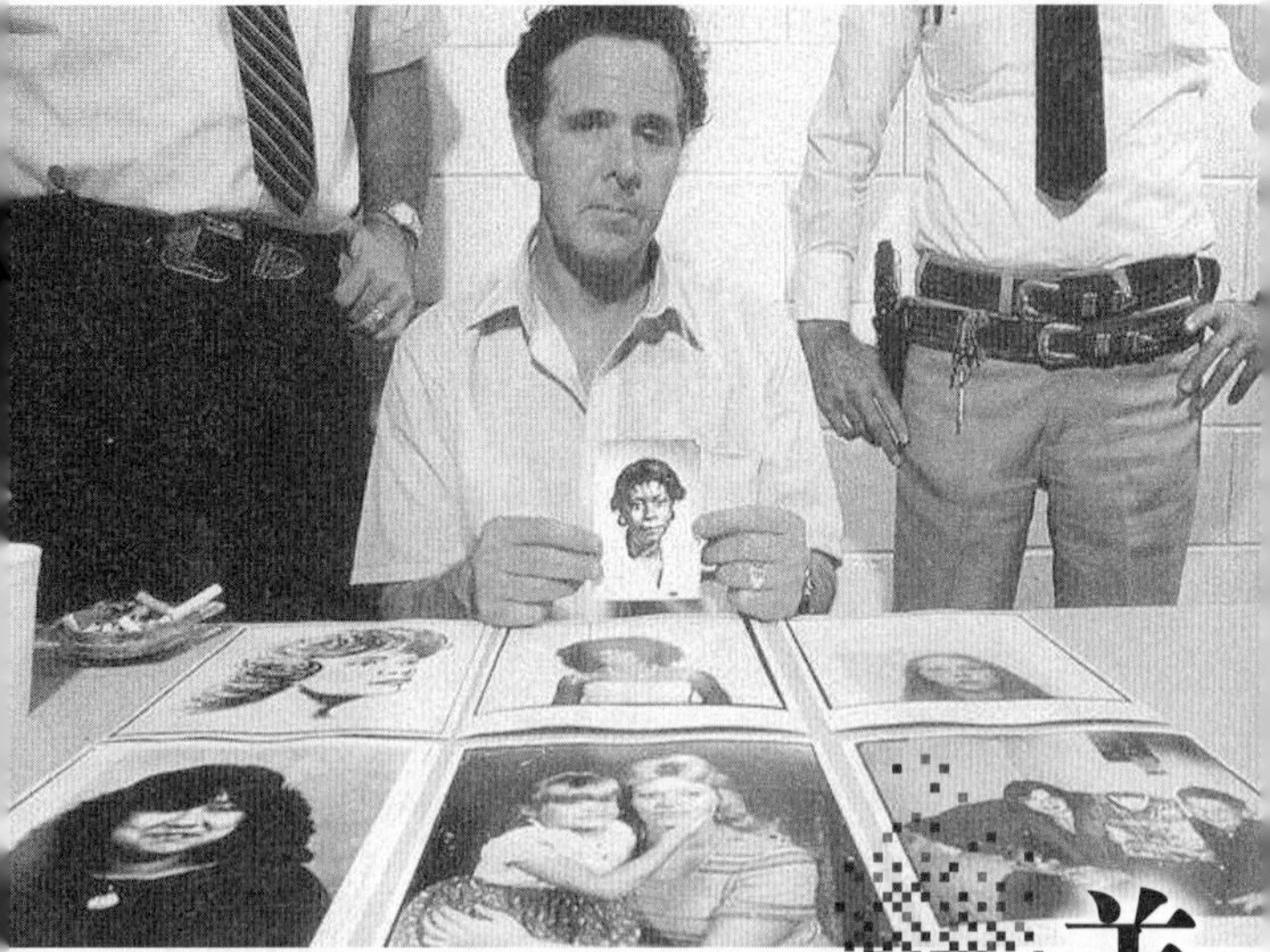

上／被害者の写真を手にカメラに収まるルーカス。逮捕当時の1枚。　下／映画「羊たちの沈黙」で強烈な存在感を示したレクター博士（演：アンソニー・ホプキンス）

ヘンリー・リー・ルーカス

サスペンス映画の傑作「羊たちの沈黙」で一躍世間の注目を浴びたハンニバル・レクター。アンソニー・ホプキンスが演じた、元精神科医の猟奇殺人犯は、連続殺人事件を追う女性ＦＢＩ訓練生（ジョディ・フォスター）に、事件解決に導く助言を与え、観る者に強烈な印象を残した。

推理作家トマス・ハリスの作品の中にたびたび登場するこの特異なキャラクターには、実在のモデルがいる。ヘンリー・リー・ルーカス（１９３６年生まれ）。レクター博士と同じように、獄中から警察捜査に協力した連続殺人鬼だ。

ルーカスの犯行は、売春婦だった母親殺しから始まった。気の向くままルーカスを殴り蹴り、客との行為を見せつけるなど虐待の限りを尽くした実母を１９６５年、20歳で刺殺する。

この事件で実刑40年の判決を受けたが、よほどの模範囚だったのか、10年後の１９７５年、当局は財政難を理由に半ば強引にルーカスを出所させてしまう。

本人の供述によれば、出所後、３ブロック先で女性を殺し、以後、アメリカ全

羊たちの沈黙

1991／アメリカ／監督：ジョナサン・デミ
連続殺人事件を追うFBI女性訓練生と、彼女に協力する元精神科医の殺人鬼ハンニバル・レクターの奇妙な交流を描いたサイコ・サスペンス。第64回アカデミー賞において、作品賞、主演男優&女優賞など主要5部門を独占した。

士を人を殺しながら放浪。１９７９年からは境遇の似たオーティス・トゥールと組んで女性ヒッチハイカーや娼婦を、ゲイだったトゥールは男性をメインに、２人して１千人以上を手にかけたという。

逮捕のきっかけは単なる銃の不法所持だった。１９８３年、テキサス警察が流れ者のルーカスを取り調べたところ、なんと１００人の殺害をほのめかした。これを地元紙が一面で報道、一夜にしてルーカスは、世界的シリアルキラーになる。

ルーカスは犯行を自供する際、自身が犯した事件捜査の正式メンバーに加わった。これが思わぬ副産物を呼ぶ。犯罪の手口や犯罪者の心理に長けたルーカスの供述により、テキサスをはじめ26州の警察で迷宮入りに思えた２００件以上もの事件が解決したのだ。

が、この話には疑わしい点も多い。ルーカスは警察の取り調べで『死の腕』なるカルト集団の殺し屋だったと供述している。何百人もが殺人の技術を訓練しながら、いわゆるスナッフ・ムービー（殺人ビデオ）を撮り、食人もしたという。

現代のアメリカに、そんな集団が存在し得るのか。そもそも、この男の話は信用できるのか。

疑問を抱いた民間探偵が検証してみると、ルーカスの自供した事件が起こった当時、当の本人は獄中にいたことが判明。さらに、警察の現場検証ビデオをよくよく見れば、ルーカスが捜査員の誘導するまま動いていたりなど、様々な疑惑が噴き出したのだ。

当局は、犯人しか知り得ない事柄を自供したルーカスが、少なくとも１５０件余りの事件に関与していると発表したが、警察が事前に捜査情報をルーカスに与え、それに基づいて供述が行われたというのがメディアや世間の意見だ。

なぜルーカスは、バカげた自供を続けたのか？

世間の注目を浴びたかったのも理由の一つだろうが、自供することで特別待遇を享受できたのも大きかったに違いない。好きなモノを食べ、現場検証という名のアメリカ旅行を楽しみ、さらに裁判で下された死刑を執行される心配もない。

未解決事件を減らしたい当局と利害が合致した結果、相棒のトゥールは１９９６年に肝硬変で、ルーカス本人も２００１年３月に心臓発作で死ぬまで天寿を全うした。享年64。

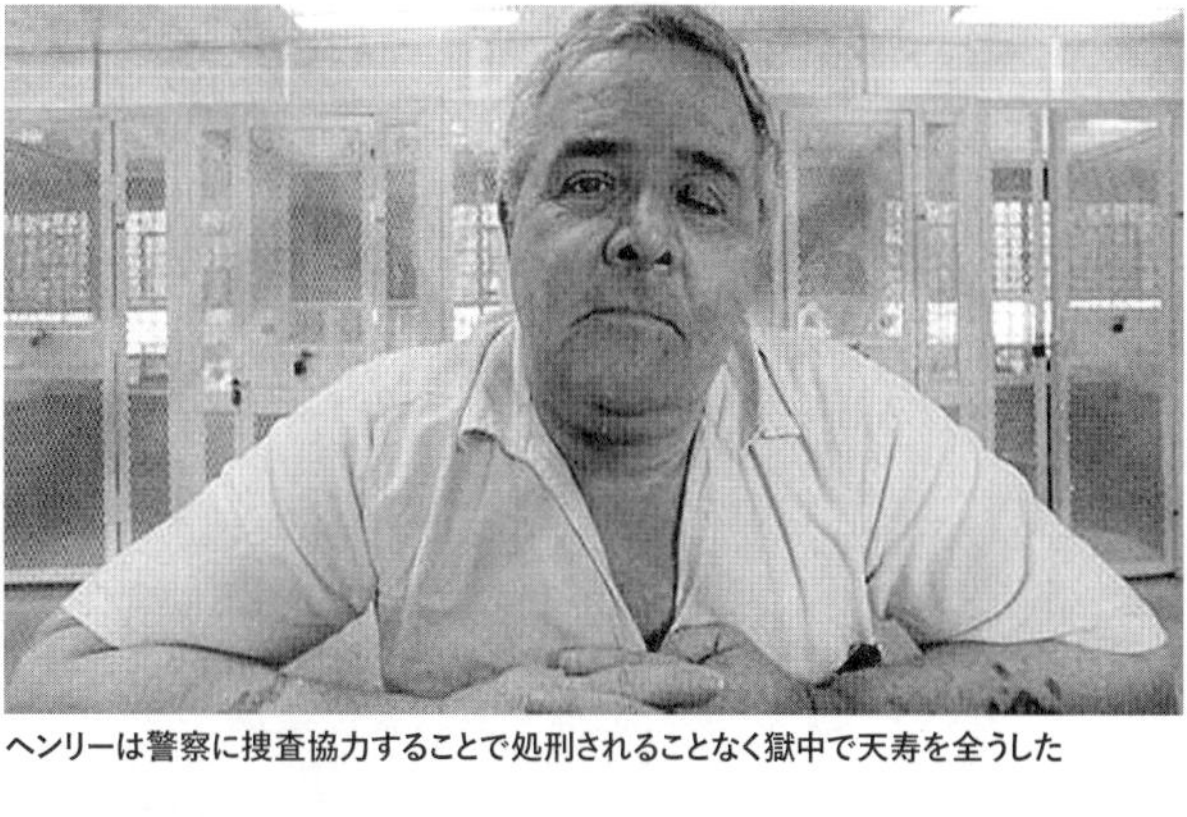

ヘンリーは警察に捜査協力することで処刑されることなく獄中で天寿を全うした

ロベルト・スッコ

好青年がなぜ連続殺人鬼に変貌したのか？

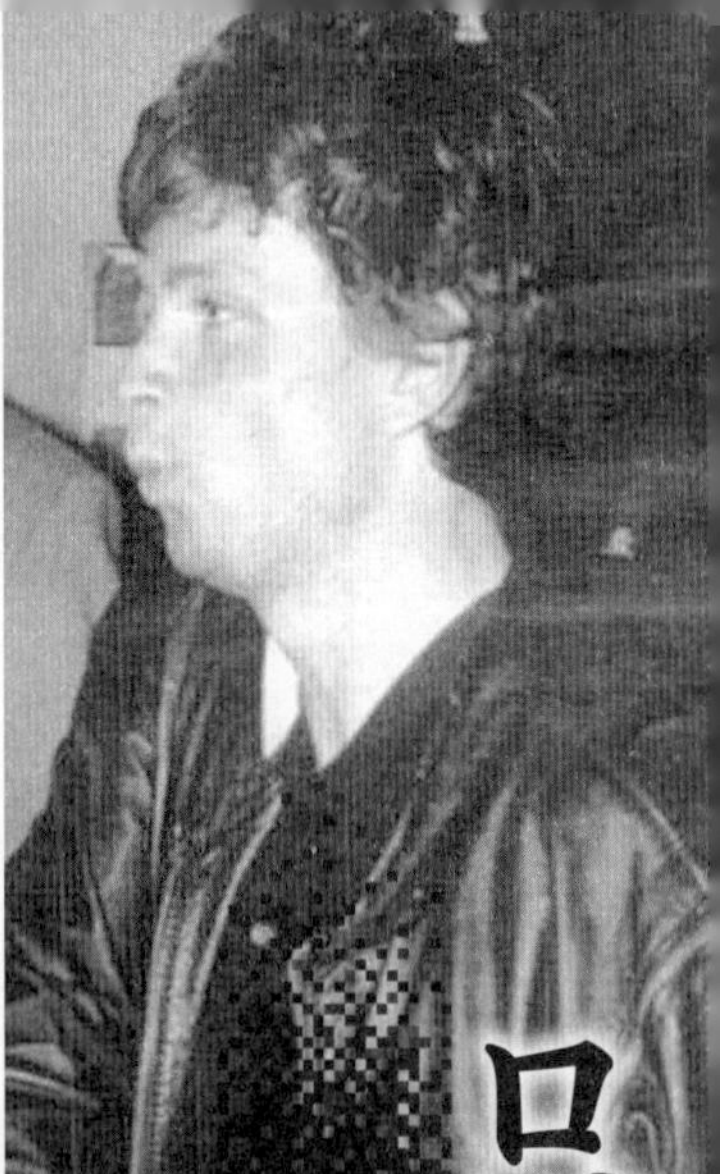

逮捕直後のスッコ

2001年公開の「ロベルト・スッコ」は、1980年代にイタリア、スイスで殺人を繰り返したロベルト・スッコの短い生涯を描いた実録映画だ。ヨーロッパ全土を震撼させた、若きシリアルキラーの実像に迫る。

1962年、イタリア・ベネチアの小さな町

甘いマスクが新聞に載ると、ファンクラブまで作られた

ロベルト・スッコ

に生まれたスッコは、特に目立つところのない平凡な少年だった。父親は警官で母親は編み物が好きな主婦。2人とも温和な性格で、一家には何の問題もなかった。

1981年4月、そんな平和な家庭が地獄に変わる。その日、19歳になったばかりのスッコは、普段よりも帰宅が遅くなったのを母からいさめられたことに激怒。キッチンから持ち出した包丁で母の腹部を刺し、倒れたところを登山用ピッケルで殴打、のたうつ母の体を浴室へ運び、バスタブの底に沈め絶命させる。

さらに、夜になって仕事から帰ってきた父の胸元をナイフで突き刺すと、斧で頭を殴って殺害。遺体はやはりバスタブに沈め、死臭を消すため大量の洗剤をふりかけた後、自宅から逃げ出した。

近隣の国道に配備された機動隊が、スッコを捕獲したのは翌日の昼過ぎのこと。取り調べで動機を尋ねられ、彼は「親との仲は良かった。僕にとって重要だったのは、ただ家を出て自由になることだ」とだけ答えた。

捜査当局は犯人を統合失調症と認定し、身柄を北イタリアの精神病者専用の刑務所へ。そこでスッコは、親殺しの凶悪犯にもかかわらず、収容者の預金管理を任されるほどの信頼を得る。

ロベルト・スッコ

2001／フランス・スイス／監督：セドリック・カーン
1980年代に実在した、若き連続殺人鬼ロベルト・スッコの生き様を緻密に再現。その理屈では割りきれない言動が観る者に衝撃を与え、フランスで大反響を呼び起こした。

もともと礼儀正しい青年だったことに加え、後にマスコミが「天使の顔」と呼んだ端整なルックスが功を奏した。

が、収容から5年が過ぎた1986年4月、院長から外出許可を得たスッコは、そのままフランス行きの列車に飛び乗り消息を絶ってしまう。

脱走後の行動は、常軌を逸していた。白昼堂々ライフルをぶっ放し、奪った車でフランス東部を爆走する。どころか、追跡劇の真っ只中にもかかわらず、サブリナという女子高生に声をかけ恋仲にまでなってしまうから驚きだ。

スッコが次に殺人を犯したのは、1987年4月のこと。車上荒しを見とがめた白バイ警官をショットガンで蜂の巣に。続けて、人質としてさらった中年女性とタクシー運転手の2人を撃ち殺す。そして、この連続殺人の直後に平然とサブリナを誘い自分の誕生パーティを開催、彼女の母親へ挨拶に出向いた。

しかし、2人の蜜月は長くは続かない。ほどなくテレビで警官殺しのニュースを見たサブリが、恋人が凶悪犯だったことに気づき警察に駆け込んだのだ。

サブリナの裏切りを知ったスッコは、さらに無軌道さを増す。宝石店で盗んだ品を現金に換えると、高級住宅地の別荘に押し入り40代の女性を強姦して銃殺。続けて6件の強盗を働いた後、再び別荘地で30代の女性を陵辱する。その1ヶ月後には、ナイトクラブでロ論になった男の胸を撃ちぬいたうえ、逃亡先のホテルに現れた2人の刑事をも手にかけてしまう。

警察の捜査が厳しさを増すなか、スッコは偽造免許証を使ってフランスからスイスへ。今度は憲兵1人を銃殺、民家を襲って4人の家族に監禁暴行を働いた後イタリアへと逃走し、そこでようやく警察に捕らえられた。

翌日、自由時間のスキをついて刑務所の屋根に登ったスッコは、空に向かって「マスコミを呼べ」と絶叫する。すぐさま地元TV局の取材ヘリが現れると、「サブリナ、おまえのせいで捕まったんだ。お前は淫売だ！　くたばっちまえ！」とわめき立てた。

収監から2ヶ月後。見回りの看守が、独房の中でビニール袋をかぶって窒息死しているスッコを見つけた。尋問が始まる直前の自殺劇だったため（他殺説もある）、詳しい犯行動機などは今もわかっていない。


公判前に独房で自殺したスッコの遺体。無軌道な犯行の動機は不明のままだ

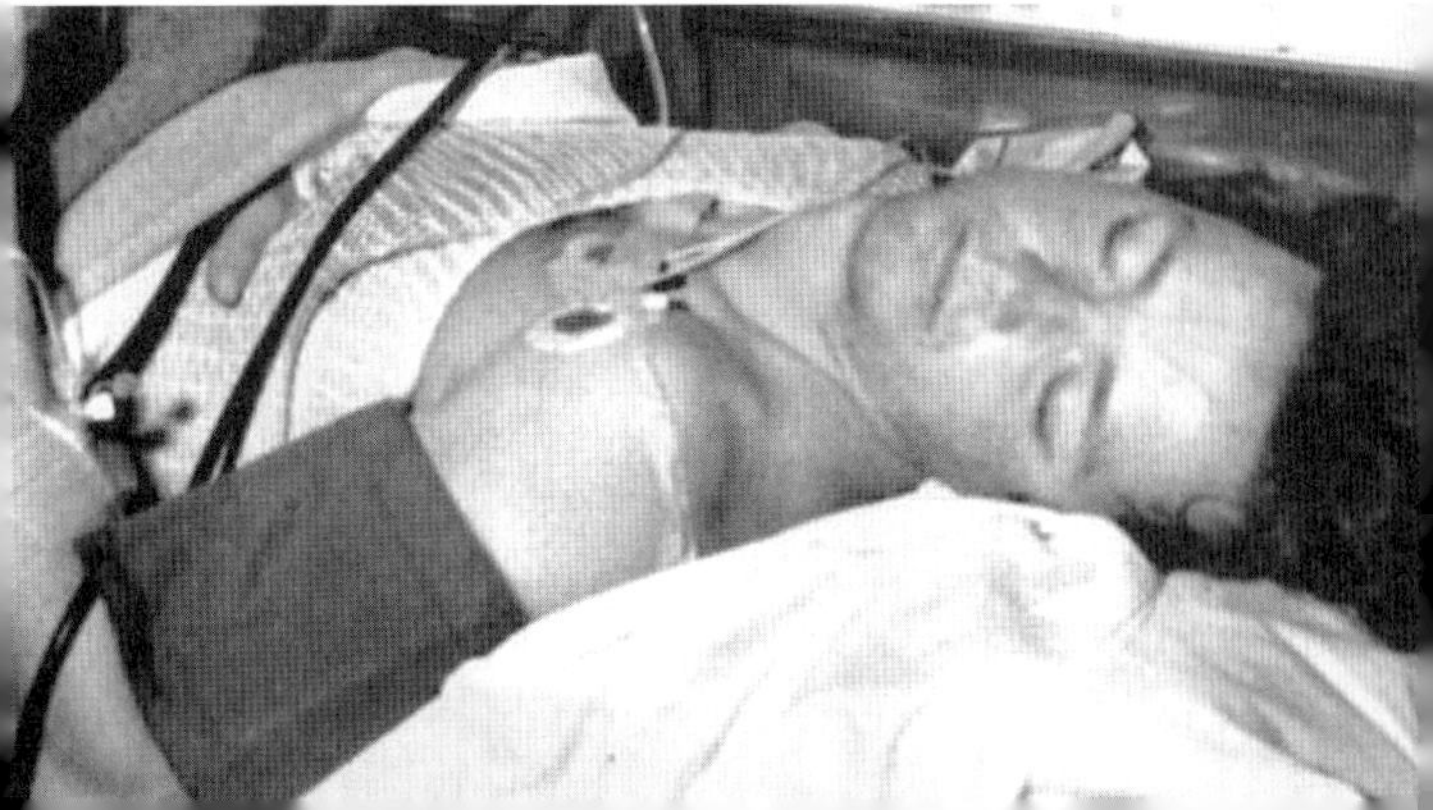

IT／イット "それ"が見えたら、終わり。

33人の少年を手にかけた「殺人ピエロ」

FILMS

ジョン・ゲイシー

犯罪史上に名を刻む殺人鬼ジョン・ゲイシー。子供たちを楽しませるため、パーティなどでピエロに扮することが多かったことから「キラー・クラウン」の異名を持つ

映画「IT／イット "それ"が見えたら、終わり。」に登場する殺人ピエロ「ペニーワイズ」はゲイシーがモデル

２０１７年公開の「ＩＴ／イット 〝それ〟が見えたら、終わり。」は、１９８６年に発表されたスティーブン・キングの小説『ＩＴ（イット）』を原作としたホラー映画だ。タイトルにある〝それ〟とは、27年周期で現れ、田舎町の少年少女を恐怖のどん底に陥れる殺人ピエロのことだ。

劇中で「ペニーワイズ」と呼ばれるこの凶悪なキャラには実在のモデルがいる。ジョン・ゲイシー（１９４２年生まれ）。１９７２年から１９７８年にかけて少年33人を手にかけた連続殺人犯で、普段はピエロの扮装で人気だったことから「キラー・クラウン（殺人ピエロ）」の異名を取った悪魔だ。

ジョン・ゲイシーは地元の名士だった。米アイオワ州のケンタッキーフライドチキン３店を切り盛りする敏腕マネージャーとして働くかたわら、労働支援のボランティアグループで資金調達の仕事をこなし、地域住民からの信頼も厚い。私生活でも一男一女に恵まれ、傍目には誰もがうらやむ暮らしぶりだった。

が、この男には裏の顔があった。１９６７年、ボランティアグループの飲み会に参加すると、

IT／イット “それ”が見えたら、終わり。

2017／アメリカ／監督：アンディ・ムスキエティ
1980年代末のアメリカの田舎町を舞台に、立て続けに起こる行方不明事件と、恐怖に立ち向かう少年少女7人の姿を描く。1990年に公開された映画「IT」のリメイク。

ゲイシーは酔った勢いで同僚にフェラチオをしかけ、そこで得も言われぬ興奮を経験する。自らの性癖に気づいたゲイシーは、以降妻の目を盗んでは町に繰り出し、買春や同僚とのスワッピング、コカインの摂取などに夢中になる。

1968年夏、地元の少年2人をレイプした罪で逮捕、判決で懲役10年を食らい刑務所へ。マスコミは「変態紳士の裏の顔」と書き立てた。しかし、獄中でのゲイシーは典型的な模範囚で、収監からたった18ヶ月で仮釈放となる。

塀を出たゲイシーは、真人間に変貌する。母が住むシカゴのレストランで職を見つけ、1971年には全ての市民権を回復。その翌年に2人の娘を持つ未亡人との再婚を果たすと、母の資金援助で内装請負業を始め、またたく間に年収2千万を稼ぎ出す実業家にのし上がった。

同時に雇用関係のボランティア業に意欲を燃やし、1975年には地元の委員会から表彰を受けた他、慈善パレードの監督官にも就任。ピエロの衣装に身を包み、地元の孤児院へ慰問を始めたのもこの頃だ。

しかし、後の調書によれば、ゲイシーは、事業を成功させた1972年頃、すでに殺人に手を染めていたらしい。最初の被害者はバス停で見かけ、買春を持ちかけた少年だった。合意のうえで体の関係を持ったものの、翌朝少年が朝食を作ろうとナイフを持った姿を見て、自分を殺そうとしていると誤認。もみ合いになった末に、少年の胸を刺し貫いてしまう。慌てたゲイシーは遺体を床下に埋め、上からコンクリートを流しこんだ。

突発的な殺人だったが、この一件がゲイシーの異常性欲をかき立て、１９７５年には自分の会社で働く17歳の従業員を暴行の後に殺害。翌年はさらにエスカレートし、７人の少年たちを自宅のガレージに呼び込み、手錠をかけた状態で肛門を陵辱、絞め殺した。

毎夜のように響き渡る悲鳴とガレージから漂う異臭に近隣住人からは抗議の声が上がったが、警察も地元の名士には簡単に手を出せず、その後もゲイシーは月に１人のペースで少年を殺し続け、やがて行方不明者の数は30人以上に膨れ上がる。

しびれを切らした警察は、ゲイシーを麻薬容疑で別件逮捕に踏み切り、徹底的な家探しを敢行。果たして、床下から多くの腐乱死体が見つかった。

１９８０年に死刑が確定し、１９９４年、薬物注射による処刑執行。享年52。コメントを求められた担当検事は「被害者の苦痛に比べれば安楽死も同然だ」と吐き捨てた。

地元では名士として知られ、ジミー・カーター元大統領のロザリー夫人（左）とツーショットでカメラに収まったことも

フリーウェイ・キラー

高速道路でヒッチハイカーの若者21人を殺害

FILMS

公判時のボーニン。
反省の態度は一切見せなかった

ウィリアム・ボーニン

1972年、米カリフォルニア州に〝フリーウェイ・キラー〟なる連続殺人鬼が現れた。ロサンゼルス郊外の高速道路でヒッチハイカーを拾い、さんざん陵辱した後で性器を切り取る手口で21人を殺害。被害者は全て若い男性だった。犯人の名はウィリアム・ボーニン。2009年のホラー映画「フリーウェイ・キラー」の主人公になった殺人鬼だ。

1947年、コネチカット州の田舎町に生まれたボーニンは、アル中の父と母から殴る蹴るの暴行を受けながら育った。食事が与えられないことも多く、命綱は隣人が捨てる残飯のみ。飢えに苦しんだボーニンは、6歳の頃から自然と窃盗や強盗を繰り返すようになる。

さらなる苦難は10歳の頃。ナンバープレートの盗難により送られた少年監獄で、実年齢よりも幼いルックスが災いし、他の収容者からレイプの標的にされてしまう。陵辱はその後2年間も続き、施設を出たときにはまともに排便もできないほどだったという。

世間への憎悪を抱いたボーニンは、18歳でようやく監獄を出て空軍へ入隊。ベトナム戦争に出征し、スキを見て2人の同僚をレイプした。本来なら軍事裁判ものの蛮行だが、戦争の混乱の中で事件はうやむやとなる。

戦地で強姦の味を覚えたボーニンは、帰国後の1969年から立て続けに5件の暴行事件を起こす。カリフォルニア州の高速道路で拾ったヒッチハイカーをバンに押し込み、手錠で自由を奪った状態で肛門を陵辱。ターゲットはいずれも12〜18歳の少年だった。

目撃者の証言から警察はボーニンの身柄を拘束し、性犯罪者用の医療刑務所へ送る。そこで

フリーウェイ・キラー

2009／アメリカ／監督：ジョン・マーロウスキー
実在の連続殺人鬼ウィリアム・ボーニンの日常と、彼が死刑になるまでの過程を描いた1本。日本未公開。

被害者はみな18歳以下の少年だった

5年に及ぶセックス依存症の治療を受け、1978年に釈放。医師は「再犯の可能性なし」と太鼓判を押したが、ボーニンが初めて殺人に手を染めたのは出所からほんの7ヶ月後のことだ。

第1の被害者は13歳の少年だった。高速道路の路肩で見つかった遺体は、腹部と肛門を中心に77ヶ所をナイフで切り刻まれ、ほとんど原形をとどめていなかった。

ボーニンはその後も月に2人の割合で若者たちを血祭りに上げていく。高速道路の入り口でヒッチハイカーを待ち、かかった獲物をバンのなかで拘束。さんざん強姦を楽しんだ後、アイスピックを耳から押し込み脳をかき回す。死体は全て路上に投げ捨てたが、相手が美少年だった場合はペニスを切り取り工具箱で持ち帰った。

新聞・テレビは犯人を「フリーウェイ・キラー」と呼び、連日のようにカリフォルニア州民の恐怖を煽った。それに喜んだボーニンは記事を切り抜き、工具箱の中に大事に保存していたという。

1979年、ボーニンは友人のホームパーティで知り合った22歳の男性プロマジシャンを犯行仲間に加える。この男性、前科などは一切なかったにもかかわらず、なぜかボーニンと行動を共にし、9件もの殺人を手助けしてしまう。さらに、同僚のトラック運転手も口説き落とし、2件の殺人に関与させている。ボーニンには自分と同じ嗜好を持った人間を見抜く才能があったらしい。

フリーウェイ・キラーの最後の時は、1980年3月に訪れた。州内の全道路へ配備された警官の1人が、若い男へ襲いかかったボーニンを現行犯逮捕したのだ。

取り調べに対しボーニンは21件の殺人をあっさり自白し「まだ殺し足りない。殺せば殺すほど上手になっていくんだから仕方ないだろ」と言い放った。1996年、死刑執行。享年49。

逮捕・連行される際の様子

サマー・オブ・サム

母親への憎悪とモテない恨みで６人を射殺した「サムの息子」

バーコヴィッツ。逮捕時

１９７７年夏、米ニューヨークのブルックリンで、数百件の放火に加え、６人の男女が無差別に撃ち殺される凶悪事件が発生。犯人は自分を「サムの息子」と名乗り、新聞社へ「俺を止めたいなら殺すしかない。警察はもっと捜査を頑張れ」という内容の手紙を送りつけた。

１９９９年公開の映画「サマー・オブ・サム」は、ニューヨークを恐怖に陥れた射殺魔デビッド・バーコヴィッツの事件を題材とした作品である。

デビッド・バーコヴィッツ

１９５３年６月、私生児としてニューヨークに生まれたバーコヴィッツは、学生時代から極度の奥手だった。セックスには興味があるものの、まともに女性と目を合わせることができず、会話もままならない。

童貞のまま18歳を迎え、一念発起で軍隊へ入隊。配置先の韓国で初めて売春婦を買ったところ性病に感染し、ますます女性恐怖をこじらせてしまう。

除隊直後の１９７４年、実母の居所を探していたバーコヴィッツは、ついに現在の住所を特定し会いに行く。が、母親の態度は冷たく、数回ほど会話を交わしただけで連絡を打ち切られてしまう。

これが決定打となった。母への思いは女性全体への憎しみに変わり、やがてそのストレスは放火で発散される。後の調査によれば、１９７４年から１９７５年の１年間だけで約１千５００軒もの家に火を放ったという。

それでも、彼の憎しみは癒えず、１９７５年12月、今度は女性を直に殺そうと試みる。通りで見かけた女子高生２人に飛びかかり背後からグサリ。刃先は両方の肺を貫き、全治１年の重

サマー・オブ・サム

1999／アメリカ／監督：スパイク・リー
1977年に実際に起こったデビッド・バーコヴィッツによる連続殺人事件を背景に、事件に翻弄される人々を描いたドラマ。

症を負わせた。

最初の殺人に失敗したバーコヴィッツは深く反省し、翌年に44口径のピストルを購入する。

バーコヴィッツの犯行には、計画性が皆無だった。スーパーの紙袋で拳銃を包みニューヨークの裏通りを適当にぶらつく。ターゲットは女性であれば誰でも良く、相手に近づき背中から一発。ダッシュでその場を逃げ、自宅に帰って自慰にふけった。

殺人は1976年の夏から始まり、5ヶ月で3人が命を奪われ、5人が重傷を負った。多くは頭部を撃ちぬかれ、生き残った者も大半が半身不随に陥った。

ニューヨーク市長は緊急会見で「この町に1人の野蛮な狂人が野放しになっています」と発言。警察にプレッシャーをかけたが、被害者たちに共通点がなく、容疑者を絞り込むことができない。

自分の犯行に自信を持ったバーコヴィッツは、1977年4月、車内でいちゃつくカップルを狙撃した後、現場に長い手紙を残した。

公開された犯人の似顔絵は、本人とは似ても似つかぬものだった

『俺は怪物だ。俺はサム（バーコヴィッツの実父の名）の息子だ。サムは血を飲むのが大好きだ。『人を殺せ』と親父が命令するんだ。俺は誰とも波長が違う。殺しのためにプログラムされているんだ』

マスコミは犯人の手紙を掲載し、連続射殺魔を「サムの息子」のニックネームで呼んだ。

逮捕は1977年7月。いつものようにカップルを殺して車に飛び乗る姿を、通行人が目撃したのがきっかけだった。警察は当該車のナンバーを突き止め、容疑者のアパートに急行。銃口を突きつけられたバーコヴィッツは、おびえた笑みを浮かべながら答えた。

「僕がサムの息子だよ」

裁判でバーコヴィッツは「近所の犬に悪魔が取り憑いたから」と意味不明の犯行動機を口にしたが、精神科医からデタラメと見透かされ撤回。「母親に拒否されたのと、女の子たちと満足に付き合えないからです」と素直に供述した。

6件の殺人容疑で懲役365年を言い渡された（ニューヨーク州に死刑制度がなかったため）バーコヴィッツは2018年4月現在、ニューヨークのブルックリン刑務所の独房で暮らしている。

2017年、獄中でCBSテレビのインタビューに答えた際の1枚

ナイト・ストーカー

老若男女問わず1年2ケ月で13人を殺害

FILMS

リチャード・ラミレス

ラミレス本人。公判中は手の平にサタンのマークを描き悪魔崇拝をアピールした

テッド・バンディ（本書70頁）しかりロベルト・スッコ（同78頁）しかり、逮捕後に多くの女性の心をわしづかみにするシリアルキラーは少なくない。リチャード・ラミレスもまた例外ではない。まるでロックスターのような風貌に、法廷に多くの女性グルーピーが現れ、ラミレスは彼女らに手を振る余裕まで見せた。が、彼の犯した犯罪は鬼畜そのもの。米ロサンゼルス郊外を中心に無差別に民

家を襲撃。暴行、レイプ、強盗などを働き、13人の命を奪い去った。
マスコミはラミレスに「ナイト・ストーカー」（夜這い野郎）の異名をつけ、２００２年には彼を主人公とした同名のホラー映画が公開されている。

１９６０年、テキサス州に生まれたラミレスは、9歳の頃から窃盗を繰り返す悪党だった。１９８２年、22歳のとき女友達のツテを頼りサンフランシスコへ。仕事もせずに毎日ヘヴィメタルを聴き、その流れで悪魔崇拝の思想にのめり込む。やがて家を追い出されるとバックパック１つで安ホテルを転々とし、金がないときは窃盗と強盗で飢えをしのぐ。しだいに体はやせ細って異臭を放ち、栄養失調で大半の歯がボロボロに抜け落ちた。

初めての殺人は１９８４年6月。不意に性欲をもよおし、窓が開いていたアパートの一室に侵入、79歳の老婆を犯してからメッタ刺しにした後、なぜか首を切り落として逃走した。

次の凶行は9ヶ月後の深夜。金目当てでロサンゼルス近郊のアパートに押し入り、34歳女性の頭部へ弾丸を一発。現場から飛び出したその

ナイト・ストーカー

2002／アメリカ／監督:クリス・フィッシャー
1980年代のロサンゼルスを戦慄させた実在の殺人鬼リチャード・ラミレスの凶行とその逮捕の瞬間までを描くサイコ・スリラー。日本未公開。

足で、近くを通りかかった30歳の女性を意味もなく撃ち殺した。

当初は金と性欲を満たすことだけが目的だったが、殺人を繰り返すうちに、自身のサディスティックな欲望に火がついた。以降、ラミレスの犯行は残忍さを増していく。

4番目の犠牲者は、平凡な住宅街に住む弁護士夫婦だ。2人が狙われたのは、単にラミレスが黄色く塗られた家を好んだからだった。深夜に玄関を壊し、中にいた夫を射殺。その遺体のすぐ隣で妻をさんざんレイプした後、生きたまま両目をえぐり、両手足をナイフで切り落とした。

さらに2ヶ月後の1985年5月14日、今度は中国人カップルの家を襲い、夫を銃殺し、妻を陵辱。同月29日には身体障害者の老婆をハンマーで殴り殺し、遺体の太ももに悪魔の象徴である五芒星のマークを描き残す。

これだけ殺人を重ねても、警察の捜査は一向に進まなかった。被害者のプロフィールが一貫せず、殺しの手口もバラバラだったため、同一犯の仕業として扱われなかったからだ。

捜査の遅れをいいことに、ラミレスの凶行は続く。老婆殺しの翌日には、ロス市外の民家で12歳の少年をクローゼットに閉じ込めたうえ、目の前で41歳の母親をレイプ。7月に

まるでロックスターのような風貌に、
多くの女性が傍聴に訪れた

も3人の女性を強姦死させた。

ほどなく周辺住民から「ヘビメタシャツの汚い男を見た」との目撃証言が相次ぐと、ようやく警察は事件を同一犯による連続殺人と断定する。

それでもラミレスの犯行は止まず、8月に入ると、立て続けに3軒の住宅を襲って男女5人を射殺。うち1人は9歳の少年で、肛門には陵辱の形跡が残されていた。

ラミレスが捕まったのは、殺人を始めてから1年2ヶ月後の1985年8月31日。ロスのコンビニに入ったところ、自分の指名手配写真がレジに貼られているのを発見。大慌てで逃げ出したものの住民に見つかり、リンチにかけられる寸前で身柄を拘束された。

裁判は、証拠の数が多かったためスローペースで進み、ようやく1989年に死刑が確定。その後、サン・クエンティン刑務所に収監され、2013年6月7日、長年の薬物乱用による血液感染で発症したB細胞リンパ腫が原因の合併症でこの世を去った。享年53。

1996年にはファンだった女性と獄中結婚を挙げている

チョッパー・リード 史上最凶の殺人鬼

「歩く肉切り包丁」19人を殺した

殺人を繰り返していた
20代の頃のリード

オーストラリアの犯罪史上、最も凶暴な男と称されるチョッパー・リード。メルボルンを仕切るギャング団の大物で、これまでに殺した人間の数は19人にも上る。しかし、その全てに正当防衛が認められ、現在は塀の外で悠々自適の暮らしを送る、世にも珍しい連続殺人犯だ。

生ける伝説として国内のギャングたちから尊敬も厚く、2000年にはリード

チョッパー・リード

の自伝を基にした映画「チョッパー・リード史上最凶の殺人鬼」が作られた。

1954年、メルボルンに生まれたリードの犯罪歴は13歳から始まる。「シュアレイロード・ギャング」という有名な犯罪組織に入るや、若くして強盗とドラッグの売買で名を上げ、18歳でチームのリーダーに昇格。ボルト切断用のカッターを常に持ち歩き、敵対した人間の足を容赦なく切り落とす凶暴さから、闇社会で「チョッパー」（肉切り包丁）と呼ばれた。

リードの存在を重く見た警察は、メルボルンの犯罪エリアへ大勢の警察官を配備し、罪の軽重を問わずにギャング団の検挙に専念。結果、リードは20歳からの18年間をほぼ塀の中で過ごすことになる。

が、それでもリードの凶暴さは変わらない。1970年代後半、メルボルンで最も悪名高いペントリッジ刑務所に入ると、数十人の受刑者たちに声をかけて「オーバーコート・ギャング」なる組織を結成。買収した刑務官から大量の銃器やナイフを手に入れ、同じ施設に収容されていた敵対組織と激しい戦闘を繰り広

チョッパー・リード　史上最凶の殺人鬼

2000／オーストラリア／監督：アンドリュー・ドミニク
オーストラリアの犯罪史上、最も狂暴な男として知られたチョッパー・リードのベストセラー自伝を基に、その壮絶な生き様を描いたバイオレンスムービー。「ミュンヘン」や「トロイ」の二枚目俳優エリック・バナが体重を20キロ増やしリード役を熱演、オーストラリア映画協会賞主演男優賞に輝いた。

げた。

抗争は激化を続け、やがてリード自身も深いダメージを負う。便所に隠れていた男に背後から襲いかかられ、腹部をナイフで切り裂かれたのだ。

緊急手術で約2メートルの大腸を摘出。退院後、同じ刑務所に舞い戻り下手人を半殺しの目に。さらに、そのボスだった男もナイフでめった刺しにした。

報復は報復を呼ぶ。ボスを殺された敵対チームが全面戦争を宣言し、リードの部下たちを手当たり次第に襲い始めた。ある者は両手足に釘を打ち込まれ、ある者は性器を縦にスライスされた。慌てた刑務官は両チームのリーダーを独房に送り込んだが、争いは止まらない。

事態を収拾するには、自分が姿を消すしかない。そう考えたリードは独房でこっそり自分の耳を切断し、血まみれの状態で心神耗弱を主張。メルボルンから遠く離れた精神疾患者用の刑務所へ移送されると、ほどなく報復合戦は終わりを迎える。

その後も、リードは刑務所への出入りを繰り返した。24歳で強盗で捕まった仲間を助けようと審理中の裁判所に押し入り、担当官に発砲して懲役13年。１９８９年にはドラッグのディーラーをショットガンで吹き飛ばして懲役6年。いつしか殺した人間の数は19人に達したが、裁判では常に正当防衛の判決を勝ち取り続けた。事件が起きると同時に、手下たちが裁判官へワイロを送る仕組みが出来上がっていたからだ。

リードの名がオーストラリア中に広まったのは、1991年、入所中に出版した自伝『塀の中より』がきっかけだ。メルボルン地下組織の実態を暴いた同書は、出版直後から大反響を呼び200万部のベストセラーに。「チョッパー」なるボードゲームや、「チョッパーヘビー」という銘柄のビールまで売り出されるほどのブームとなった。

これに勢いづき、翌年からは立て続けに12冊もの犯罪小説を出版。2005年には「俺は悪くない」と題した全国講演を開き、ギャングスターラッパーとしてCDまで発売した。

一生遊んで暮らせるだけの金を手に入れたリードは2003年、「チョッパーガールズ」と呼ばれる女性ファンの1人と結婚。メルボルンの豪邸で優雅な執筆生活を送ってたいが、2013年10月、肝ガンのため56歳でこの世を去った。


映画では、耳をそぎ落とすシーンも忠実に再現されている。

映画「チョッパー・リード　史上最凶の殺人鬼」より

連続殺人鬼 冷血

22人を魔の手にかけた最凶の元消防士

勝田清孝

優秀な消防士として評判の高かった勝田清孝

勝田清孝。１９７２年から11年にわたり22人を殺害した日本最悪のシリアルキラーだ。

１９８４年公開の「連続殺人鬼 冷血」は、優秀な消防士という表の顔を持ちながら多くの殺人や強盗、強姦事件を起こした勝田の半生を追った大下英治のノンフィクション『勝田清孝の冷血』を忠実に映画化したものである。

１９４８年、京都の農家の長男として生まれ、高校時代から窃盗の常習犯として人の道を外していた勝田が、殺人に手を染めるようになったのは、１９７２年、父親のコネで消防士の職に就いたことがきっかけだった。

その性根は直っておらず、消防士の制服を格好の隠れ蓑に空き巣を繰り返していた勝田は、同年9月、京都市山科区のアパートに侵入。そこで思わぬ事態に直面する。留守と思っていた部屋に住人のホステスの女性（当時24歳）がいたのだ。勝田は、顔を見られてしまったことに焦り、彼女をレイプしたうえで絞殺してしまう。

勝田はこれで罪悪感にとらわれるどころか味をしめ、長距離ドライバーのアルバイトを始め、県外に出張しては空き巣に励む一方、劇中でも描かれているとおり、その後も１９７７年8月までに4件の殺害を働く。ターゲットに選んだのはホステスなど夜の仕事の女性たちで、彼女らが平素から大金や貴金属を持ち歩くことを知っていたという。

呆れるのは、4件目と5件目の殺害の間に自ら応募して、妻と一緒にＡＢＣ朝日放送のクイズ番組「夫婦でドンピシャ！」に出演したことだ。自分は絶対に捕まらないと思っていたらしい。

連続殺人鬼 冷血

1984／日本／監督：渡辺譲
遊ぶ金欲しさに11年間にわたり22人を殺害したシリアルキラー、勝田清孝の半生を描く。主演を務めたのは、作家刺傷事件、自動車での劇場突入事件など現実にもセンセーションを巻き起こした俳優・中山一也。

1977年7月6日、4件目の殺人から6日後に大阪ABC朝日放送「夫婦でドンピシャ!」というクイズ番組に出演。賞金8万円と商品券10万円を獲得した

昼間の勝田は消防士として優秀で、在職中に20回以上も表彰を受け、全国競技大会では2年連続で入賞。同僚は、28歳で消防士長に昇格した勝田を仕事のできる真面目な男と見ていた。

が、私生活では金遣いが荒くなり、クラブで豪遊しては愛人を作り金を注ぎ込み、同時に、犯行もエスカレートしていく。

5件目の強盗殺人から3ヶ月後には奈良で散弾銃を盗み神戸の労働金庫で社員を射殺し450万円を奪取。1979年7月、猟銃愛好家から散弾銃を盗み、1年後の1980年7月には、名古屋のスーパーの店長に銃を突きつけて脅して576万を奪い店長を射殺した。

事件を並べると、なぜ警察の捜査網に勝田が引っかからないのか不思議な気もするが、指紋を一切残さないなどの慎重さに加え、ドライバーのバイトで出かける先々で犯行を行うため同一犯とは思われなかったようだ。

１９８０年11月、勝田は車上荒らしで捕まり、懲役10ヶ月・執行猶予3年の判決を受ける。これで消防士は懲戒免職になったが、殺人や空き巣はバレず仕舞い。運送会社に職を得た後も空き巣三昧の日々を送り、１９８２年10月『広域重要指定１１３号事件』を起こす。名古屋市内で警察に電話をかけ、「盗難車のような車があるから調べに来てくれ」と警官を呼び出すと、待ち構えた車で警官をはね飛ばして腰に付けていた拳銃を奪取。この銃を使って4件の強盗を起こし、１人を射殺したのである。

翌１９８３年1月31日、悪運が尽きるときがきた。名古屋市内の銀行の駐車場で銃を突きつけ男性客から金を奪おうとしたが、反撃にあい、行員らに捕まったのである。

警察は、勝田を『１１３号事件』の犯人として取り調べたが、本人自ら22人を殺害し、空き巣や窃盗を３００〜４００件繰り返したことを自供する。

最終的に立件できたのは8件の殺人のみだが、１９９４年に死刑が確定。２０００年11月30日、名古屋拘置所内で執行された。享年52。

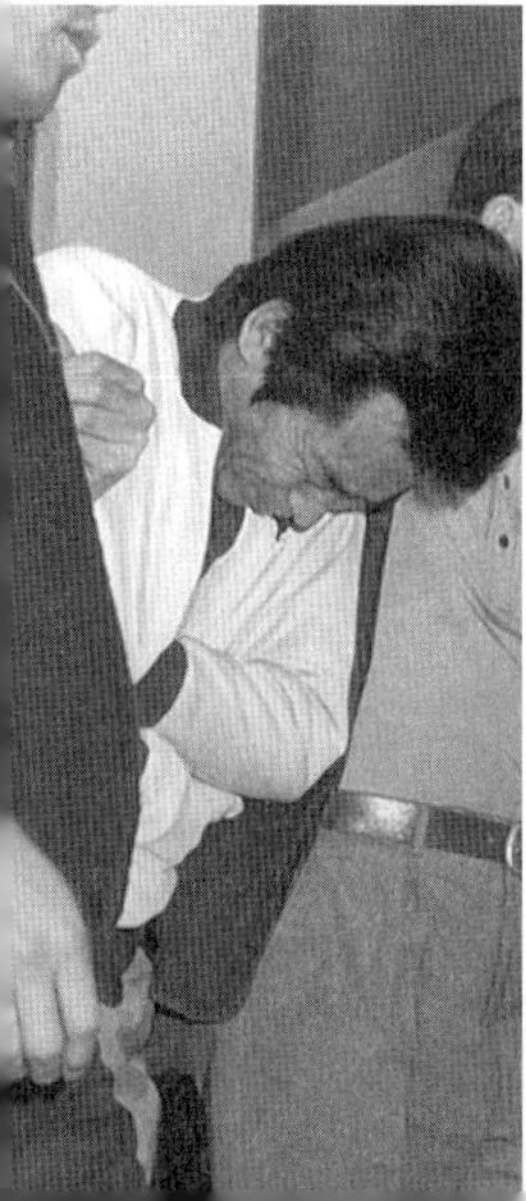

逮捕された勝田には7人に対する強盗殺人と、１１３号事件の2つで死刑判決が言い渡された

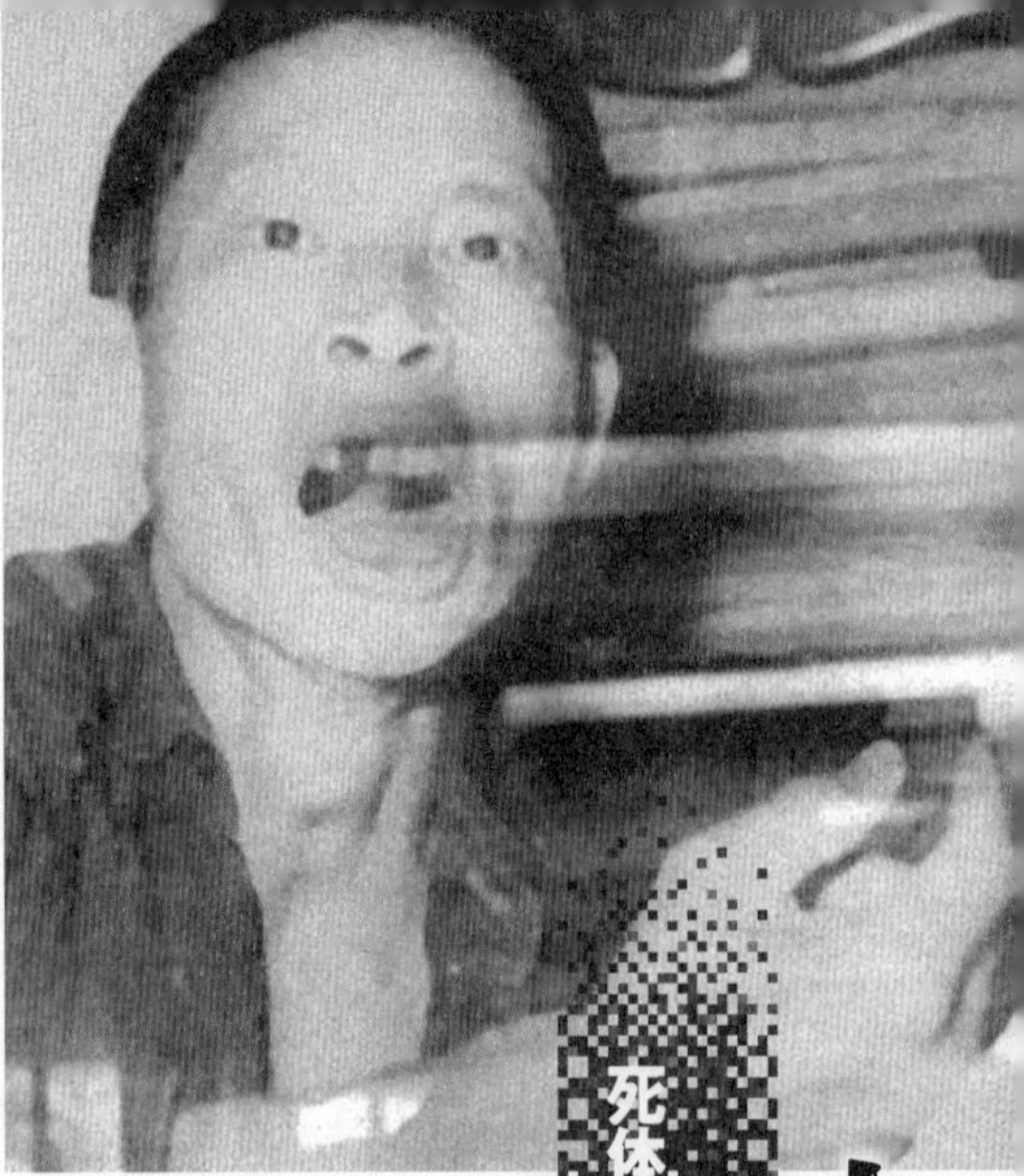

シーウィーことリー・ホイ本人

人喰殺人鬼 シーウィー

少女7人を殺し、死体博物館でミイラになった男

タイ・バンコクの日本人観光客に密かに人気が高いのが、タイ最古にして最大の「シリラート病院」に併設された法医学博物館だ。

別名「死体博物館」とも呼ばれるその館内には、犯罪や事故に関わり医学的鑑定が必要だったシャム双生児や頭を打ち抜かれた人の頭蓋骨などがホルマリン漬けになって展示されている。

中でも有名なのが「シーウィー」なる人物のミイラだ。実はこの男、１９５０年代に７

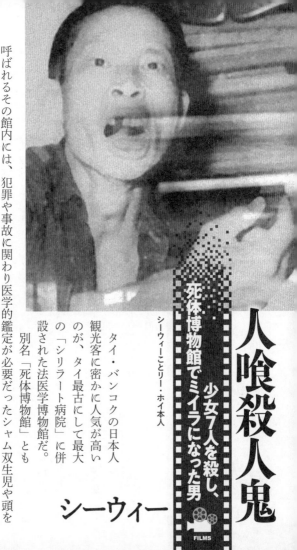

人の幼児を殺害して内臓を食べた殺人鬼である。

２００４年に公開された映画「人喰殺人鬼」は、このシリアルキラーの半生を描いた作品だ。

シーウィーは（本名リー・ホイ）は１９２３年、中国に生まれた。

映画では幼少期、母親が風習に従い公開処刑された犯罪者の内臓を取り出し、滋養の薬として食べさせていたことが後の犯行につながったとされるが、事実は違う。

リーは生まれつき精神に障害を持っていた。兄弟は12人おり、両親は彼をまともに育てることはなかった。病弱でイジメに遭っていたリーをみかねた村の老人が、あるときアドバイスした。

「人の心臓と肝臓を食べなさい。そうすれば強くなれる」

彼はその助言を信じたが、子供に人の内臓が手に入るはずもなく、とりあえず動物を殺しては内臓を食べるようになる。

18歳で第二次世界大戦が始まると、陸軍の兵士としてビルマ（現ミャンマー）へ出兵。

劇中では、略奪やレイプなど日本軍の蛮行が

人喰殺人鬼

2004／タイ／監督：ブラニー・ラッチャイヤブ
邦題から想像されるB級ホラームービーとは異なり、病弱の青年が，貧しさと差別の中から心を病んでいき連続殺人鬼になってしまう過程を丁寧に描いた社会派映画。

リーの凶行のトラウマになったと描かれるが、重要なのは、戦場で砲弾を受け、寒さと飢えに苦しんだ彼が、死んだ仲間の内臓をナイフで取り出し、煮て食べたという事実だ。ここでリーは長年の夢を実現させたのである。

戦争が終わるとリーは、親類を頼ってタイへ渡り、港湾労働に就く。が、言葉もままならないうえ、仕事はキツく、やがて体調を崩す。混乱した彼の頭に浮かんだもの。それは例の老人のアドバイスだった。

最初に犯行に手を染めたのは1954年4月。市場を歩いていた8歳の女の子を見つけ、手で口を押さえて殺害した。が、内臓を食べることはできず入江近くに投げ出してしまう。

5月初旬に2人目を殺害。街中で開催されていた結婚式で退屈そうにしていた11歳の少女を連れ出し、手で口と鼻を塞いだのだ。死んだ少女の遺体をナイフで切り開き、肝臓を取り出し、煮た後に自分の口へ。不思議に体中に力がみなぎる気がした。

翌年6月下旬に7歳、10月下旬に10歳の少女を同じ手口で殺すと、今度は躊躇なく内臓を食した。もはや、食べずにはいられなくなっていたのだ。

虚弱な体質を治すため少女たちの内臓を食らう殺人鬼シーウィー。映画「人喰殺人鬼」より

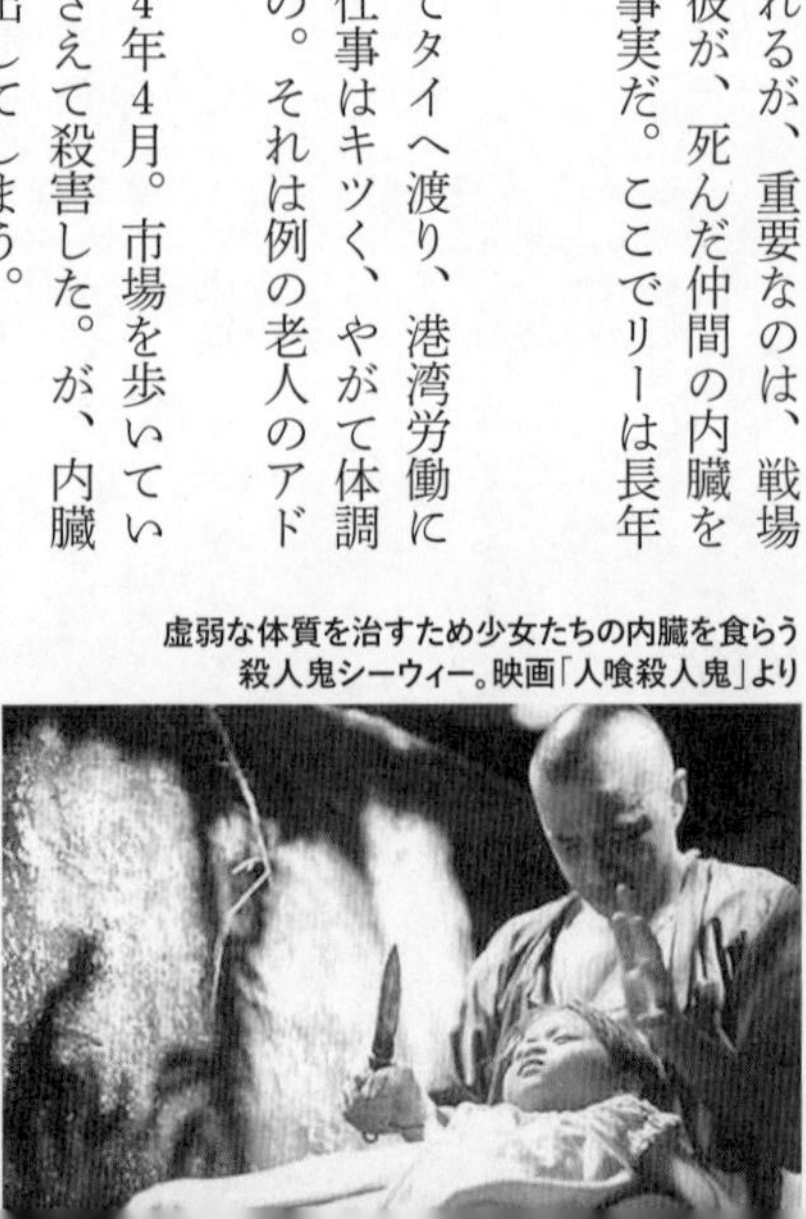

5回目の犯行は11月。被害者となったのは、寺院で行われたオペラ会場で失神した女性が連れていた4歳の娘だった。

1956年2月、6人目の被害者5歳の少女を襲った際は、犯行現場に血まみれのナイフと懐中電灯を忘れたが、警察は別の人間を犯人として逮捕・投獄してしまう。

その2ヶ月後、顔見知りの少年を殺めたのが最後の犯行になった。捕まった経緯は、劇中のように新聞社の女性記者がリーを追い詰めたわけではなく、頻発する犯行に警察が取り締まりを強化していたためである。

裁判では、リーに死刑が言い渡され判決書には「処刑後も、供養する価値はない」との但し書きまで付いた。

1959年9月16日、銃殺刑執行。リーの死体はロウで固められ、ミイラとしてシリラート病院の博物館で今も晒し者になっている。

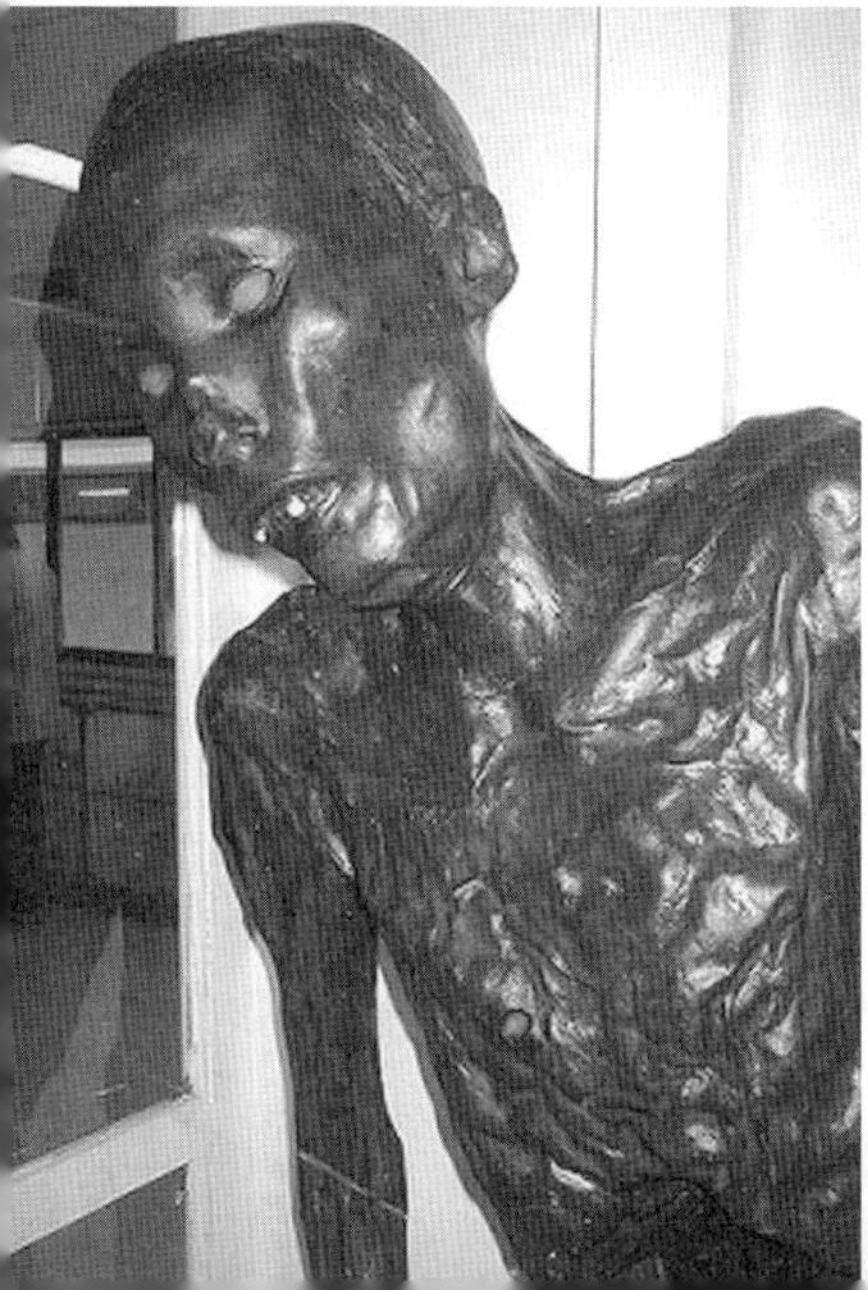

シリラート病院で晒し者になっているリーのミイラ

警察の取り調べに応じる
小平義男本人

戦争と一人の女

敗戦後の日本で若い女性7人を強姦・殺害した悪魔

小平義男

FILMS

2013年に公開された「戦争と一人の女」は、坂口安吾の同名小説を映画化した官能文芸作だ。

太平洋戦争末期の東京で、小説家の男と同棲を始めた飲み屋の女。世の中に絶望した2人は、どうせ戦争で破滅するのだからと奔放で退廃的な毎日を過ごす。

本作にはこの2人に加え、原作にない中国帰りの〝大平〟なる片腕の男が登場する。若い女性を言葉巧みに山林に誘い強姦、殺害するこの人物のモデルは、敗戦直後の日本を震撼させた実在の連続殺人鬼、小平義男だ。

小平は1905年、栃木県に生まれた。母方は裁判長や弁護士を輩出した家系だが、父方は兄弟5人中4人が精神薄弱という血筋だったという。

小平は小学校で〝粗野にして乱暴〟と評され、吃音が酷く、意思が伝わらないとすぐ切れる性格だった。

小学校を卒業すると働きに出て、18歳で海軍に志願。女性を知るのは19歳の頃で、横須賀の娼婦が最初の相手である。その後は軍艦の乗組員としてオーストラリアやヨーロッパに寄港するたび売春婦を買い、1晩に4、5回は射精する精力旺盛ぶりだった。

1927年からの中国・山東出兵では、多くの中国兵を刺殺。中国人の家に押し入り女性を強姦したり、妊婦の腹を裂いて胎児を引き出すなど残虐非道な行為を繰り返す

1929年、24歳で除隊。製鋼所に勤め工場長の娘と結婚する。が、半年あまりで小平が遠縁の娘を妊娠させたため、妻が実

戦争と一人の女

2013／日本／監督：井上淳一
太平洋戦争末期から終戦後の東京を舞台に、戦争によって運命を狂わされた3人の男女の愛と狂乱の日々を映し出した問題作。
DVD販売元：東映

家に帰ってしまう。これに小平は激高。妻の実家に押し入り、妻の父親を殴殺、家族6人に怪我を負わせた。小平の身勝手さや物語る象徴的な事件である。

1933年、この一件で懲役15年の刑が下り服役するものの、慶事が重なり2度の恩赦で刑期が短縮。1940年、35歳で出所し、東京に出てボイラーマンとして働き始める。

1943年には海軍関係の施設のボイラー係となり生活が安定。3日とあけず売春婦を買う生活を送り、39歳のときに知人から紹介された女性と前科を隠して再婚した。

が、妻がお産のため入院すると、同じアパートに住む未亡人と彼女の娘、妻の知り合いとその妹等々、身近な女性なら誰でも手を出す始末。そして1945年4月、空襲が激しくなったため妻子を富山の実家に疎開させた後、小平はいよいよキバを剥く。

小平の犯行手口は、映画で描かれるとおり、若い女性に食糧の提供や就職口の斡旋を持ちかけて山林に誘い出すと、

映画では、村上淳が冷酷無比な殺人鬼を演じた。映画「戦争と一人の女」より

まず殴って抵抗しないようにしてから首を絞めて仮死状態に。そして息を吹き返すのを待って強姦、絞殺するというものだ。

劇中で村上淳演じる男と違い五体満足だった小平は、この手口で１９４５年５月から翌年８月の間に17歳から30歳までの女性７人を強姦して殺害（他３件、小平の犯行と確定できる証拠がありながら本人が否定する事件が存在）。さらに約30件の婦女暴行を働いた。

映画では、殺人の原因が戦争中に中国で行った蛮行にあるかのように描かれているが、実際は違う。逮捕後の取り調べで、小平は次のように供述している。

「私が女達を殺害した理由は、死に顔を見たいとか、死の苦しみを見て喜ぶとかいったことではないのです。女は殺さなければ言うことを聞かないので殺してからゆっくり楽しんでやろうと思うからです。普通のやり方より死姦の方がいいです」

１９４７年６月、東京地裁は「精神病質ながら責任能力あり」と認定、死刑判決を言い渡した。小平は控訴するも、翌１９４８年11月に最高裁判決が下り、刑が確定する。

１９４９年10月５日に絞首刑執行。享年44だった。

1946年8月、東京・芝増上寺の境内で発見された17歳女性の遺体から小平の犯行が発覚した

グリーン・リバー・キラー

49人の売春婦を殺害したトラック塗装工

1987年、DNAを採取された当時のリッジウェイ

ゲイリー・リッジウェイ

1980年代のアメリカで、数多くの売春婦をレイプして殺害、死体をグリーン川に投げ捨て「グリーン・リバー・キラー」と恐れられた連続殺人鬼がゲイリー・リッジウェイである。

解決まで20年近くかかったため、本人も殺害場所や状況、人数さえ不確実なまま、その時点で名前を覚えていた48人の殺害容疑で逮捕。2003年に、仮釈放なしの終身刑48回が確定、現在も塀の中で暮らしている。

映画「グリーン・リバー・キラー」はリッジウェイの供述を基に、犯行の概要を描いたサイコ・スリラーである。

1982年7月、ワシントン州シアトルのグリーン川にかかる橋を通りかかった少年2人が、全裸死体を発見した。遺体はヒモ状のもので絞殺されており、犠牲者は16歳の売春婦だった。

さっそく捜査が開始されたものの手がかりは皆無。翌8月には川の砂州で23歳の売春婦、川底から31歳と16歳の、計3人の遺体が見つかり、その後1990年までの間に100人以上の死体が次々とグリーン川に浮かんだことから、犯人は「グリーン・リバー・キラー」と呼ばれる。

地元に住む妻子持ちのトラック塗装工、ゲイリー・リッジウェイが容疑者の1人として捜査線上に浮かんだのは1983年のこと（当時34歳）。被害者のボーイフレンドの目撃証言によるものだったが、決め手はなかった。

1987年、被害者となった売春婦とトラックに乗り合わせていたという目撃情報に加

グリーン・リバー・キラー

2005／アメリカ／監督：ウーリー・ロメル
1980年代、米ワシントン州周辺地域において、判明しているだけで49人もの女性を殺害・遺棄した連続殺人鬼ゲイリー・リッジウェイの凶行を描いたクライム・サスペンス。

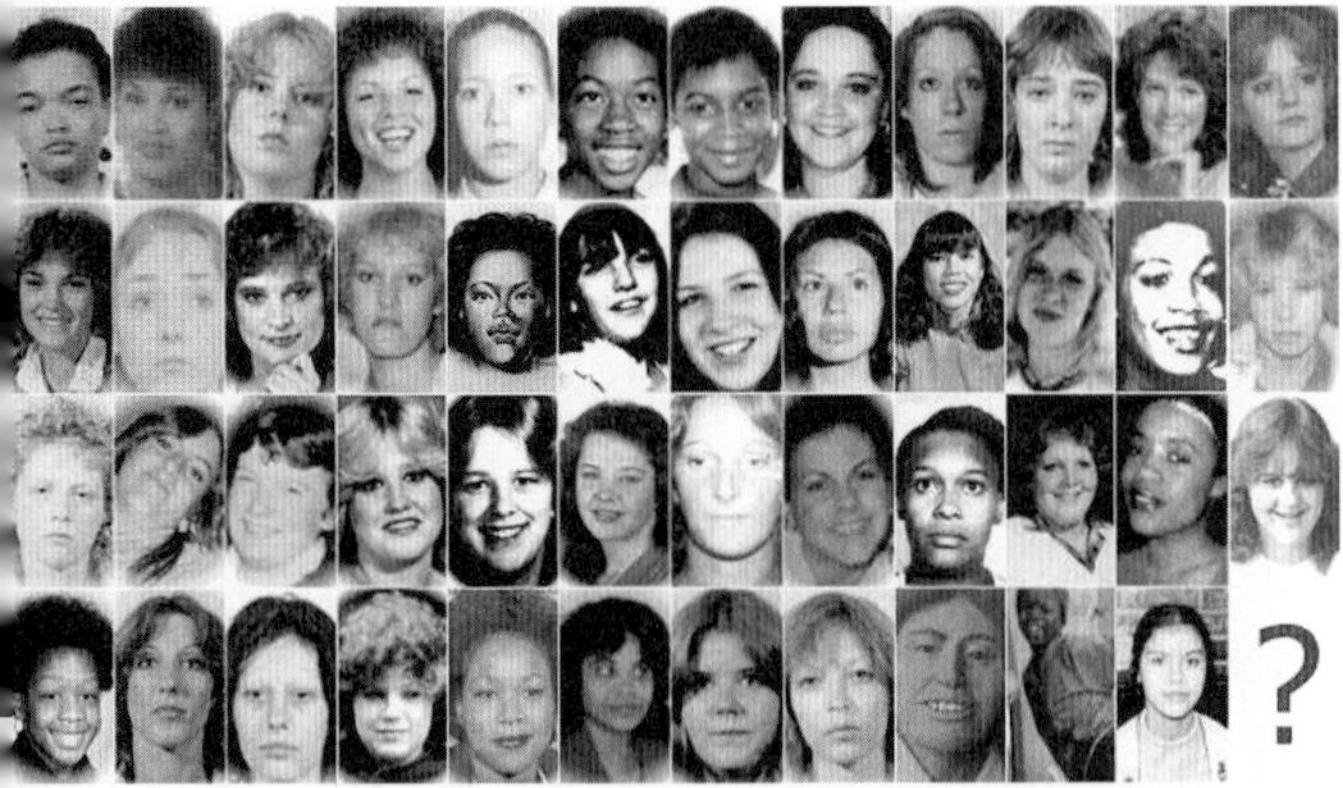

毒牙にかかった被害者女性たち。一説には犠牲者は100人以上にも及ぶという

え、死体遺棄現場の川によく行っているという前妻の証言が得られたことで、警察はようやくリッジウェイの家宅捜査を実施する。が、髪の毛や唾液をサンプルとして採取したものの、当時は科学捜査の技術がお粗末だったため証拠とはなり得なかった。

被害者が増えるばかりで捜査は進まず、グリーン・リバー・キラー事件は、時が経つにつれ迷宮入りの色を濃くしていく。

しかし、捜査が放り出されたまま10年が過ぎた2001年、事は突然動き出す。新たに赴任した保安官が捜査本部を再結成、最新の科学技術を取り入れた捜査を開始したところ、1982年と1983年の被害者3人の体内から採取された残留精液のDNAと、1987年の家宅捜査で採取したリッジウェイのＤＮＡとが一致したのだ。

同年9月10日、逮捕。もはや逃れる術はなかったが、死刑を恐れたリッジウェイは裁判で名前を覚えていた48人の殺害に対する有罪を認め、犯行を自供するという司法取引に応じる。結果、２００３年、加重第一級殺人罪で有罪となったものの、望みどおり仮釈放なしの終身刑が確定した。

３回の結婚歴があり子供もいたリッジウェイは、30年間同じ職場で働き、休み時間には聖書を読む真面目な男だったという。が、女性に対する憎悪がひどく、犯行の手口は冷血きわまりなかった。夜になるとバーに繰り出してはトラックや、妻子が留守中の自宅に売春婦を誘い出し、ベッドで息子が描いた絵を見せてセックスした後、後ろから絞め殺すのがパターンだった。また、5、6人の死体をまとめて遺棄した場所を「クラスター（集団）」と呼び、時々見に行っては屍姦していたという。

映画公開から6年後の２０１１年、49人目の被害者が特定され、ワシントン州の刑務所に服役しているリッジウェイに49回目の終身刑が下った。

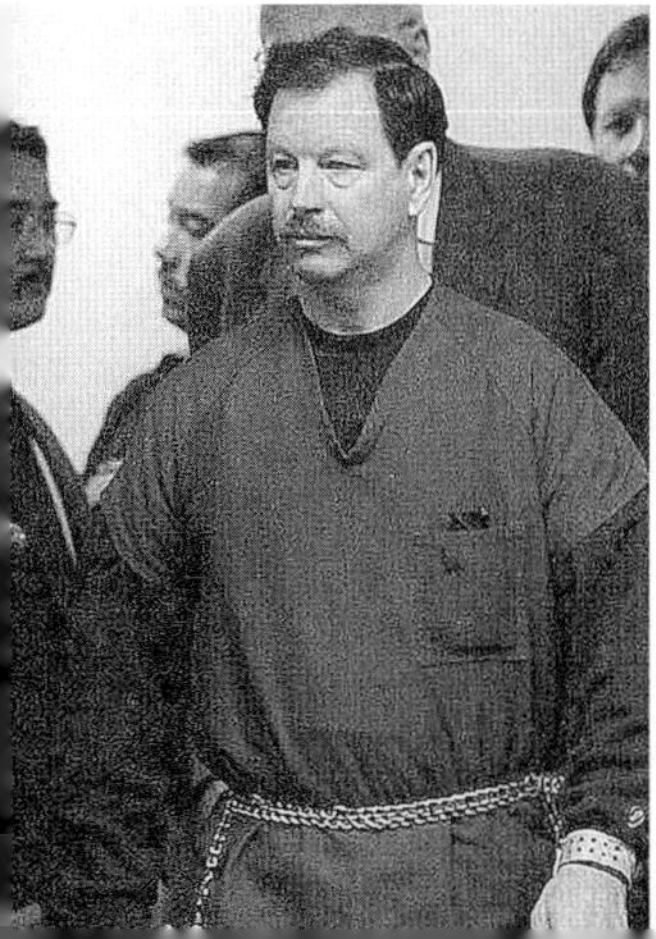

２００１年、法廷に姿を現したリッジウェイ

デニス・レイダー。逮捕後の現場検証時に撮影された1枚

BTKキラー

縛り、拷問し、10人を絞殺した男

FILMS

デニス・レイダーは、1974年から1991年までの間に10人を殺害したアメリカのシリアルキラーである。

電話線を切ってから被害者宅に侵入し、絞殺後、何らかの記念品を持ち帰るのが特徴で、殺害方法は極めて残忍。縛り（bind）＋拷問し（torture）＋殺す（kill）という手口から「ＢＴＫ」と自らを名乗り、事件を起こすたびに犯行

デニス・レイダー

の詳細を記した手紙などを地元メディアに送りつけた。
２００５年に公開された映画「ＢＴＫキラー」は、レイダーの事件を題材に、有名になりたい殺人鬼が地方ＴＶの女性アナウンサーに自分を取り上げるよう脅し、数々の殺人事件を起こすクライム・サスペンスだ。

レイダーは１９４５年、カンザス州に生まれた。21歳で空軍に入隊し、４年間で退役した後は地元に帰り、１９７０年に３歳年下の女性と結婚。スーパーやキャンプ用品メーカーで働いていたが、１９７３年秋、突然、仕事を辞めて司法行政の学士号取得のため夜間学校に通い始める。それがシリアルキラーへの転機となった。

時間を持て余したレイダーは、幼児期から抱いてきた妄想を実現させようと思いつく。それは、女性を束縛し、拷問し、絞殺することだった。

後に警察の取り調べで本人が語った言葉によれば「子供の頃から悪魔に取り憑かれていた」そうで、絞殺の衝動を抑えきれず、多くの犬や猫を絞め殺していたという。

最初の犯行は１９７４年１月だった。地元に引っ越してきたばかりの家族に目を付け、夫婦

BTKキラー

2005／アメリカ／監督：ウーリー・ロメル
1974年、米カンサス州で一家4を絞殺して以降6人、計10人の命を奪った猟奇殺人犯、デニス・レーダーを追った実録サスペンスホラー。日本での劇場未公開。

と9歳の長男、11歳の長女を縛って猿ぐつわを噛まし絞殺。警察の捜査によると、誰も性的暴行は受けていないものの、現場の至る所から自慰による精液が見受けられたという。

同年4月、21歳の女性が犠牲となり、9ヶ月経った後に地元の新聞社に犯行声明が届く。そこで初めてレイダーは自分のことを「ＢＴＫ」と名乗る。

１９７５年に長男が誕生したことでしばらく間が空くが、１９７７年、レイダーは犯行を再開し2人を殺害する。このときレイダーは自分の犯行を広く世間に知らしめるため、地元テレビ局に投書し【いったいあと何人殺したら俺の名前が新聞に出るんだ？】と挑発してみせた。

さらに１９７９年には、自宅に押し入ったものの帰ってこなかった女性に宛てて【いなくて良かったね。だって俺がいたからね】とメッセージを残し、その後、１９９１年までに3人を殺害。ここでＢＴＫの犯行は止まる。

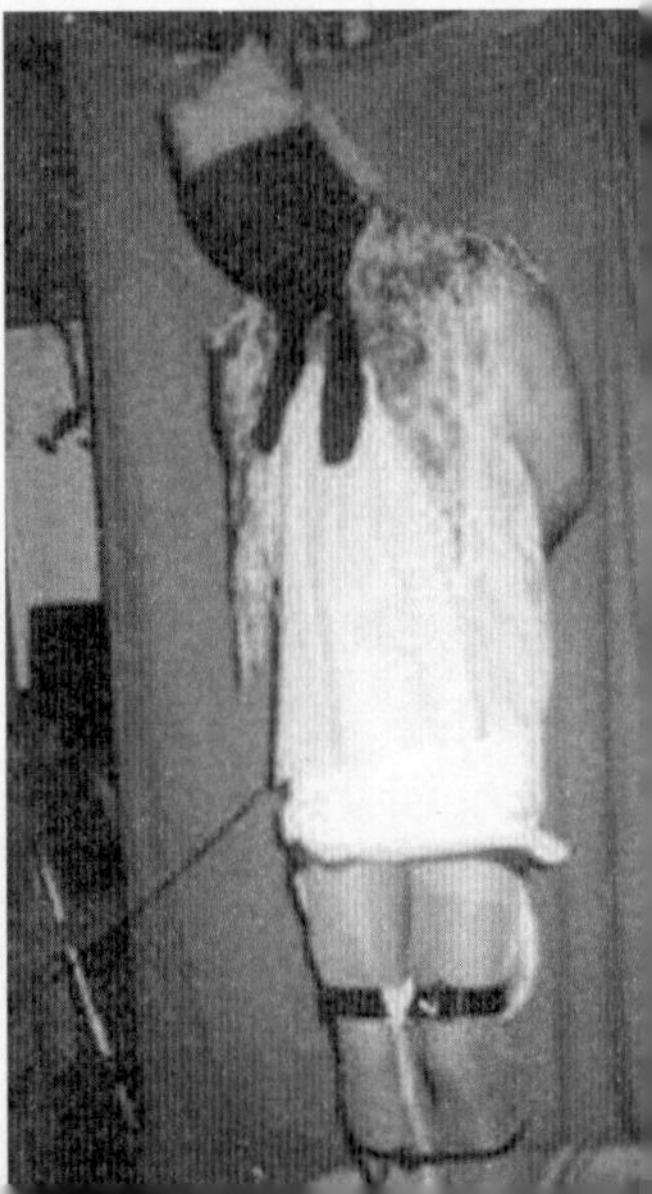

犯行を自慢するかのように、レイダーは遺体を縛り吊した

警察の懸命な捜査にもかかわらず、事件は解決の糸口さえ見つからず、殺人鬼ＢＴＫの存在がもはや伝説になりつつあった２００４年、突然進展を見せる。

地元新聞社に、１９８６年に殺された女性は自分の仕業だと、犯行現場の写真や、被害者の運転免許証のコピーなどが送られてきたのである。

さらに翌２００５年、ＢＴＫの名前で犠牲者の写真や、犯行現場から持ち帰った被害者たちの〝記念品〟などが収録されたフロッピー・ディスクが地元テレビ局に届く。これが命取りになった。ディスクに残った情報から、パソコンを使った場所が市内の教会であることが判明、ここに毎週のように通っていたレイダーが初めて捜査線上に浮かんだのだ。

警察は慎重に、デニスの医療カルテを徴集し、犯行現場に残された精液のＤＮＡ鑑定と一致することを確認。最初の犯行から30年経って、ようやく犯人逮捕に踏み切った。

裁判で生々しい犯行の手口を淡々と語ったレイダーには、２００５年８月、仮釈放なしの終身刑が下された。

犯行を止めた1991年頃、地元の法令順守員として
テレビに出演。とにかく目立つことを好んだ

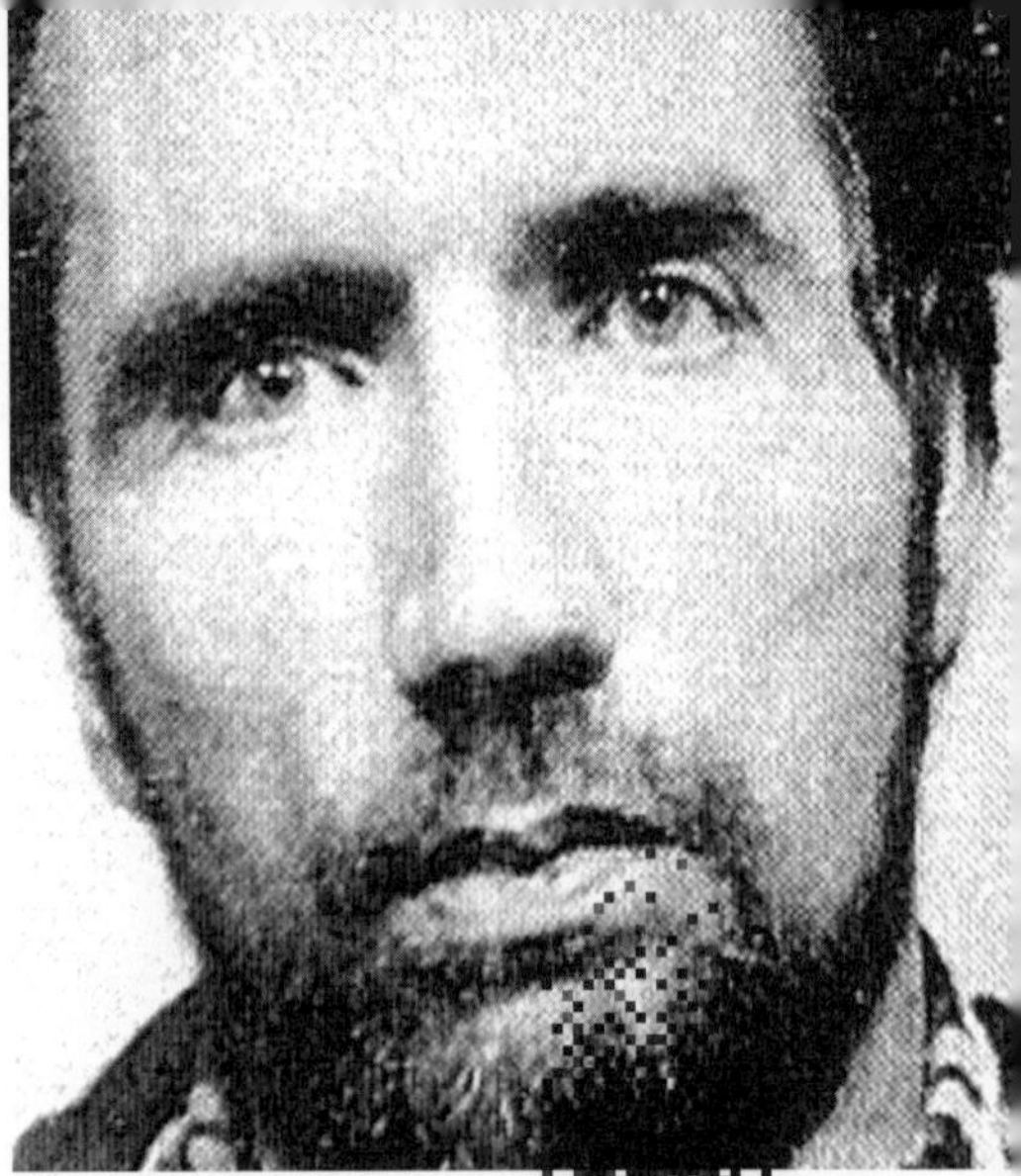

コレクター

娼婦を監禁して大家族を夢見たサイコキラー

FILMS

ゲイリー・ハイドニック

ニューヨークで娼婦7人が行方不明になっている事件を捜査中のジョン・キューザック扮する刑事の娘が男に誘拐された。手がかりをもとに辿り着いた犯人は、女性たちを拉致・監禁、自分の子供を産ませ、大家族を作ろうとしていたサイコパスだった――。

2012年公開のサスペンス「コレクター」は、1986年から1987年にかけてフィラデルフィアで実際に起きた事件を題材に採っている。6人の女性を監禁。強姦、暴行、虐待した挙げ句、2人を殺害した猟奇殺人鬼、ゲイリー・ハイドニック。その犯行は妄想と狂気に満ち満ちている。

映画は、ゲイリー・ハイドニックの事件をモチーフに、各所に脚色を加えている。劇中でハイドニックは、自分の子供を大勢産ませる目的で、白人女性を拉致監禁していた。が、実際、彼が監禁していたのは全員が黒人女性である。なぜ黒人だったのか。

ハイドニックは１９４３年、オハイオ州に生まれた。２歳のとき、母親が黒人男性と浮気したことで、両親が離婚。父親は「黒人は生きる価値がない」と蔑視の言葉を吐き、彼のもとを去っていった。その後、母親はハイドニックを引き取り、別の黒人男性と再婚したものの、患ったガンを苦に自殺する。

ハイドニックは地元の高校を中退し陸軍に入隊。衛生兵として訓練を受け、好成績を挙げるが、重度の精神疾患に見舞われ１９６３年に名誉除隊となる。

その後も自殺未遂や入退院を繰り返す一方、月２千ドルの精神障害者年金を得たことで、少年時代より関心を寄せていた株式投機に本格的に乗り出し、ＩＱ１３０と

コレクター

2012／アメリカ／監督：モーガン・オニール
1986年から1987年にかけ、米フィラデルフィアの自宅地下に複数の女性を監禁、暴行を加えて殺害し、その肉体の一部を食べたとして世間を震撼させたシリアルキラー、ゲイリー・ハイドニックの猟奇殺人事件をモチーフに描いたサイコサスペンス。原題は「ファクトリー＝工場」。

いう明晰な頭脳を武器に、数千ドルの元手から50万ドルの資産を築く。

1971年、ハイドニックは突如、宗教法人を設立する。きっかけは、本人曰く「神が私に教会を開き、子供を作れと告げた」からだという。明らかに精神に異常をきたしていた。それが表沙汰になるのは、教会設立から7年後の1978年。知的障害のある黒人女性を妊娠させたうえ監禁、虐待を加えた容疑で逮捕されたのだ。被害者の女性は衰弱した体で女の子を出産したが、州当局は彼女に養育能力がないとして養子に出す。

その後、ハイドニックは、監禁した3人の知的障害者の黒人女性に子供を産ませる。が、いずれも同様の理由で施設に引き取られたため、彼の子供への執着はより一層深まった。


映画は、3年間監禁されている女性がいるなど長い期間での犯行として描いているが、実際は、1986年11月から1987年3月までの5ヶ月間の話だ。

ハイドニックは、最初にスラム街で客引きをしていた26歳の黒人売春婦ジョセフィーナに声をかけ自宅に連れ帰り、性交の後、首を絞めて地下室に閉じ込め「ここに何人もの女を閉じ込めて子供を産ませるんだ。大家族を作るんだ」と勝手な夢を語った。以後、1987年1月までに5人の黒人娼婦を地下室に監禁。強姦、電気ショックによる拷問などを繰り返す。

同年2月、天井から両手で吊るされていた女性が死亡すると、ハイドニックは遺体をチエーンソーで解体。調理してドッグフードと一緒に女性たちに無理矢理食べさせた。

また、映画でも使われている〝懲罰用の穴〟は実際にハイドニックの自宅の地下室にあったもので、刃向かった女性を水を入れた穴に押し込めて拷問、命令に従わせていた。3月には、この穴に3人の女性を入れ、電気ショックで拷問、1人が感電死している。

惨劇の結末は、映画と異なる。ハイドニックが逮捕されたのは刑事に追い詰められたからではなく、最初に拉致されたジョセフィーナが逃げ出し警察に通報したためだ。警察がハイドニック宅に踏み込むと、地下室で足枷を付けられた3人の黒人女性が監禁されているのが見つかった。キッチンの鍋には黒く焦げついた物体がこびりつき、冷蔵庫の中には人間の腕が入っていたという。

逮捕・裁判を経て死刑を宣告されたハイドニックは1999年7月、薬物注射によって処刑された。享年55。

逮捕時のハイドニック(右)と、女性たちが監禁されていた室内の様子

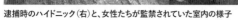

デリカテッセン

少年を殺害、遺体の肉を売りさばいた「ハノーバーの屠殺人」

FILMS

フリッツ・ハールマン

ハールマン。写真は逮捕時の1924年に撮影されたもの

1991年公開のフランス映画「デリカテッセン」は、核戦争15年後のパリに一軒だけ残った精肉店を舞台に展開するSFブラック・コメディだ。食料が不足するなか店は繁盛するが、そこで売られていたのは、なんと人間の肉。「雑用係求む」の新聞広告に応募してきた若者を、店主が肉切り包丁で殺害、商品として客に提供していたのだ。

この精肉店店主のモデルになった実在の殺人鬼がいる。第一次世界大戦後、深刻な経済危機に陥ったドイツで、人肉を売りさばいていたフリッツ・ハールマン。「ハノーバーの屠殺人」の異名を取った彼の犠牲者は20人以上に及ぶ。

1924年5月、北ドイツの都市ハノーバーのライネ川で遊んでいた子供たちが人間の頭蓋骨を発見した。子供たちは思わぬ〝発掘物〟に喜び、競い合うようにライネ川を捜索。その過程で1人が大量の人骨が入った袋を見つける。

最初は医学生のイタズラと無視していた警察もさすがに放っておけず、市民ボランティア団体の協力を仰ぎ、川底を徹底調査する。結果、ヘドロの中から腐敗した人体の500もの部位が見つかり、それは少なくとも22人分の残骸であることが確認された。

警察は、この時点ですでに有力な容疑者をリストアップしていた。闇市で肉を密売、ぼろ儲けしていたフリッツ・ハールマン（当時44歳）だ。物資が足りない時代に、なぜこれほどの肉を提供できるのか。血がなみなみと入ったバケツを持ち歩く姿もたびたび目撃されており、市民の間では3、

デリカテッセン

1991／フランス／監督：ジャン＝ピエール・ジュネ、マルク・キャロ
核戦争15年後の荒廃したパリに一軒だけ建つ精肉屋兼アパート「デリカテッセン」を舞台に展開するブラック・コメディ。独特の映像空間が高く評価され、1991年のセザール賞新人監督作品賞、脚本賞に輝いた。

映画「デリカテッセン」に登場する、殺した人間の肉を提供する店主

4年前から彼が人を殺し、その肉を売りさばいているとの噂で持ちきりだった。

しかし、警察には彼の取り調べに踏み切れない事情があった。ハールマンは6年前から当局に情報屋として雇われ、積極的に捜査協力していたばかりか、元警察本部長と探偵社を設立していた。警察関係者の間で「ハールマン刑事」とも呼ばれる人物に、おいそれと手出しはできなかった。

とはいえ、大量殺人が発覚した今、これ以上ハールマンを野放しにするわけにはいかない。警察は15歳の少年がハールマンに猥褻行為をされたとの情報を得て、彼の下宿を捜索。部屋の至るところから大量の血痕を発見する。

出頭に応じたハールマンは、自分は肉屋だから部屋に血痕があって当然と開き直ったが、警察は彼の言葉を信用せず、同年6月22日、逮捕に踏み切る。ハールマンが執拗な取り調べに観念し自供を始めたのは、その1週間後だ。

「30人か40人、喉を食い千切って殺しました。死体は私が食べたので、売り物になる部分はそんなに残りませんでした。そんなわけで、死体はいくらあっても足りませんでした」

戦慄の供述だった。

ハールマンの凶行の端緒は、幼少期、兄に性的虐待を受け続けていたことにある。これが彼の精神を歪め、長じてから職を得ても軍隊に入っても神経衰弱に陥り、そのたび病院送りとなった。

25歳のとき、中年男に犯され同性愛に目覚めてからはますます精神が荒廃し、強制猥褻や強盗を繰り返すように。第一次世界大戦中（1914年〜1918年）は、ほとんど獄中で過ごした。

戦後、刑務所仲間の手引きで肉の密売を始めたハールマンは、運命共同体とでも言うべき相棒に出会う。ハンス・グランス。まだ16歳の少年だったが、強盗、恐喝などは当たり前のワルで、ハールマンは彼の協力

犯行現場となったハールマンの自宅屋根裏部屋

共犯者ハンス・グランスと、ライネ川から見つかった犠牲者の骨

あんな不細工な男を俺が食べるわけがない

を得て、いよいよ殺人に手を染めていく。

　手口はいつも決まっていた。まず、「ハールマン刑事」が駅で家出少年を補導する。アパートに連れ込んで強姦している最中に、喉を食い千切って殺害。この後、死体を肉切り包丁でさばき自分で食し、残りを闇市で販売し骨はライネ川に遺棄――。まさに鬼畜の所業である。

　1924年12月5日から始まった裁判は茶番に終始した。審理の手順はハールマンが仕切り、法廷で煙草を吸うことも許された。全ては彼が警察の情報屋だったことを本人にバラされたくなかった当局の配慮である。

しかし、この御機嫌取りが功を奏し、ハールマンは公判で自分の犯行を素直に自供するばかりか、調子に乗って、息子を殺された両親に対し「あんな不細工な男を俺が食べるわけがないだろう」と暴言を吐いた。

同年12月19日、ハールマンは有罪判決を受け、翌１９２５年４月15日早朝にハノーバー地方裁判所の刑務所でギロチンによる斬首刑に処された。

一方、共犯のグランスも死刑を宣告されたが、グランスの無実を明言するハールマンの手紙の開示により、二審では12年の禁固刑となった。

処刑後、ハールマンの頭部は脳の構造を調べるため科学者により保存され、現在は独ゲッティンゲンの医科大学に保管されている

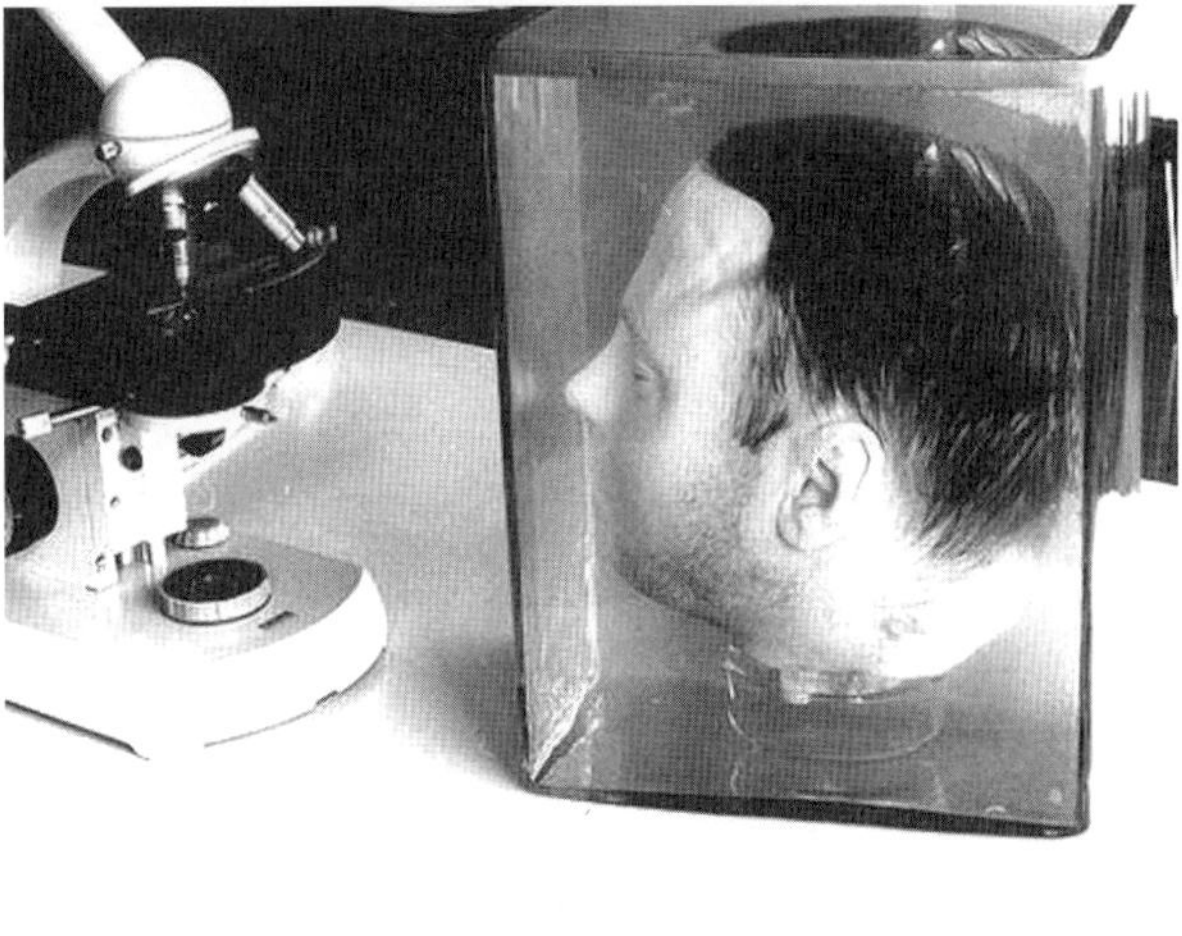

第2章

凶悪

True Story Movies
映画になった衝撃の実話

静かなる叫び

女子学生を
無差別に銃殺

FILMS

犯人のマルク・レピーヌ。1989年12月の事件当時25歳

モントリオール理工科大学虐殺事件

劇中で描かれる銃撃シーン。
映画「静かなる叫び」より
©2009 RP POLYTECHNIQUE PRODUCTIONS INC.

2009年、カナダのアカデミー賞「ジニー賞」で作品賞、監督賞など史上最多9部門を獲得した映画「静かなる叫び」は、1989年12月6日に発生した「モントリオール理工科大学虐殺事件」を題材とした社会派サスペンスだ。

犯人の男は、カナダ軍に入隊を拒否され、大学入試に失敗したことで女性を逆恨みし、ライフル銃を手に学校内へ乱入。女子学生だけを狙って発砲を繰り返し14人を殺害した後、自ら頭を撃ち死亡した。

映画は、全編モノクロ。会話も少なく、余計な情報は何もない。ただ、大学に乱入する直前の犯人の様子から始まり、その後は撃たれながら奇跡的に助かった女子学生と、彼女を助けられなかった友人の男子学

静かなる叫び

2009／カナダ／監督:ドゥニ・ビルヌーブ
「プリズナーズ」「ボーダーライン」などハリウッド作品を手がけてきたドゥニ・ビルヌーブ監督が、故郷カナダに帰り、実際に起きた虐殺事件を題材に撮ったサスペンス劇。日本では同監督の最新作「ブレードランナー2049」に合わせ、2017年11月に公開された。

生を中心としたリアルな犯行状況と、事件後の2人の苦悩の日々が描かれる。犯人以外は全て架空のキャラクターだ。

実際の乱射魔は、マルク・レピーヌという25歳の男で、映画で描かれたように女性の社会・政治・法律上の権利拡張を主張する〝フェミニズム〟を憎悪していた。

レピーヌは当日、教室に入って授業を中断させ、まず男子と女子を分けた後、女子学生たちに銃口を向けながら「俺はフェミニズムと戦っている」と叫んでいる。1人の女子学生が「私たちは普通の学生よ。フェミニストじゃないわ」と答えたのを機に発砲を開始。9人の女性を銃撃（うち6人が死亡）した後、廊下からカフェテリア、別の教室へと移動しながら計14人（うち1人が秘書で13人は女子学生）を殺害、14人（うち男性4人）に負傷を負わせると、自分の頭蓋骨を撃ち抜いて死んだ。

犯人のレピーヌは1962年、カナダ・モントリオールに生まれた。父親はアルジェリア出身の金融マンで、極端な男尊女卑主義者。母親や子供たちを毎日のように虐待しては、女性に対する呪詛のような言葉を怒鳴り散らしていた。その影響か、レピーヌは友達のいない陰のある子供に育つ。

レピーヌが7歳のときに両親が離婚して母親に引き取られるが、自活する必要に迫られた母親は看護師の仕事に復帰。忙しくなって息子に構わなくなり、レピーヌは自分が棄てられたと感じる。女性に対する憎悪が芽生えたのはこの頃からだ。

女性への逆恨みが犯行動機

17歳で軍隊に志願したが不採用となり、21歳でモントリオール理工科大学に入学申請したものの不合格。ウェイターのバイト先ではニキビが不潔だと女性客にクレームを付けられ、裏方に回されれば洗っていた皿を割り、上司の注意に対しては逆ギレのようにがなりたて、職場を解雇される。

その後、専門学校でコンピュータ・プログラミングを学び、優秀な成績を収めるが、突然退学。このとき、すでに犯行を決意していたらしい。

映画で、犯人が「15分しか時間がない」と、遺書を書くシーンがあるが、レピーヌも犯行前に遺書を残しており、その文言も実際に記されていたものだ。

犠牲になった14人の女性

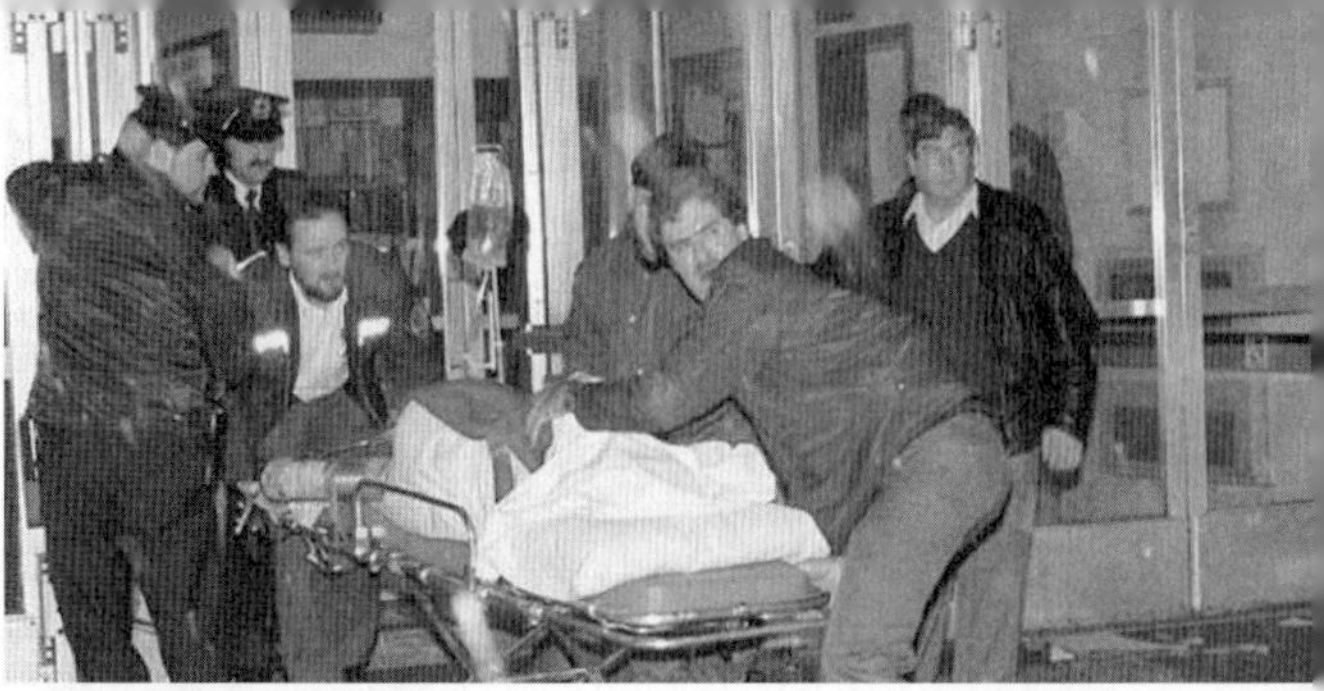
運び出される犠牲者。実際の写真

この運命を予期していたから学業に打ち込めなかったのだと、何事も続かない自分のいい加減な性格を正当化したうえで、レピーヌは遺書の中で勝手な理論を展開する。

「フェミニストどもは常に私を怒らせてきた。連中は女である利点を享受しつつ、男の利点をも奪おうとしている。連中はそのうちに歴史上の戦士の半分が女だったと言い出すだろう。しかし事実は違うのだ。勇敢に戦ったのは男だけなのだ。これが私の開戦理由である」

続けてコラムニストやTVキャスター、労働組合の幹部など、自分が殺したいとする19人の女性の名前を書き連ねた。遺書にはわざわざ、「犯行は政治的動機だ」と書かれているが、文面を読めば、単純に女性への逆恨みとしか思えない。

事件後、カナダでは犯行動機について様々な議論が巻き起こった。結果、公的機関や多くのフェミニスト団体が、この事件を「反フェミニストが行った女性に対する社会的な暴力の代表例」と位置づけ、事件が起きた12月6日を「女性への暴力を記憶し、それに対して立ち上がる国民記念日」とした。

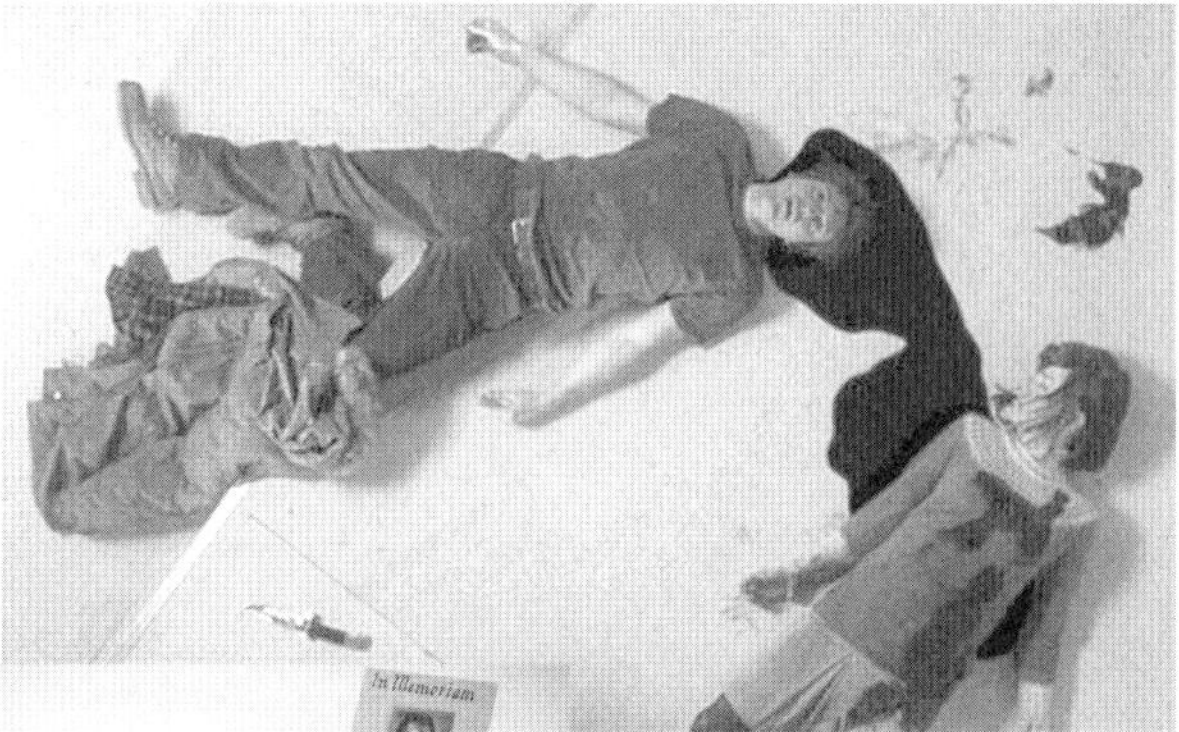

犯人は最後自らの銃で命を絶った。
映画「静かなる叫び」より

事件を風化させないため、毎年12月6日には国会議事堂前でデモが行われている

また、事件後はカナダの銃規制がより厳しくなり、２００６年に起きた「ドーソン・カレッジ銃乱射事件」（1人が死亡、19人が負傷し、そのうち8人は重篤）では警察官の戦術が変更され、緊急対応機関と連携。犠牲者を減らすことにつながったとされている。

★

劇中の女子学生と男子学生は、事件の後遺症に苦しみながらも希望を見つけていく。が、実際に事件で負傷したり目撃した学生や大学職員はＰＴＳＤ（心的外傷後ストレス障害）を負い、学生の中には自殺を図った者もいるそうだ。

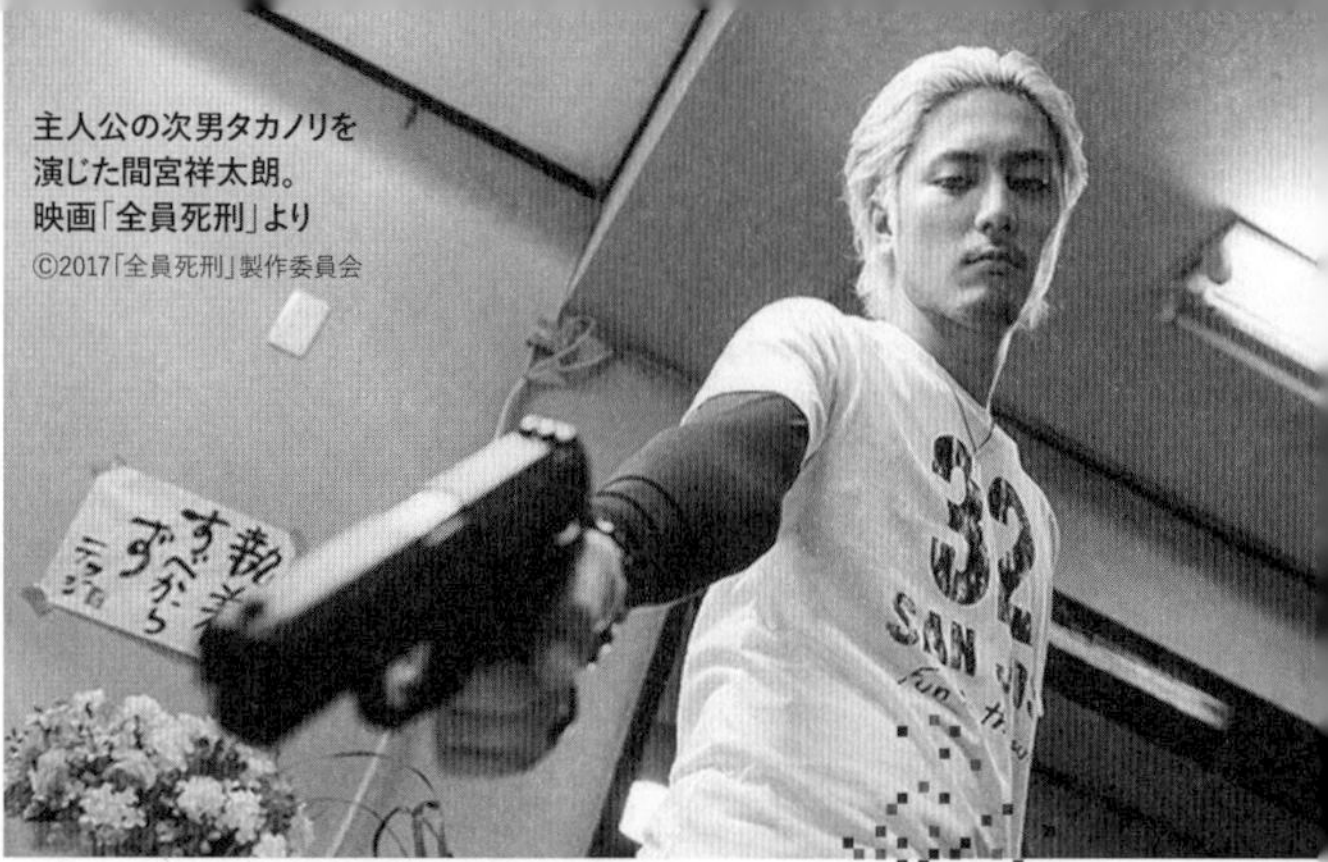

主人公の次男タカノリを演じた間宮祥太朗。映画「全員死刑」より
©2017「全員死刑」製作委員会

全員死刑

家族4人が起こした残忍極まる強盗殺人

大牟田4人殺害事件

２００４年９月、福岡県大牟田市で残忍な凶悪事件が発生した。金を奪うため、４人家族が共謀して、知人一家ら４人を殺害、死体を遺棄し、全員に死刑判決が下った、いわゆる「大牟田４人殺害事件」である。

２０１７年に公開された映画「全員死刑」は、この事件を題材にしながら、人を殺すシーンで客席から笑いが巻き起こった驚きのバイオレンス・エンタテインメントだ。

事件当時、暴力団・道仁会系北村組組長だった父親の北村実雄（当時60歳）、母親・

真美（同45歳）、元力士の長男・孝（同23歳。前妻の連れ子）、そして同じく元力士の次男・孝紘（同20歳）の北村家は、金に困っていた。知人で貸金業を営む高見小夜子さん（当時58歳）への借金300万円を含め、6千600万円以上の借財があったうえ、暴力団上部団体への上納金を収めねばならず、生活費にさえ困窮する有様だったという。

そこで両親は、手っ取り早く強盗殺人を企てる。高見さんに偽の土地売買話を持ちかけて現金を用意させたところで殺害、金を奪おうという計画で、傷害致死の前科がある長男・孝を実行犯にしようと目論んだ。

しかし同年9月16日、なぜか孝は両親を出し抜こうと考え、弟・孝紘を誘い、高見さん宅で留守番をしていた小夜子さんの次男・穣吏さん（当時15歳）を絞殺して金庫を奪取。遺体を川に遺棄する（金庫に入っていたのは貴金属で、換金結果、10万ほどにしかならなかった）。

翌17日夜、真美が小夜子さん殺害を実行に移すと宣言。小夜子さんに睡眠薬入りの食事を渡して寝込んだところを孝紘が絞殺、現金を奪う。

さらに、小夜子さんと真美が行動を共にしていたのを知っている長男の龍幸さん

全員死刑

2017／日本／監督：小林勇貴
2004年9月、福岡県大牟田市で発生した強盗殺人死体遺棄事件、通称「大牟田4人殺害事件」を題材にしたバイオレンス・エンタテインメント。鈴木智彦著『我が一家全員死刑』が原作。
DVD販売元：アルバトロス

（当時18歳）まで殺害することにし、たまたま一緒にいた友人の原純一さん（当時17歳）と共に車に押し込め、埋め立て地に連行。孝紘が実行役となり、龍幸さんを銃殺。原さんを銃で撃ったうえ、アイスピックでトドメをさした。

殺害した3人を車ごと川に沈め、全て片が付いたかに思われた。が、高見家から大金は見つからず、行き当たりばったりの殺人もあっさり発覚してしまう。

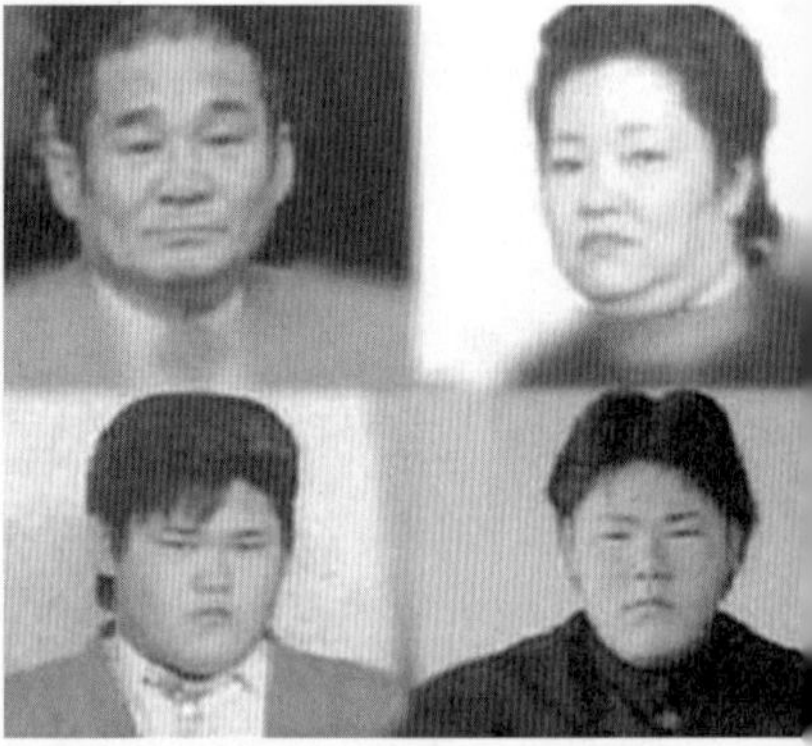

加害者の北村家。左上から時計回りに父親の実雄、母親の真美、次男の孝紘、長男の孝

映画で、事件発覚後に父親が全部自分1人がやったことだと罪をかぶろうとして、自殺に失敗する場面がある。実はシチュエーションこそ違え、実際も父親の実雄は、自殺未遂を起こしている。大牟田署内で取り調べ中、25口径の小さな銃で自分の頭を撃って自殺を図ったのだ。ところが弾が小さかったのか、頭蓋骨をぐるっと回った後に額で停止。命に別状はなかったのだという。

映画は、死刑囚となった次男・孝紘が犯罪の一部始終を獄中で書いた手記を基に、暴力団取材に定評のあるライター鈴木智彦氏がまとめた『我が一家全員死刑』が原作だ。

次男の手記は、家族、特に両親に対する忠誠心や思いやりに溢れる一方で、自分に実行役を押し付けたズルい兄に対して反感が感じられたそうだ。

孝紘が他の家族への取材を禁止したため、それぞれの犯行時のやりとりや役割など、詳細については手記頼りで、彼が家族をかばっている可能性も捨てきれない。

もちろん、映画と現実では加害者、被害者家族ともに、キャラクターは大いに脚色してある。個々のやりとりも、フィクションでしかない。が、裁判である程度、事件の状況は判明している。父親は、自分1人でやった、母親は従属的だったと主張したが、母親が主導者だったことが認定されただけでなく、裁判中に家族同士で喧嘩を始めたり、被害者遺族への暴言を吐いたり、刑務官に殴りかかるなど、北村家のテイストは映画に色濃く反映されているようだ。

原作を著したライターの鈴木智彦氏は、実行犯の次男をこう表現している。

「彼を動かしたのは、家族が生きるためなら、他人の生命さえ奪ってもかまわないという社会性の欠けた考え方だろう。我々と変わらぬ人間らしい感情はふんだんに持っているのだ」

事件の相関図

悪魔の沼

20人以上のウェイトレスがワニの餌食に!?

「アリゲーター・マン」
「エレメンドルフの屠殺者」
などと呼ばれるジョー・ボール

ジョー・ボール事件

稀代の殺人鬼、エド・ゲインをモデルにしたと言われる「悪魔のいけにえ」で一躍有名になったトビー・フーパー監督が、再び実話を基に製作したホラー作品が「悪魔の沼」である。

テキサスで女性の連続失踪事件が発生。警察が捜査を進めていくうち、モーテルの主人が宿泊客を大鎌で殺しては池のワニに喰わせていたことが判明——。

この戦慄の物語のベースになった殺人鬼がいる。裏庭のワニ園で20人以上を殺害したとされるジョー・ボール。この人物については、存在を確認できる文献が事件当時から非常に少なかったが、2002年になって1人の新聞編集者が事件の詳細を調査。実態が初めて明らかになった。

ボールは1896年1月、米テキサス州南部のエレメンドルフに生まれた。仲間と遊ぶより1人で釣りや山野を歩き回るのが好きな子供で、青年期になり銃が趣味となった。

第一次世界大戦ではヨーロッパ戦線で活躍し、1919年に名誉除隊を受け、故郷に帰還。1920年からの禁酒法施行を受け、酒の密売を生業とする。

1933年に禁酒法が廃止されると、新たに『ソーシャブル・イン』という酒場を開店。客を呼び込むために店裏の池で5頭のワニを飼い、給餌の時間に馬肉を投げ入れるのを見世物とした。興が乗ると犬や猫、アライグマなどを生きたまま池に投げ込んだのだという。

店のもう一つの売りが若くて可愛いウェイトレスである。しかし短期間で顔ぶれが変わるため、ボールが彼女らをワニの餌にしているという冗談がささやかれていたそうだ。

店は繁盛し、ボールは従業員は自分のものとばかり、次々ウェイトレスに手を出した。特に

悪魔の沼

1977／アメリカ／監督：トビー・フーパー
1930年代に米テキサス州で起こったジョー・ボール事件をモチーフに、片田舎のモーテルの主人が、宿泊客を殺害してはワニの餌にするホラームービー。

お気に入りだったのがミニー・ゴッドハルトという女性で、ボールは彼女と2人で店を切り盛りし始める。が、その関係は3年で終わり、ドロレスという女性と結婚。1937年には新たに入った22歳のヘーゼル・ブラウンを手ごめにした。

翌1938年、突如、ミニーとヘーゼルが姿を消し、ドロレスまでが失踪する。さらには店のウェイトレスだった23歳の女性の家族からも郡の保安官事務所に捜索願いが出され、いよいよ警察が動き出す。

捜査にきた保安官に対して、当初ボールは、「ミニーは黒人の赤ちゃんを産んで町を出た」などと答えていたが、そのうち決定的な証言がもたらされた。店の隣人が、人肉をワニに与えていたのを見たと申し出たのだ。

保安官が再び店を訪れボールを厳しく尋問すると、もはや言い逃れは不可能と思ったのだろう。レジから45口径の銃を取り出すと、彼は自らの頭に向け引き金を引いた。

事の真相は、ボールの片腕として店の雑役をしていたクリフォード・ホイーラーという黒人青年の口から語られた。

ボールが経営していた酒場
「ソーシャブル・イン」

ホイーラーは、ボールがミニーとヘーゼルを殺害し、自分も死体遺棄を手伝ったのだと証言。その言葉どおり、ホイーラーが捜査陣を案内した場所から、それぞれミニーとヘーゼルのバラバラ死体が見つかった。

さらに、店からは女性数十人の写真を含むスクラップブックが発見され、ホイーラーは、ボールが2人以外に少なくとも20人以上の女性を殺してワニの餌にしたと供述する。

しかし、警察が池を調査しても人肉は発見されなかった。また、ドロレスはカリフォルニアで生きていることが判明。ミニーとヘーゼルの殺害を目の当たりにし、怖くなって逃げ出したのだという。

果たして、ボールが本当にウェイトレスたちを殺害してワニの餌にしていたのか否か。確証は得られぬまま捜査は終了した。

ボールの愛人で、彼に殺された
ミニー・ゴッドハルト（右）とヘーゼル・ブラウン

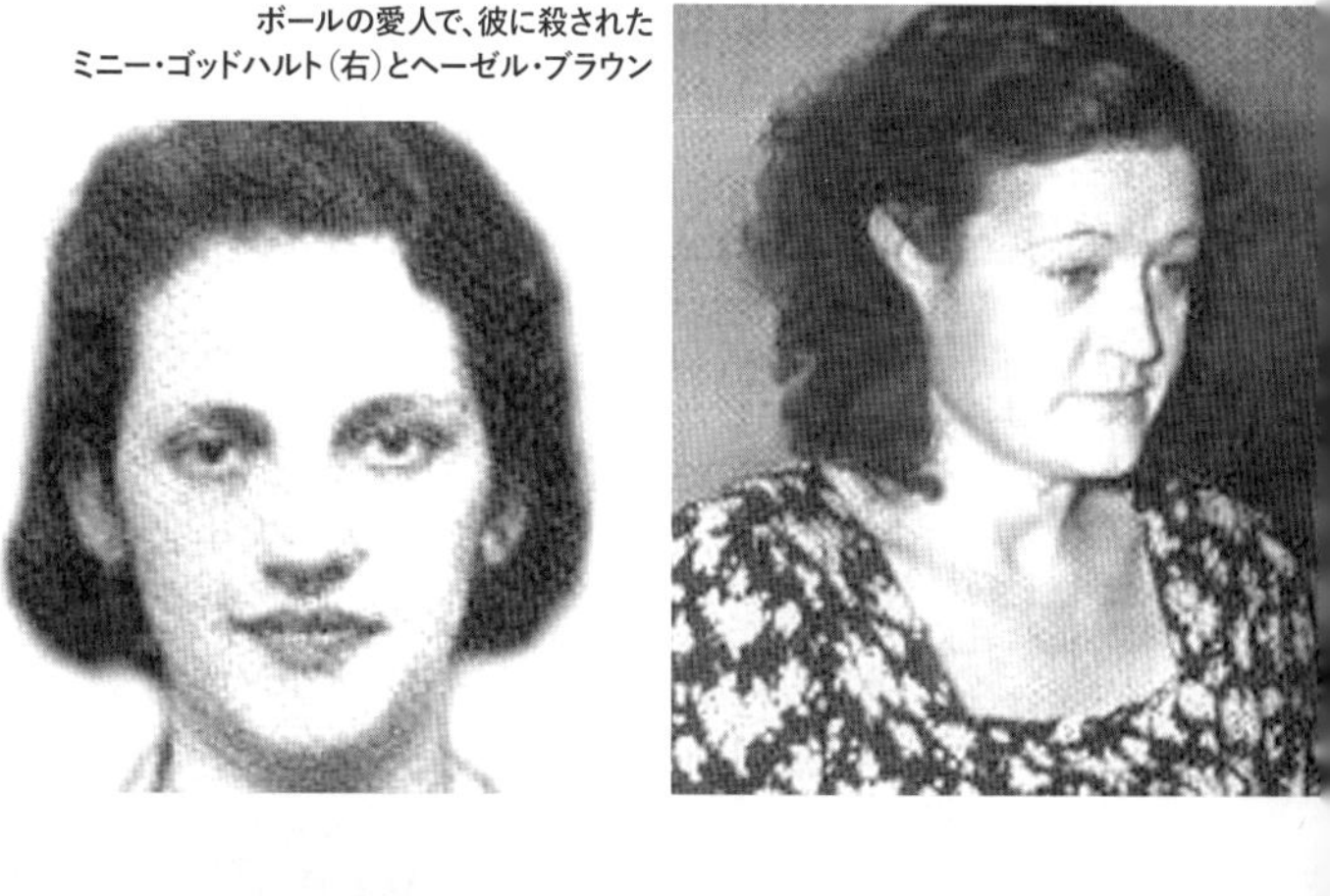

エデン
年間2万人の少女が餌食に
アメリカに実在するロリコン売春組織の闇

2012年公開の映画「エデン」は、売春組織に売り飛ばされた18歳の女子短大生が、地獄のような3年間を過ごした後、自ら脱出に成功した実話を基に撮られた衝撃作だ。

映画で明らかにされたのは、誘拐どころか殺人さえ闇に葬ってしまう悪の集団の存在である。

主人公ヒョンジェのモデルとなったのは、韓国系アメリカ人のチャン・キムさん。1994年当時18歳だった彼女は、テキサス州の

地下牢に監禁されていたのは
平均年令13、14歳の少女たちだった。映画「エデン」より

工科短大に通いながら母が営む食品店を手伝っていた。

事件はある夜、アバンチュールを求め、友人とオクラホマシティのバーへ繰り出した際に起こる。映画では、消防服を着たイケメンにナンパされ、その夜のうちにドライブ先で売春組織に引き渡されたように描かれているが、実際にキムさんが出会ったのは軍服姿の男で、2ヶ月間、恋人のように過ごした後に、車のトランクに放り込まれた。

連行されたのは、ラスベガスの地下牢だ。砂漠の真ん中に建つ倉庫には、全国各地から拉致られた少女30～40人が監禁され、酷いときは、日に25人もの男性客にデリバリーされたという。

驚くべきは、全ての客がロリコンだったという点だ。劇中に、「20歳過ぎの少女は〝用済み（＝殺害）〟」との会話が出てくるが、キムさんが会った最年少は7歳で、童顔だった彼女も13歳と偽っていたそうだ。

少女たちは窓のない暗い倉庫でヘロインやコカイン漬けにされ、客のところに出向く以外はベッドもない床に横たわるしかない毎日。最初はキムさんも、逃げ出す努力をした。客のところに派遣された際、隙をみてスーパーマーケットに飛び込

エデン

2012／アメリカ／監督：ミーガン・グリフィス
アメリカで実際に起きた事件を基に、人身売買組織に囚われた少女の過酷な運命を描いたサスペンス。

少女たちは、20歳になったら〝用済み〟として殺害された。映画「エデン」より

んだこともある。

しかし、「助かった！」と思ったとき、警官の制服を来た追っ手がやってきた。どんなに泣き叫んでも、スーパーの客は、「この子は薬物患者でして」と物腰丁寧に説明する制服の大人を信用してしまうのだ。

結果、キムさんは映画同様、倉庫に連れ戻され、凍死してもおかしくないほどの氷風呂で拷問される。逃亡を諦めると、時間感覚はマヒ。キムさんは、ドアを破ってＳＷＡＴチームが助けに来てくれるシーンを繰り返し思い描いていたという。

ちなみに、映画では保安官が組織の幹部として登場するが、実際はＦＢＩ関係者を名乗る男が関与し、さらに常連客の中には、弁護士や政治家、裁判官、そして本物の警察官までいたというから驚愕するよりない。

状況に身を任せるしかなかったが、キムさんにはタイムリミットが迫っていた。20歳になれば〝用済み〟として、殺されてしまう。彼女は生き延びるため、組織側に取り入ることにした。

少女たちが客のところへデリバリーされる場合、監視役兼運転手が付く。この男が金勘定が大雑把だった。そこで彼女は自分が経理ができることをアピールし、結果、一介の売春婦から、少女たちを管理する〝マダム〟に取り立てられた。映画のように、前任のマダムを追い出して〝用済み〟にしたのかは不明だが、「マダムとして働いた半年で、レイプや拷問、殺人を多数目撃した」そうだ。

1997年、キムさんに脱出の機会が訪れる。裕福なクライアントが滞在するホテルに出向いた際、部屋の空気ダクトが広いのに気づいたのだ。果たして、彼女は下着姿のまま中を這って外に出ると、監視役のドライバーの頭をピンヒールで蹴り飛ばし、そのまま車で逃げ出すことに成功した。

その後、キムさんは何年も女性向けの避難施設で身を隠すように生活。徐々に人生を再構築し、現在は自分のように人身売買の被害に遭っている人のために活動を行っているそうだ。

主人公のモデルになったチャン・キムさん（左）と、演じたジェイミー・チャン

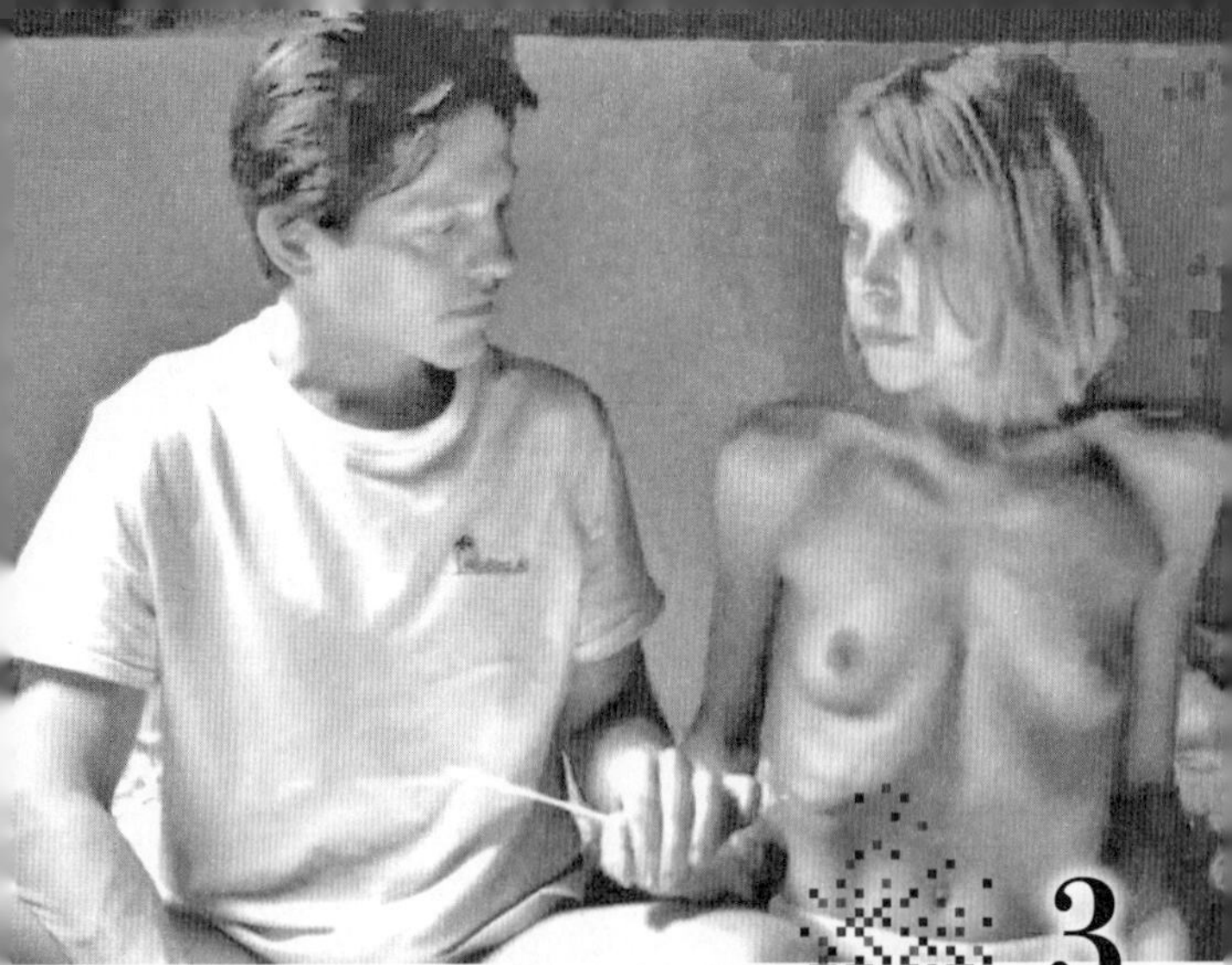

男はナターシャを〝奴隷〟と呼び、半裸での生活を義務づけた。映画「３０９６ｄａｙｓ」より

3096days

モテない男に虐待され続けた悪夢の8年半

FILMS

オーストリア少女誘拐監禁事件

１９９８年、オーストリアで10歳の少女が登校途中に姿を消した。警察や家族の捜索も空しく、杳として行方はわからなかったが、それから８年後の２００６年８月、少女は劇的に救出される。なんと彼女は男に誘拐され、窓のない地下室に監禁され続けていたのだ。

映画「3096days」は、被害者の少女ナターシャ・カンプッシュ（2018年現在30歳）が、悪夢の体験を綴った手記を映像化した作品である。

オーストリアの首都ウィーンに生まれたナターシャが、白いバンに乗った男に拉致られるのは1998年3月2日の朝のことだ。到着したのはウィーン郊外の一軒家で、彼女は窓のない5×5メートルほどの狭い地下室に押し込められる。そこは、かつて防空壕に使われていたスペースだった。

ナターシャをさらった男はヴォルフガング・プリクロピル（当時36歳）という電話会社の技術士で、この家に1人で暮らしていた。それまで女性と付き合ったことがなく、彼女を〝奴隷〟にする目的で拉致監禁したのである。

男は「家に帰して」と泣くナターシャを容赦なく叩き、金髪が嫌いだと髪を刈り上げ、自分が許可しない限り、口を開くことすら禁止。さらには、窓やドアに爆弾が仕掛けてあると脅し、逃げないように上半身裸で暮らすよう命じた。

そして何かあればすぐに手や剪定ばさみで執

3096days

2013／ドイツ／監督：シェリー・ホーマン
1998年、当時10歳で男に誘拐され、8年半もの間監禁されていた女性ナターシャ・カンプッシュが解放から4年後に出版した『3096days』を映画化。日本での劇場未公開。

拗に殴りつけ、ドス黒く腫れた彼女の顔や体を写真に撮った。ナターシャが箱にストックされていたトイレットペーパーに書いていた〝殴られた回数〟は、1週間で200回を超えた。

彼女は完全に恐怖に支配されていた。後に男と一緒に外出する機会も得るが、足がすくんで逃げられなかったという。

男はナターシャを自分好みの女に育て、彼女に愛されることを願っていた。

ラジオや本、新聞など教育に必要なものは部屋に揃え、時には彼女のリクエストで高価なオモチャなども買い与えた。そして、ナターシャを鎖でつないだうえで外から地下室の

捜索願いが出された当時10歳のナターシャと映画製作時の26歳

鍵を閉め、自分は以前と変わらない日常生活を送っていた。

当初ナターシャは、男が留守の間、隣人が音に気づいてくれるよう水の入ったペットボトルなどを壁に投げつけていたが、まったくの徒労に終わる。男の母親や友人などが訪ねてくることもあったが、彼らもまた、地下室に少女がいるような気配すら感じなかった。

男は、ナターシャが14歳になったとき初めて彼女を犯す。抵抗するナターシャを殴り、ロープで縛り付けて何度ものしかかった。以後、彼女は地下室ではなく、階上の男のベッドで手首を縛られたまま一緒に寝ることになる。

ナターシャはあまりの辛さに、編み針で手首を切ろうとしたこともあった。が、生きていればいつか外に出られるときが来るのではないかという望みを抱き、思いとどまる。

また、男も虐待ばかりではなく、彼女に気に入られようと必死にアピールした。殴った後はプレゼントを買ってきたり、時には日帰りでスキーに出かけたこともあったという。が、男の理不尽な想いなど報われ

犯人のプリクロピル

事件の舞台となった犯人の自宅と5メートル四方の地下の監禁部屋

るはずもない。

2006年8月23日、気を許した男が庭の車をナターシャと一緒に洗っていたとき、電話がかかってきた。彼女は、男が目を離した隙を見計らい、一目散に駆けだす。そして隣家に逃げ込み事情を説明。すぐに警察がやってきた。パトカーを見て

犯人は最後、列車に飛び込み自殺

観念したのだろう。男は近くの線路に足を運び、走ってきた電車に身を投げた。

ナターシャは、事件の後遺症を抱えながらも２０１０年、22歳で大学を卒業。また、同年、自身の経験を綴った手記『３０９６ｄａｙｓ』を書き上げ、２０１１年には本の印税と寄付金で、スリランカに小児病院を建設した。

少女が保護された数時間後に犯人が投身自殺を図った現場

ヒルサイド・ストラングラー 丘の上の絞殺魔

女性12人を強姦、殺害した従兄弟同士

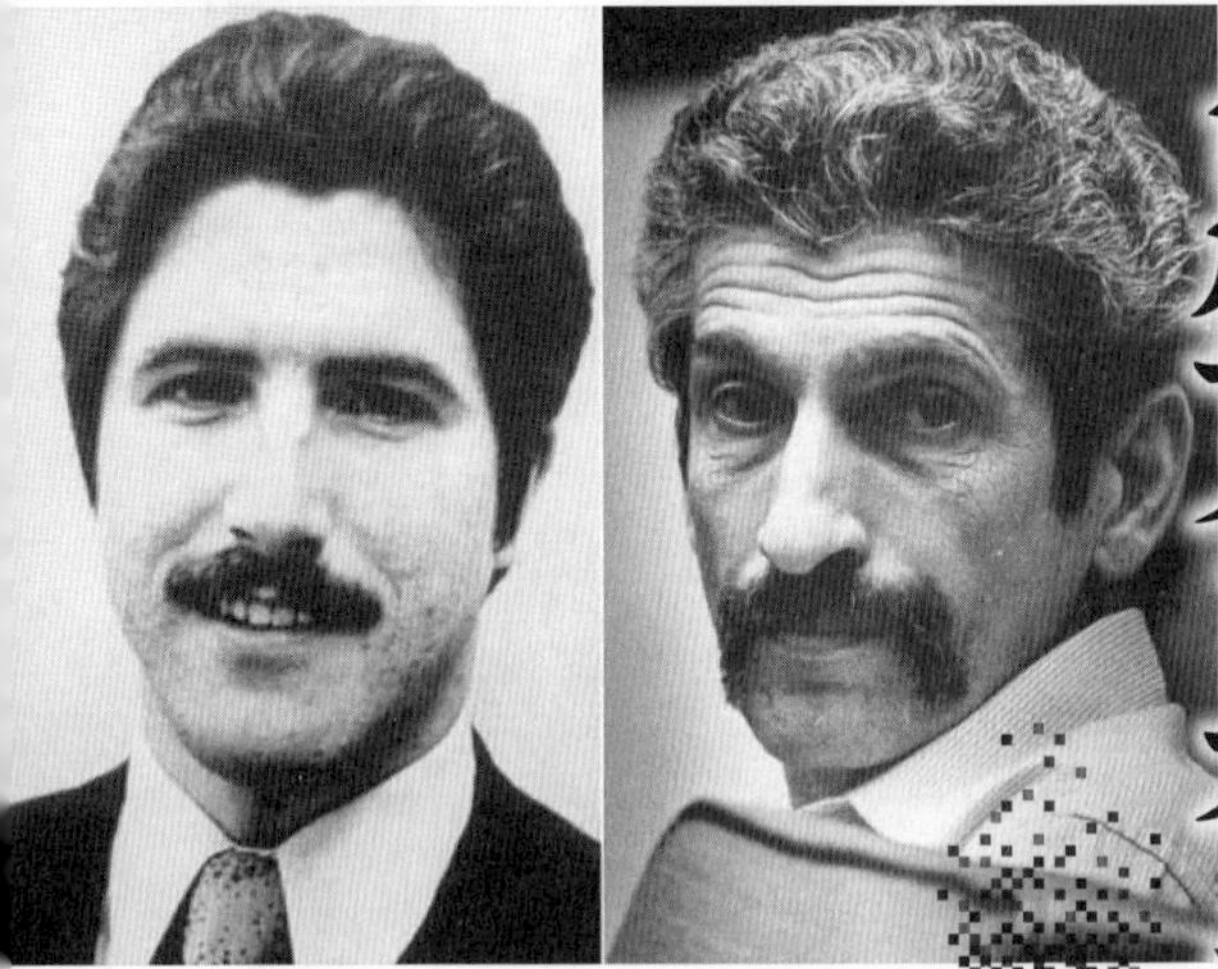

12人を手にかけた絞殺魔、ケネス・ビアンキ（左。逮捕当時27歳）と、従兄のアンジェロ・ブオーノ（同44歳）

FILMS

カリフォルニア 丘の上の絞殺魔事件

2004年公開のアメリカ映画「ヒルサイド・ストラングラー 丘の上の絞殺魔」は、1977年から1979年にかけて米カリフォルニア州で現実に起きた連続殺人事件を再現した作品である。映画は、犯人の1人ケネス・ビアンキを主人公に、彼が従兄のアンジェロ・ブオーノと共に行

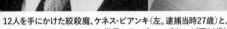

った凶悪犯罪の数々を時系列に沿って描いていく。

1951年、ビアンキは売春婦の私生児として生まれ、幼くして養子に出された。義母の溺愛ぶりは異常で、彼は極めて自己中心的な人間に育つ。

高校卒業後、宝石店の警備員の職を得て20歳で結婚するが、わずか8ヶ月で離婚。その後もビアンキは「ガンになった」「人を殺したことがある」など、すぐにバレる幼稚な嘘を並べたて、ロクに働きもしなかった。

1977年、義母は彼を一人立ちさせようと17歳年上の従兄ブオーノに身を預ける。ブオーノは10代半ばから少年院を出入りする典型的なチンピラだったが、手先が器用で、当時は高級車の内装職人として働き、フランク・シナトラのスポーツカーを手がけるなど、それなりの稼ぎがあった。そこにビアンキが転がり込んできたことで、運命が狂い出す。

ビアンキはブオーノの勧めで警察官に応募するが、適性検査で不合格。そこで、大学の卒業証書や博士号を偽造してサイコ・セラピストを名乗ったものの、客は1人も

ヒルサイド・ストラングラー　丘の上の絞殺魔

2004／アメリカ／監督：チャック・パレロ
米カリフォルニで、1977年から1979年にかけ12人の女性を強姦、拷問のうえに殺害、周辺の丘や路上に死体を遺棄したことから“ヒルサイド・ストラングラー”の異名で恐れられたケネス・ビアンキとアンジェロ・ブオーノの凶行を再現した実録犯罪ドラマ。

やって来ない。かろうじて雇用された不動産屋もマリファナ使用がバレてクビ。見るに見かねて、ブオーノはビアンキに提案する。

「ポン引きになれ」

この一言が、犯行の序曲となった。

ロサンゼルス周辺の丘や路上に次々と若い女性の殺害遺体が

ビアンキはモデル事務所の人間を騙《かた》り、1人の家出少女をスカウトする。そしてブオーノの家に連れ込み2人で強姦、逃げたら殺すと脅して客を取らせた。少女は3ヶ月で逃走するが、ポン引きが金になるとわかった2人はビジネスに本腰を入れるべく、ある売春婦から顧客名簿を買う。ところが、これが完全のガセネタだった。ブオーノは怒り狂う。

映画では、騙した売春婦を車に乗せて強姦、絞殺して遺体を近くの沼地に遺棄するが、実際には、当の女性は捜し出せず、2人は代わりに全く関係ない19歳の売春婦を強姦、絞殺する。1977年10月17日のことだ。

以後、2人は〝獲物〟を探しては凶行を重ねていく。ブオーノが車で女性を拾い、偽造の警察バッジをちらつかせたビアンキが乗り込み手錠で拘束。ブオーノの家に連れ込み強姦し、弄《もてあそ》んだ後にロープで絞め殺すのが手口だった。

こうして彼らは1978年2月

犠牲となった12人の女性

までに12歳〜28歳までの女性10人を殺害する。当初、犠牲者は売春婦だけに限られていたが、しだいに学生、電話交換手など、対象は手当たり次第に広がっていく。

マスコミによって〝ヒルサイド・ストラングラー（丘の上の絞殺魔）〟と名づけられた殺人鬼はカリフォルニアを恐怖のどん底に陥れる。警察も犯人逮捕に躍起となった。

ブオーノは、証拠が残らないよう巧妙に犯行を重ねていたが、さすがにこれ以上は危険と判断、行動を慎むようになる。一方、ビアンキはいつのまにか強姦と殺人の快楽が忘れられなくなっていた。果たしてブオーノは愛想を尽かし、ロスから出て行かないと殺すと絶交を言い渡す。

仕方なく、ビアンキは以前のガールフレンドを頼ってワシントン州に移住、ここでまた凶行を働く。2人の女子大生を強姦、絞殺したのだ。

強姦と殺人の快楽が忘れられない

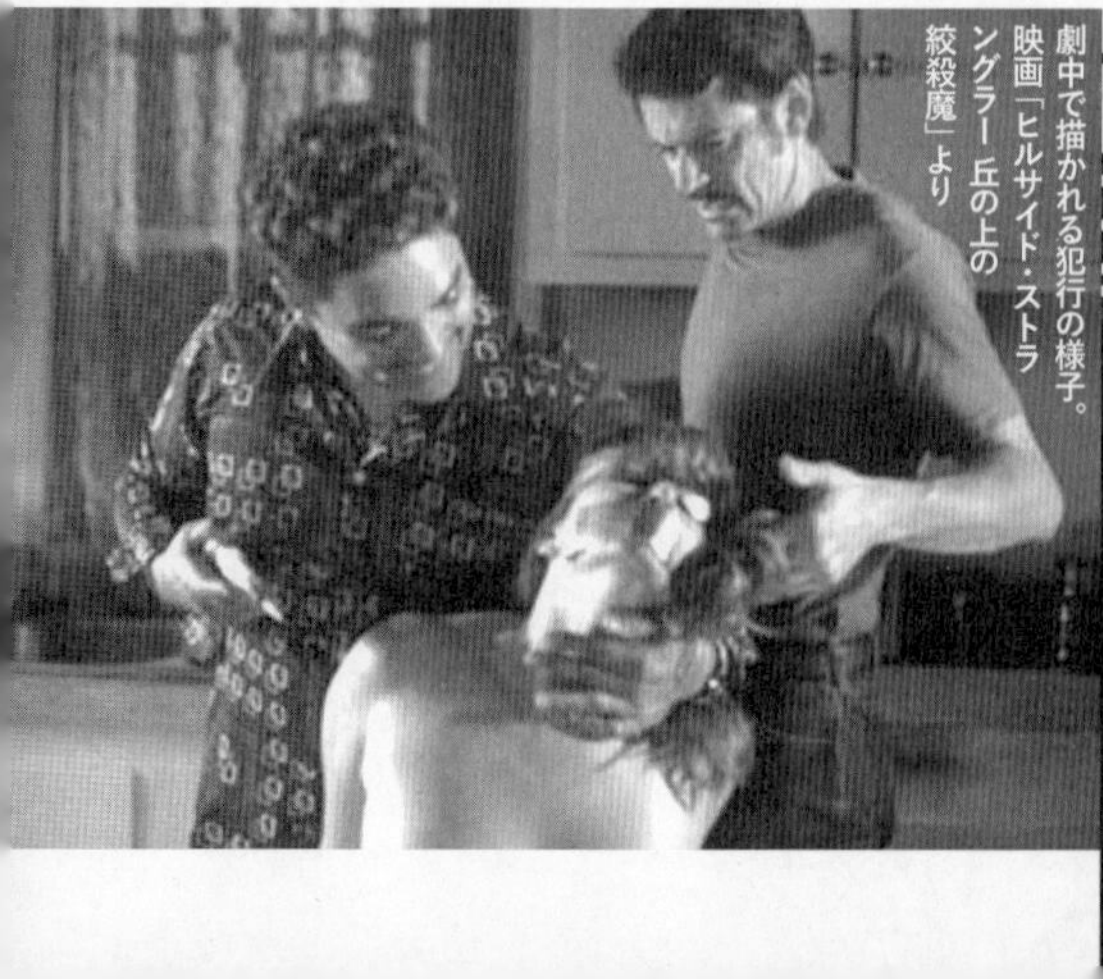

劇中で描かれる犯行の様子。映画「ヒルサイド・ストラングラー 丘の上の絞殺魔」より

ビアンキは犯行翌日の1979年1月12日、あっさり逮捕される。殺された1人の女性の手帳に、ビアンキの名前、電話番号、ニセのアルバイトを頼まれた日付（犯行当日）が記されていたのだ。

さらに、ガールフレンド宅を捜索した警察は、意外な物を見つける。〝ヒルサイド・ストラングラー〟の最初の犠牲者が身に付けていた指輪だ。ここで、ようやくビアンキとブオーノが過去に犯した恐るべき犯行が明らかになる。

裁判で2人は共に終身刑を言い渡され、ブオーノは2002年に獄死。ビアンキは2020年8月現在も服役中だ。

映画では描かれていないが、裁判でビアンキは「自分は多重人格」と嘘八百を並べ立て、いたずらに審議を長引かせた。驚くべきは、その間にビアンキを先生と仰ぐ女性が現れたことだ。ビアンキは、自分が拘束中に絞殺事件が起これば、警察が別に犯人がいると思うのではないかと画策。彼女に絞殺を命じたところ、本当に実行に移してしまったのだ。事件は未遂で終わったが、彼女にもまた終身刑の判決が下った。

勾留中のビアンキに命じられられるまま殺人を犯し終身刑を受けたヴェロニカ・コンプトン

1980年代のペティンギル一家

アニマル・キングダム

オーストラリアの犯罪一家が起こした凶行

FILMS

ウォルシュ・ストリート警官殺害事件

2010年のオーストラリア映画「アニマル・キングダム」は、1988年、オーストラリア・メルボルンで警官2名を射殺した実在の犯罪一家をモデルにしたバイオレンスムービーだ。本作は世界の映画祭で絶賛を浴び、クエンティン・タランティーノ監督は、同年のベスト3の1本にこの作品を挙げた。史上〝最狂〟の犯罪家族の実像とは？

現在もオーストラリアでその名を轟かせるペティンギル一家は、映画同様、キャスリーン・ペティンギル（1934年生まれ）なる母親がボスだ。

映画では自ら手を出さず、裏で警察や他のギャングと取り引きして麻薬密売や銀行強盗を生業とする息子たちを支えていた。が、実際のキャスリーンは若い頃から自分で売春組織を仕切って麻薬を売買。ギャングとの抗争で顔を撃たれ、右目に義眼を入れる武闘派である。

家族は6男1女（映画では3男1女）で、長男のデニス・アレンが警察へ情報を提供しながら麻薬で大儲けをし、大邸宅を建設。映画の主人公ジョシアのモデルとなったのは、長女ヴィッキーの一人息子、ジェイソン・ライアンで、彼女がヘロインの多量摂取で死亡する前から、一家に出入りして犯罪の手助けをしていた。

1980年代、オーストラリアの警察は腐敗しきりで、そんな状況下、ペティンギル一

アニマル・キングダム

2010／オーストラリア／監督：デビッド・ミショッド
オーストラリア・メルボルンに実在した犯罪一家ペティンギル家をモデルに、1人の少年の葛藤と成長を描いたクライムドラマ。一家の母親を演じたジャッキー・ウィーヴァーが2010年のアカデミー助演女優賞にノミネートされた。

1988年10月12日、20歳と22歳の若い警官が殺害された「ウォルシュ・ストリート事件」の現場

手前が主人公のモデルとなったジェイソン（一家の長女ヴィッキーの息子）。奥は警官殺しで無罪になったものの、2002年に殺害された6男ヴィクター

家は違法ドラッグの売買、銀行強盗、身代金誘拐などで荒稼ぎする。中でも、一家にとって最大の出来事が、映画にも出てくる「ウォルシュ・ストリート警官殺害事件」だ。

1988年10月11日、4男のトレヴァーと6男のヴィクターが仲間と銀行強盗を計画している最中、仲間の1人が警察に射殺されてしまう。その仲間は札付きの悪党で、強盗と殺人の容疑がかかっていたのだが、黙って許すわけにいかないと2人が復讐に出る。翌12日の午前4時50分、ウォルシュ・ストリートにわざと盗難車を放置し、巡回中の警官2人がパトカーを降りて調べに来たところで銃を乱射し、殺害してしまったのだ。

警察はすぐにペティンギル家に目を付け、兄弟と仲間2人を逮捕。彼らの犯行を目撃していたジェイソンに証言を求めた。

映画はここから主人公が警察の証人保護プログラム（告発相手から復讐されないよう警察の保護になること）に入るものの祖母の説得で証言を拒否し、積極的に稼業に携わることを決意して終わる。

現実にもジェイソンは警察の証人保護プログラムを途中で辞めているが、その後、犯罪に走ったのかどうかは定かではない。

ちなみに、警官2人を殺害した容疑で逮捕された兄弟は、キャスリーンの警察への口利きで無罪放免を勝ち取った。しかし、6男ヴィクターは2002年、敵対する麻薬グループに殺害され44歳でこの世を去っている。

一家のボス、キャスリーンはその後自伝を出版。2020年8月現在、85歳で存命である。

現在のキャスリーン本人。映画の感想を聞かれ「息子は誰も殺してない！」と怒り心頭

犯人のレオポルド（左）とローブ。美形の2人が同性愛の恋人同士だったことも大きな話題に

ロープ

完全犯罪証明のため少年を殺した2人の19歳

FILMS

レオポルド&ローブ事件

アルフレッド・ヒッチコック監督の初期の名作「ロープ」は、裕福で知的な2人の大学生が友人を絞殺、死体を隠した衣装箱をテーブル代わりに、殺した友人の家族や恋人を招いてパーティを開くというスリラーだ。

映画のベースになった事件がある。1924年、米シカゴで14歳の少年が殺害された「レオポルド&ローブ事件」。犯人のレオポルドとローブが同性愛の関係にあったことや動機の異様さなど話題性が多く、今まで3回映画化されている。

1924年5月22日、シカゴ郊外に広がる自然保護地域で少年の全裸死体が見つかった。頭部を酷く殴られ、顔が酸で焼かれていたが、身元はすぐに判明した。前夜から誘拐されていたボビー・フランク16歳である。

フランク家には夜のうちに犯人から脅迫電話が入り、早朝1万ドルを要求する手紙が速達で届いていた。ところが、資産家の父親が金を用意し、犯人からの電話を待っていた矢先、死体発見の報が入る。

遺体の側に落ちていたメガネを手がかりに、捜索が始まった。と、メガネの蝶番がシカゴでは1社しか作っていない特殊なものであること、さらには、フレームと組み合わせた商品は3つしか出ていないことが判明する。

持ち主3人を割り出した警察が、それぞれを訪ねたところ、2人は実際にかけていたのに、シカゴ大学の学生、ネイザン・レオポルド（当時19歳）だけはなくしたと言う。

ロープ

1948／アメリカ／監督：アルフレッド・ヒッチコック
1924年発生のレオポルド&ロープ事件を題材としたサスペンス。映画はアパートの一室を舞台に全編1ショットで進行する。ジェームズ・スチュアートが2人の青年を怪しむ大学教授を熱演。

レオポルドを怪しいと睨んだ警察が家宅捜査を行うと、脅迫状で使われたと同種のタイプライターや便箋が出てきたから、もはや言い逃れはできない。

一方、警察はレオポルドの親友、リチャード・ローブ（19歳）も犯行に加わっているとみて、取り調べていた。

数々の証拠を突きつけられたローブは、あっさり自供した。

「2人で計画をたてました。けど、殺したのは彼だ」

それを聞いたレオポルドも「いや、殺ったのはあいつだ。僕は運転しただけ」と、互いに罪をなすりつけた。

完全犯罪の実験台にされた
被害者の少年ボビー・フランク

レオポルドもローブも裕福な家のお坊ちゃんで、15歳で大学に進学するほどの頭脳の持ち主だった。

ニーチェの『超人思想』に傾倒していたレオポルドと、厳格な乳母にスパルタ式で育てられ犯罪小説にのめり込んでいたローブ。2人は大学で出会い意気投合、同性愛の関係となり、学生時代は同じ部屋に住むルームメイトでもあった。

18歳で大学を卒業、これからというときに、なぜこんな残虐な行為を働いたのか。取り調べで捜査員に聞かれ彼らは驚きの動機を話す。

「自分たちは選ばれし者だから、劣った者を殺しても構わない。完全犯罪を実行して、それを証明しようとした」

自分たちは金に困ってないから、身代金誘拐に見せかければ疑われないだろうと脅迫状を送ったのだというのだ

事件が報道され、世間が騒然とするなか、彼らを弁護しようと名乗りを上げたのが死刑反対論者の弁護士である。11時間にも及ぶ熱弁と、2人が未成年であることが考慮され、判決は終身刑（殺人罪）＋懲役99年（誘拐罪）。極刑は逃れられた。

刑務所に収監された2人は、互いに所内の学校で教鞭を執った。が、ローブは1936年、服役仲間にシャワー室で切り殺されてしまう（ローブにレイプされそうになったとして、加害者には正当防衛が認められた）。

一方、レオポルドは、服役33年で仮釈放が認められ、1958年に出所。プエルトリコに移住して花屋の未亡人と結婚し、66歳で亡くなった。死因は心臓麻痺だった。

裁判では、弁護を担当したクラレンス・ダロウ（写真中央）の尽力で極刑を回避。
左がレオポルド、右がローブ

デリンジャー

FBIから"社会の敵ナンバーワン"に指名されたギャング

FILMS

1930年代前半、アメリカ中西部一帯の銀行を荒らし回ったアメリカ犯罪史上でもトップクラスのアウトロー——。

1973年公開の映画「デリンジャー」は、悪名を欲しいままにした実在のギャング、ジョン・デリ

ジョン・デリンジャーの指名手配写真

伝説の銀行強盗 ジョン・デリンジャー

ンジャーの半生を描いたジョン・ミリアス監督の傑作である。

ただ、デリンジャーが銀行強盗として活躍したのは実質2年。わずかな期間で伝説の男になりえたのは、鮮やかな犯行の手口と壮絶な生き様ゆえだ。

ジョン・デリンジャーは１９０３年、インディアナ州インディアナポリスで生まれた。アメリカ西部開拓時代のガンマンで、世界で初めて銀行強盗に成功したといわれるジェシー・ジェイムズに憧れ、ワルの道へ。頭が切れ度胸も据わったデリンジャーはすぐにリーダーとなる。

実際に強盗を働き刑務所に入ったのが22歳のとき。そこでムショ仲間から強盗のノウハウを徹底的に学び、８年半の懲役を経て１９３３年に仮釈放となる。

映画はこの辺りから始まり、仲間と共に次々と銀行を襲うデリンジャーの姿を描きだす。窓口の防護柵を飛び越え、ほんの数十秒で金を奪っては現場を後にするスマートな犯行。また、銀行の客からは１ドルたりとも金を奪わなかったこと

デリンジャー

1973／アメリカ／監督：ジョン・ミリアス
1933年から1934年にかけて、アメリカ中西部一帯を荒しまわり、アメリカ犯罪史上最も有名なギャングとして、五指に数えられる銀行強盗ジョン・デリンジャーの半生を描く。2009年、「パブリック・エネミーズ」のタイトルでリメイクされている（主演：ジョニー・デップ）。

劇中には出てこない宣伝用のカット。左からFBIのメルヴィン・パーヴィス（演：ベン・ジョンソン）、情報を流すアンナ・セイジ（演：クロリス・リーチマン）、愛人ビリー・フレチェット（演：ミシェル・フィリップス）、デリンジャー（演：ウォーレン・オーツ）

から、世間には義賊的なイメージを抱かせた。ネイティブ・アメリカンの血を引く愛人、ビリー・フレチェットと知り合ったのもこの頃だ。

　こうして4ヶ月で10～20の銀行から１００万ドルの金を奪ったデリンジャーだが、１９３４年１月、シカゴの銀行を襲った際、逃げる途中で警察官を射殺してしまう。デリンジャーが殺人を犯したのは、後にも先にもこの一件だけだ。

　しかし、デリンジャーは殺人で逮捕されるも、偽の拳銃で看守を欺き脱獄に成功。そのニュースに世間は大いに沸き立つ。

　その後、新たにベビーフェイス・ネルソンという助っ人（劇中でリチャード・ドレイファスが演じていた役）を仲間に入れ、犯行を加速させるデリンジャー。対し、FBIの長官J・エドガー・フーバーは「デリンジャー特捜班」を設置、シカゴ支局長だったメルヴィン・パーヴィスをボスに任命し、組織の面子にかけてデリンジャー逮捕に躍起となる。

1934年4月、通報によりFBIはウィスコンシン州のロッジにいる一味を包囲。中から出て来る3人の男に銃撃したが、彼らは一味ではなく一般人。このうちの1人が死亡したことが報道されるや、FBIに国民の非難が集中した。

2ヶ月後の同年6月、フーバーはデリンジャーを「社会の敵ナンバーワン」に指名、懸賞金を賭けて情報を募る。完全に自分の失態をデリンジャーに押しつけた格好だが、その効果は1ヶ月後に表れる。アンナ・セイジという売春宿の女主人が、馴染みの客だったデリンジャーの情報を売ったのだ。

1934年7月22日、デリンジャーはシカゴ近郊の映画館でギャング映画「男の世界」を鑑賞。映画が終わって、2人の女と一緒に劇場から出てきた。1人はお気に入りの娼婦（劇中では愛人のビリーになっている）、もう1人が、パーヴィスが、目立つように派手な赤いドレスを着させたアンナだ。

映画ではこの後、パーヴィスがデリンジャーに銃弾を撃ち込むことになっているが、実

FBIにデリンジャーを売った"赤い服の女"アンナ。事件後、ルーマニアに逃亡し1947年に死亡

デリンジャーの愛人、ビリー本人

「デリンジャー特捜班」のボスだったパーヴィス。映画ではデリンジャーよりかなり年上に見えるが、実際は同じ歳

売春宿の女将がたれ込み、映画館を出た直後に射殺

際は待ち伏せしていたパーヴィスの部下のFBI捜査官数名が一斉射撃を食らわした。

5発撃たれた銃弾は3発が命中、このうちの1発が心臓に当たり、致命傷となった。ジョン・

デリンジャー死亡。まだ31歳の若さだった。

愛人ビリーは犯人隠匿罪で逮捕され2年間刑務所へ。出所後、デリンジャーの父親と共にデリンジャーを題材とした芝居で5年間、全米各地を回った。映画のクレジットでは、未婚のまま１９６９年に死亡したことになっているが、実際はデリンジャーと知り合う前に結婚経験があり、その後も2回結婚。61歳で病死した。

また、デリンジャー逮捕の陣頭指揮を執ったパーヴィスは、事件解決後、まもなくＦＢＩを退職。第二次世界大戦中は米国陸軍で情報将校として活躍したが、１９６０年、56歳のときピストル自殺した。

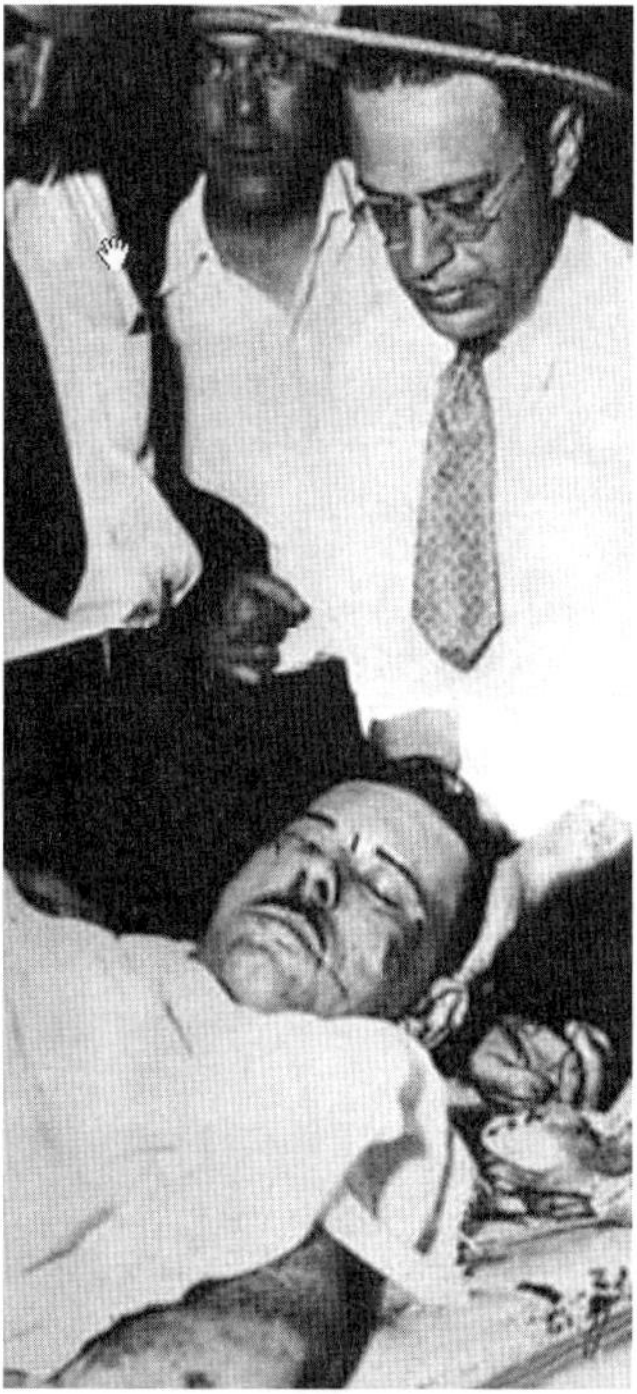

殺害されたデリンジャーの遺体。その後、生まれ故郷のインディアナポリスの墓地に埋葬された

ペイン&ゲイン 史上最低の一攫千金

悪徳トレーナーどもが犯した凶行

フロリダ「サン・ジム」殺人事件

主犯のダニエル・ルーゴ(左)。逮捕時の様子、当時32歳

FILMS

２０１３年公開の「ペイン＆ゲイン 史上最低の一攫千金」は、スポーツジムのトレーナーが金目的で裕福な会員客を拉致し、最終的に殺人まで犯してしまうクライム・コメディだ。

腕っ節は強いが頭の空っぽな男たちによるマヌケな犯罪ストーリーは、

1994年10月から翌1995年6月にかけ、米フロリダ州マイアミで実際に起きた「サン・ジム」殺人事件がベースになっている。

劇中でマーク・ウォールバーグ演じる事件の首謀者ダニエル・ルーゴ（1963年生まれ）は、アメリカン・ドリームを夢見てフロリダにやって来たジムのトレーナーである。現地のスポーツジム「サン・ジム」に職を得て、持ち前の口八丁で客を勧誘、順調に営業成績を伸ばす。が、生活に満足できず、裕福なジムの会員を誘拐して金を奪うことを考える。

ルーゴは同僚2人を誘い、大金持ちの実業家カーショウを誘拐する。計画では2、3日監禁し、金を奪う予定だった。ところが、事は簡単に運ばず、最終的に1ヶ月間、実業家を監禁し、拷問を加えた上でようやくルーゴへ全財産を譲渡する書類にサインさせる。

この間、彼らは被害者に目隠しを施していたものの、声から正体がバレてしまう。ならば、殺すしかないと、交通事故死を偽装したり、焼死を試みるも全て失敗。結局、生死の確認をせずに引き上げてしまう。

ペイン&ゲイン　史上最低の一攫千金

2013／アメリカ／監督：マイケル・ベイ
筋トレだけが生きがいのジムトレーナーが、仲間と共に場当たり的な犯罪に走る姿をコメディタッチで描く。1990年代半ば、南フロリダで実際に起きた誘拐・監禁、及び殺人事件について『マイアミ・ニュー・タイムズ』に掲載されたルポルタージュが原作。日本での劇場未公開。

主人公ルーゴを演じたマーク・ウォールターバーグ(右)。
映画「ペイン&ゲイン史上最低の一攫千金」より

この後、カーショウは命からがら逃げ出し、警察に通報する。しかし、彼はメキシコからの移民ということで警察に相手にされず、仕方なく電話帳で見つけた私立探偵を雇い、3人を逮捕すべく証拠固めに奔走する。

一方、大金を手にしたルーゴら3人は、高級車にヨット、マリファナとセレブ生活を楽しみ、半年あまりで金を使い果たしてしまう。そこでテレフォン・セックス会社で一財産を築き、「ポルノ王」と呼ばれていたフランク・グリガから金品を横取りしようと、仕事を口実に接近。しかし、全く相手にされなかったことに腹を立てて撲殺。ついでに、グリガの恋人も馬の精神安定剤を注射して殺害する。

劇中で描かれる彼らの場当たり的な犯行

は概ね事実に即している。登場人物も、一部を除き実名のままだ。

一方、映画と現実の違いも少なくない。例えば、劇中ではルーゴが突然1人で犯行を思いついたように描かれているが、実際のルーゴはそれまでにもメディケア（高齢者公的医療保険）詐欺などで前科を持つ小悪党で、常日頃一緒に悪事を働くジョージ・デルガドという相棒がいた。

また、映画と違いルーゴは1人暮らしではなく、実際は前妻や現妻、ガールフレンドなどがいて、彼女たちも詐欺に一役買っていた。

彼のキャラクターも現実とは異なる。劇中では自己啓発セミナーに通い、自分をロッキーやゴッドファーザーのように思い込んでいる〝筋肉ムキムキのバカ男〟に描かれている

劇中、カーショウの名で出てくる最初の被害者マーク・シラー

殺害された「ポルノ王」フランク・グリガ（左。当時33歳）と恋人のキルスティン（同23歳）。キルスティンは当初身元がわからなかったが、豊胸バッグの製造シリアルナンバーで本人と判明した

が、これは全て創作。本当のルーゴは悪知恵の働く計算高き男だった。

映画と史実が最も違うのは、共犯者の数だ。実際のルーゴの犯行に荷担していたのは、2人ではなく6人だった。

劇中、EDに悩むエイドリアン・ドアバルは本当の共犯者だが、もう1人のポール・ドイルなる黒人の男は、前出のジョージ・デルガドを含む複数の人物を組み合わせた架空のキャラクターである。

ルーゴは、スポーツジムのトレーナーを中心に組織化されていた犯罪集団のボスで、仲間と共に日常的に詐欺や強盗などを働いていた。1994年10月、フランク・グリガと恋人殺しで彼らが逮捕された後、マスコミは一味を「サン・ジム・ギャング」と呼んだ。

劇中で描かれたとおり、彼らが逮捕されたきっかけの一つに、最初の被害者カーショウが雇った探偵の追跡があったのは間違いない。ちなみに、このカーショウなる男性、映画で実名が使われなかった数少ない人物で、実際はマーク・シラーという名のアルゼンチン生まれの実業家である。

シラーによれば、監禁されている最中に最も暴力的だったのは、劇中で臆病なキャラとして描かれているドアバルで、何度も彼から「殺すぞ」と脅されたという。映画を観たシラーは「全く事実と違う」と怒り混じりの感想を述べたという。

裁判でルーゴとドアバルには死刑判決が下ったものの、２０２０年8月現在も服役中。その他の共犯者5人は、１人が56年の懲役刑を受けた後、獄死したものの、残り4人は殺人そのものには関与しなかったとして、7年〜13年の服役を経て、２００２年までに出所している。

ルーゴ逮捕時のマグショット。
共犯のエイドリアン・ドアバル（下、逮捕当時24歳）

主犯の2人は死刑判決を受け現在も服役中

ザ・クレイズ／冷血の絆

1960年代、ロンドンを震撼させた双子のギャング

FILMS

1960年代のイギリス・ロンドンで暗躍していたギャングに、双子のレジナルド・クレイ（通称レジー・兄）とロナルド・クレイ（通称ロニー・弟）のクレイ兄弟がいる。

恐喝、強盗、放火、殺人とあらゆる犯罪に手を染め、その悪名を世に轟かせた伝説のギャング。1990年に公開された「ザ・クレイズ／冷血の絆」は、凶暴性に満ちあふれながら、いつもスタイリッシュに決めていた彼らの生き様を映画化した作品である。

レジーとロニーは1933年10月、ロンドンの中でも特に貧困層や移民が多く住んでいたイーストエンドに一卵性双生児として生まれた。

コンチネンタル・スーツで決めた兄レジー（後ろ）とロニー

暗黒街の狂犬、レジー＆ロニー

2人とも子供の頃からヤンチャで、母方の祖父が〝キャノンボール〟と渾名されるボクサーだった影響でボクシングを始める。が、デビューまもない16歳で暴行事件を起こし警察沙汰に。気がつけば、ワルの世界に足を踏み入れていた。

1952年、18歳で2人は兵役に就く。しかし、軍曹に暴行を働いたり脱走したりで、2年の兵役期間はほとんど懲罰房暮らし。最終的には軍法会議にかけられ、懲戒除隊させられた。

不名誉な除隊処分を受けた彼らは、ギャングへの道をひた走る。ギャング団のシマとなっているバーなどの用心棒を買って出て、街を仕切っていた他グループを蹴散らすために強盗や放火を繰り返した。こうして2人は〝暗黒街の狂犬〟として名を馳せていく。

1956年11月、ロニーが傷害罪で捕まり3年の実刑をくらう。その間にレジーはカジノクラブの乗っ取りに成功。女優のジュディ・ガーランドをはじめ、歌手フランク・シナトラなどが来店する有名店に育てあげる。

やがて釈放されたロニーは愕然とした。自分はいまだにチンピラのままなのに、レジーは正装でカジノを取り仕切っている。が、兄弟の絆は深か

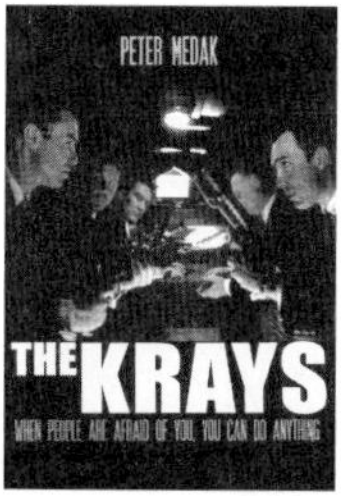

ザ・クレイズ／冷血の絆

1990／イギリス／監督：ピーター・メダック
1960年代のロンドンを震撼させた伝説のギャング、双子のクレイ兄弟の半生を描いたバイオレス・ムービー。

った。娑婆に出てきた弟を見たレジーは実業家の立場をあっさり捨て、ギャングに逆戻りするのだ。

私生活では、1965年、レジーが幼なじみの16歳の女性と結婚した。が、その生活は2年で破綻する。自分より弟ロニーを優先する夫に耐えきれず、妻が服毒自殺したのだ。

一方、ロニーはゲイで、そのことを隠そうとしなかった。が、当時、同性愛はタブー。ある新聞がロニーと男性政治家との関係をスキャンダラスに書き立て、これが後に殺人へと発展していく。クレイ一家としのぎを削っていたギャング団のジョージ・コーネルがロニーを「太ったホモ野郎」と小馬鹿にしたのだ。

陰口を耳に入れたロニーが静かにしているわけがない。1966年3月、ロニーはパブで飲んでいたコーネルを見つけるや右目に銃弾を撃ち込み殺害。現場に目撃者は大勢いたが、報復を恐れ通報する者は皆無だった。

人を殺しても捕まらない。自分たちは法律を超越した特別な存在だと調子に乗ったロニーはレジーにもしきりに殺人を勧める。ちょうど良いターゲットがいた。仲間のフリをしながら彼らの金をかすめ取っていた小悪党、ジャック・マクヴィティだ。

1967年10月、レジーは「パーティがある」とマクヴィティを呼び出し、彼が店に入ってくるや壁に押しつけ、銃口をこめかみに当てて引き金を引く。が、弾が出ない。仕方なく銃を捨て、ナイフを手にしたレジーに、ロニーが言った。

「殺っちまえ」

弟の声援に後押しされるかのように、レジーはジャックをめった刺しにして息の根を止めた。

この他にもクレイ兄弟の仕業と見られる何人もの行方不明者（いずれもギャング）が出るに至り、警察はようやく重い腰を上げる。そして、わずかな証拠を頼りに1968年5月、レジーとロニー、さらに仲間15人を逮捕した。

果たして、レジーはジャックを、ロニーはジョージを殺害した罪で有罪となり、共に30年は仮釈放なしの終身刑が確定した。

★

映画は、母親バイオレットの葬儀に集まるクレイ兄弟の悲痛な顔で終わる。彼女が死んだ1982年8月には、レジーとロニーは刑務所に収監されていたが、特別に許可が下り、実際に葬式に参列できたのだという。

その後、ロニーは1995年3月に心臓発作で獄死。レジーは32年服間役した後、末期の膀胱癌を患っていることが判明、2000年8月に〝思いやり釈放〟されたものの同年10月1日にこの世を去った。

レジーの結婚式。前列右から左へ、7歳年上の長兄チャーリー、レジーの妻フランシス（2年後自殺）、レジー、チャーリーの妻ドリー、ロニー。後列右端が母バイオレット

ブロンソン

イギリスで〝最も凶暴な囚人〟

マイケル・ピーターソンのイカれた半生

２００８年公開の「ブロンソン」は、現在イギリスで〝最も凶暴な囚人〟として知られるマイケル・ゴードン・ピーターソンを描いた犯罪映画だ。

人生の大半を刑務所で過ごしているピーターソンは、出所後わずか69日間に、同名の有名俳優に因み名乗った〝チャールズ・ブロンソン〟のリングネームでボクサーとして活躍した驚きのエピソードを持つ。

映画は、ピーターソン役のトム・ハーディが、サーカスの道化師に扮し、ストーリーテラーとして自らの半生を語っていく。

ピーターソンは１９５２年、ロン

マイケル・ピーターソン本人。自分を俳優チャールズ・ブロンソンの分身と言い張っている

ドン郊外のルートンに生まれた。とにかく有名になりたかったというが、特に才能もなく、暴れることだけが唯一の自己表現だった。

13歳で強盗を働き少年裁判所へ送致されたのを皮切りに、車上荒らし、車の窃盗など頭を使わない犯罪を繰り返し、何度も警察のやっかいになる。

1972年、20歳で結婚して息子を授かったが、性根は変わらない。1974年、お手製の散弾銃で郵便局を襲って逮捕。7年の実刑を受け、初めて刑務所に入る。

普通なら、4年も服役すれば仮釈放が与えられるが、ピーターソンに常識は通用しない。刑務作業を拒否したばかりか、ガラスの水差しで後遺症が残るほど他の囚人を傷つけるなど誰彼構わず暴力を働き、看守にも事あるごとに刃向かった。

トラブルを起こすたびに懲罰用の独房に入れられ、鎮静剤を注射されることもしばしば。新たに刑期も加算され、イギリス中の刑務所をたらい回しにされる。

ちなみに、ピーターソンは1976年、隣の独房の囚人を毒殺しようとしてパーカーストの刑務所に移されたが、そこで悪名高きクレイ兄弟（本書184頁参照）に遭遇している。ピー

ブロンソン

2008／イギリス／監督：ニコラス・ウィンディング・レフン
郵便局を襲って懲役7年の実刑判決を受けて以後、ひたすら暴力を繰り返して人生の大半を刑務所で過ごすマイケル・ゴードン・ピーターソンの半生を描いたバイオレンスアクション。

ターソン曰く「最高の2人」だったそうだ。

その後も、ピーターソンは獄中で看守だろうが囚人だろうが殴っては独房入りを繰り返す。

とにかく腕力にはめっぽう自信を持っていた。写真でもわかるように、その体は驚くほど筋肉隆々。所内で筋トレにハマリ、1日3千回の腕立て伏せを自分に課し、刑務所にいながらフィットネス本を出版。素手で独房の鉄のドアをひん曲げたという伝説もあるそうだ。

2013年に撮影された61歳のピーターソン

こんな男に暴れられたら刑務所側も始末に負えない。やがて〝イギリスで最も凶暴な囚人〟と名づけられたピーターソンは、ついに精神病院に送られ、クスリ漬けにされる。が、その凶暴性は衰えることを知らず、屋根によじ登って大暴れし、施設に数千万円単位の損害を与えた。

精神病院を転々としても素行は改まらず、ついに政府はサジを投げる。こんな無法者に税金を使いたくないと、1988年10月30日、なんとピーターソンを釈放したのである。実に14年ぶり、最初の刑期の2倍の時が過ぎていた。

シャバに出たピーターソンは、ナイトクラブを経営していたかつての刑務所仲間と出会い、地下ボクシングに参加。憧れの俳優と同じ「チャールズ・ブロンソン」というリング名を付け、客前に立つ。

しかし、仲良くなった女性に指輪をプレゼントしようと宝石店を襲い、出所69日目で逮捕。刑務所に舞い戻った。

そこでも、またピーターソンは意味不明の暴力を繰り返すのだが、以前と違うのは、刑務所の美術教師ダニエルソンに絵の才能を認められたことだ。彼は喜びを見つけ、その凶暴さとは真逆のユーモア溢れる絵を次々と描いていく。刑務所側もこれで彼が少しは大人しくなると期待した。

しかし、その期待は簡単に打ち砕かれる。まるで自分のことを全部理解しているかのようなダニエルソンに腹を立て、彼を人質に立てこもったのだ。とはいえ、ピーターソンに何か要求があるわけでもなく、44時間後に突入した刑務官らと殴り合うだけ殴り合って制圧された。

ピーターソンはその後、何度か出所しては強盗を働き、すぐに刑務所に逆戻りを繰り返し、2018年4月現在も服役中だ。

殺人会社

ギャングの依頼を受け 数百人を殺害

後に「刑事コロンボ」で有名になるピーター・フォーク(右)が冷徹な殺し屋役を演じた。映画「殺人会社」より

「マーダー・インク」と呼ばれた暗殺プロ集団

「刑事コロンボ」で有名なピーター・フォークの出世作に１９６０年公開の「殺人会社」という映画がある。１９３０年代のニューヨークを舞台に、マフィアから依頼を受けて別のマフィアを殺害するプロフェッショナル集団の冷徹な殺人請負人を演じ、アカデミー賞助演男優賞にノミネートされた作品だ。

実録マフィア映画の傑作としても名高いこの映画は、１９３０年代のアメリカで暗躍した実在の犯罪組織「マーダー・インク」を題材としている。

マーダー・インクは1930年代、ニューヨークのギャングの大物として名を馳せたルイス・バカルターをボスに、アメリカ全土のギャングから殺しを請け負った暗殺部隊だ。彼らは「仕事をあくまでビジネスとして割り切る」「一般人を巻き込まない」などのルールの下、淡々と任務を実行。数百人のギャングやマフィア幹部を殺害したと言われる。その背景には、抗争で血で血を争うより、プロに金を積んで殺人を依頼した方がメリットは大きいと考えたマフィア組織の思惑があった。

劇中でフォークが演じたエイブ・レルズなる人物は、マーダー・インクの中で最も恐れられた殺し屋だ。アイスピックでの刺殺を得意とし、手口が極めて巧妙だったため、犠牲者の多くは病死として処理されたという。

しかし、このレルズによって、それまで闇社会のみで暗躍していた殺人会社の存在は明るみになる。1941年、暴行、強盗、殺人で逮捕されたレルズが、自らの減刑を条件に

殺人会社

1960／アメリカ／監督：スチュアート・ローゼンバーグ
1930年代、ニューヨークのブルックリン界隈に実在したマフィアの暗殺集団“殺人会社”を題材としたギャング映画。殺し屋レルズを演じたピーター・フォークが第33回アカデミー賞の助演男優賞にノミネートされた。

検察に司法取引を持ちかけ、組織の犯罪について洗いざらい告白したのだ。

何とも卑怯な男だが、映画でも、表情一つ変えずにターゲットを殺害するわりに、いざ己に危険が及ぶと簡単に仲間を売る狡猾なキャラとしてリアルに描かれている。

映画でピーター・フォークが演じたエイブ・レルズ本人。少なくとも100人以上の殺害に関与したと言われている

レルズの裏切りによりマーダー・インクの多くの構成員が逮捕され、組織は崩壊するが、ボスのバカルターはこの時点ですでに服役中だった。2年前の1939年、自ら連邦捜査局に出頭し、麻薬取締法違反で逮捕されていたのだ。連邦法により、一つの法で裁かれれば、殺人で告発されることはないというのがバカルターの思惑だった。

しかし、レルズの裏切りにより、計画は無となる。レルズの告白はブルックリンだけで49件もの未解決事件を解決させ、その中にはバカルターが関与した殺人も含まれていた。結果、バカルターは殺人容疑で起訴され、1942年、死刑判決を受ける。

一方、レルズは逮捕後、報復を防ぐべく当局からコニーアイランドのホテルで身辺警護を受けていた。が、1941年12月、ホテル6階から転落し命を落とす。窓からはシーツを裂いて結んだ布切れがなびいていたことから、レルズが部屋から逃走を図り、誤って落下したものと思われたが、あまりに不自然。映画でもこの場面は謎の死として描かれている。

真相は諸説あるが、マーダー・インクのナンバー2で、自分にも捜査が及びそうになっていたアルバート・アナスタシアの指示による殺害という見方が有力だ。具体的には、警官を5万ドルで買収、就寝中のレルズを1人の警官が警棒で殴って気絶させ、他の2人が窓から放り投げたというのだ。

それから2年4ヶ月後の1944年3月、バカルターが、レルズの告白により逮捕された2人の部下と共に電気椅子で処刑される。

また、レルズの殺害を指揮したとされるアナスタシアはその後、マフィア5大ファミリーの一つ、マンガーノ・ファミリーの親分に上り詰めるが、1957年10月、ニューヨークのホテル内の理髪店で散髪中、覆面をした2人組によって銃殺された。

組織のリーダー、ルイス・バカルター。1944年3月、電気椅子で処刑

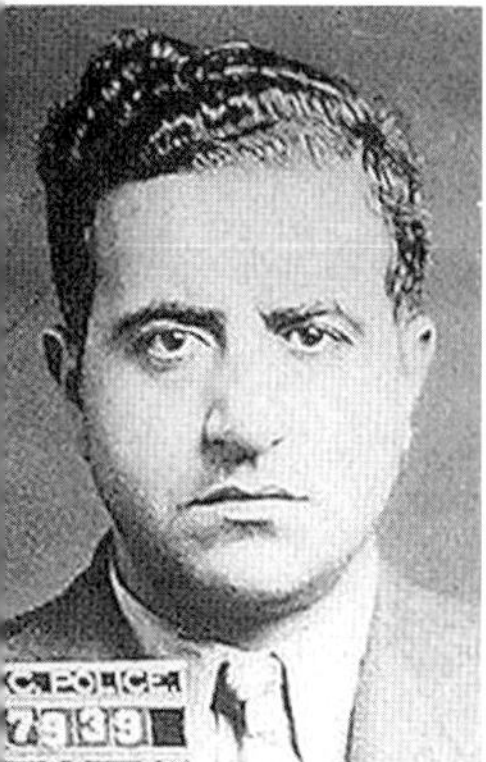

マーダー・インクの副ボスで、レルズ暗殺を指示したとされるアルバート・アナスタシア

映画「グッドフェローズ」より

グッドフェローズ

2千万ドルを奪取したNYマフィアの運命

FILMS

ルフトハンザ航空現金強奪事件

1978年12月11日、米JFK国際空港で独ルフトハンザ航空の貨物庫から現金500万ドルと約100万ドル相当の宝石類が奪われる事件が発生した。被害額は現在の貨幣価値で約2千万ドル（25億円弱）。強奪事件としては史上最大規模だった。

事件を起こしたのはNYマフィア5大ファミリーの一つ、ルッケーゼ一家の構成員たちで、彼らの多くが1990年公開のギャング映画「グッドフェローズ」の登場人物のモデルとして描かれている。事件の前と後で、グッドフェローズ（良い仲間たち）の人生は大きく変化した。

映画は、レイ・リオッタが演じる実在のマフィア、ヘンリー・ヒルの生き様を通し、ギャングの日常、犯罪、仲間同士の友情、そして裏切りをリアルに描いた四半世紀に及ぶ物語で、劇中のエピソードはほぼ史実のとおりだ。主要登場人物の実像を紹介しよう。

主人公のヘンリーは、1943年生まれ。幼き頃からギャングに憧れ、弱冠12歳でルッケーゼ一家の幹部、ポール・ヴォリオの使い走りとなる。以後、賭博やクレジットカード詐欺、盗難車の販売などで稼ぎ、頭角を現していく。

劇中でロバート・デ・ニーロ演じる一回り上の兄貴分ジミー・バークの下で働き始めるのが10代後半。このとき、仕事のパートナーとなるのがジョー・ペシ演じるトーマス・デシモーネだ。

ジミーは14歳で盗みを働いて以来、恐喝、詐欺、殺人と様々な犯罪に手を染めていたが、最も得意としたのが現金や貨物の強奪である。ト

グッドフェローズ

1990／アメリカ／監督：マーチン・スコセッシ
1955年から1980年のニューヨーク・マフィア界で生きたヘンリー・ヒルを主人公に据えた犯罪群像劇。劇中で語られる強奪事件は、1978年、実際に起きたルフトハンザ航空現金強奪事件を題材としている。

ラックをハイジャックするときなどは、運転手と事前に話を付け、一滴の血を流すことなく車ごと盗み去ったという。

盗みの才能があったジミーに対し、トーマスは躊躇なく人が殺せる男だった。劇中、酒場でからかわれただけでガンビーノ一家の幹部を殺害するのも、バーの店員を気まぐれで銃殺するのも事実のとおり。その凶暴さは仲間も引くほどだったという。

ジミーのもと、数々の強奪事件を働いていた彼らの集大成が、１９７８年12月のＪＦＫ国際空港における現金強奪である。犯行に関わった人間は50人以上にも上ると言われるが、計画・実行の首謀者はジミーだった。

強奪の天才で、一家のリーダー的存在だったジミー・バークと、演じたロバート・デ・ニーロ（左が本人。右がキャスト。以下同）

物語の主人公ヘンリー・ヒルと、演じたレイ・リオッタ。写真は麻薬取引で逮捕された1980年に撮影されたもの

登場人物で最も凶暴な男、トーマス・デシモーネを演じたジョー・ペシは、この役でアカデミー賞最優秀助演男優賞を受賞

ルッケーゼ一家の幹部ポール・ヴァリオと、演じたポール・ソルヴィーノ

映画で強奪のシーンは全く出てこず、台詞で語られるだけだが、その言葉どおり、彼らは空港警備スタッフと通じていたこともあり、難なく総額600万ドルもの現金・宝石を奪う。が、同時にこの事件が破綻にもつながっていく。

ジミーは、警察の捜査が己に及ぶのを恐れ、口封じのため同じ組織の仲間を含む事件関係者を次々に殺害。トーマスもジミーの指示で、犯行に使ったトラックの運転手（サミュエル・L・ジャクソンが演じていた人物）を銃殺するが、そのトーマスも事件から1ヶ月後の1979年1月に殺害される。理由は、前記したガンビーノ一家の幹部を殺害したため。マフィア社会において、正式な組織の構成員に危害を加えるのは大罪

1978年12月に発生したルフトハンザ航空現金強奪事件。
被害総額2千万ドルは米国史上最大である

口封じのため仲間を次々に殺害

とされ、その規律を重んじるボス、ポールによって粛正されたのだ。

ポールは麻薬ビジネスに手を出すことも禁じていたが、この命令を無視し秘かに薬の取引でぼろ儲けしていたのがヘンリーだ。しかし、ブツの運び屋をやらせていた手下が捕まったことで、ヘンリーもあえなく逮捕。ポールの怒りを買い、一家から破門されてしまう。

万事休す。ファミリーから見放されたヘンリーには〝死〟しかない。彼はあまりに多くのことを知りすぎていた。塀の中にいるとはいえ、いつ刺客に殺されるかわからない。

追いつめられたヘンリーは1980年、ＦＢ

Iと取引し、妻子と共に証人保護制度に加入。裁判で過去の犯罪や組織の内幕について洗いざらい証言する。結果、ポールは懲役4年、ジミーは殺人罪で終身刑に処される。

その後、ポールは1988年に刑務所内で死去。ジミーは映画公開6年後の1996年に肺ガンで病死。ヘンリーは司法取引で釈放された後カリフォルニアでレストランを経営し、2012年6月、病死した。

ルフトハンザ航空現金強奪事件はその後35年解決しなかったが、2014年1月、FBIがボナンノ一家の幹部ビンセント・アサロ（当時78歳）を容疑者として逮捕した。同事件との関係でマフィア関係者が捕まったのはアサロが初である。

2014年1月23日、ルフトハンザ航空現金強奪事件の容疑者としてFBIに拘束された大物マフィア、ビンセント・アサロ。裁判で終身刑を求刑されたが、判決は無罪だった

第3章

仰天

True Story Movies
映画になった衝撃の実話

ザ・シークレットマン

ニクソン大統領を辞職に追い込んだ元FBI副長官

FILMS

マーク・フェルト本人

ウォーターゲート事件の“ディープ・スロート”マーク・フェルト

１９７４年８月９日、第37代リチャード・ニクソン大統領が、アメリカ史上初めて任期半ばで辞任した。引き金となったのが、ニクソン率いる共和党の政敵・民主党本部へ盗聴器をしかけようとしたことに端を発する一連の「ウォーターゲート事件」である。

『ワシントン・ポスト』紙のスクープで発覚したこの政治スキャンダル

では、長年、情報提供者の正体が隠されていたが、２００５年、本人自らがネタ元の〝ディープ・スロート〟であることを公表した。ＦＢＩ元副長官マーク・フェルト。２０１７年、リーアム・ニーソン主演で公開された「ザ・シークレットマン」は、事実を隠蔽しようとするホワイトハウスを向こうに回しマスコミに極秘の捜査情報をリーク、世論を動かし、大統領を辞任に追い込んだフェルトの生き様を描いたサスペンスドラマである。

　アメリカが世界に誇るシステムのひとつに「三権分立」がある。日本のように内閣と議会が協力関係にある議院内閣制と異なり、議会（立法権）と大統領（行政権）、そして司法が互いにチェックし合う体制のことだ。

　しかし現在アメリカでは、トランプ大統領が、政権内部の違法行為を隠すためかＦＢＩ長官を解任。明らかな司法妨害が行われている。実は今から半世紀弱も前に発覚したウォーターゲート事件も、ホワイトハウスがＦＢＩを我が物にしようとしたのがそもそもの始まりだ。

　映画は１９７２年４月、ニクソン２期目の大統領選挙前から始まる。40年以上もＦＢＩの長官として君臨し、盗聴などの諜報活動で

ザ・シークレットマン

2017／アメリカ／監督：ピーター・ランデズマン
1972年に発覚した「ウォーターゲート事件」の最中、隠蔽を重ねるホワイトハウスを向こうに回し、内部告発を行った“ディープ・スロート”ことマーク・フェルトFBI副長官の実話。トム・ハンクスが製作に参加している。

得た情報を武器に〝陰の大統領〟と恐れられたフーバーが脳溢血で死亡すると、ニクソンは〝飼い犬〟ともいうべきグレイ司法次官補を長官代理に据える。

　次期長官は自分と思っていた副長官のフェルトは愕然とするが、それより驚いたのがグレイが長官に就任して以降、FBIの情報がホワイトハウスに筒抜けになり出したことだ。独立機関だったはずのFBIがホワイトハウスにコントロールされ始めたのである。

　事件が起きたのはそんなときだ。1972年6月17日、民主党本部が入るワシントンDCのウォーターゲート・ビルに5人の男が盗聴器をしかけようと試み失敗、逮捕される。

　普通なら、大統領選を戦う共和党のニクソン陣営が疑われそうなものだが、大の男5人で盗聴器一つ設置できないなどコソ泥の仕業に違いないと、メディアも世間もスルー。ニクソンは2度目の大統領戦に勝利する。

　しかし、フェルトは侵入犯がCIAやFBIの元関係者と知り、ホワイトハウスの関与を確信。グレイがホワイトハウスの意向どおり捜査中止を指示してきても部下たちと捜査を続け、『ワシントン・ポスト』紙の記者に情報をリークする。

「シンドラーのリスト」で知られるリーアム・ニーソン（右）が主人公マーク・フェルトを演じた。映画「ザ・シークレットマン」より

1976年の映画「大統領の陰謀」で、フェルトは“ディープ・スロート”として登場するが、素性・名前は明かされていない。写真はフェルトから情報を提供されていた記者を演じたロバート・レッドフォード（左）とダスティン・ホフマン

ちなみに、本作では新聞のスクープと世間の動きはかなり端折ってあるが、その部分に焦点を当てているのが1976年公開の映画「大統領の陰謀」だ。ロバート・レッドフォードとダスティン・ホフマンが主演、『ワシントン・ポスト』の記者目線で描かれた社会派ドラマだが、情報提供者〝ディープ・スロート〟の存在は明らかにされていなかった。

FBIを支配しようとしたニクソンを葬るために

フェルトが情報を新聞記者に流した結果、世論が動き、ニク

1974年8月9日、大統領辞任後、ヘリコプターでホワイトハウスを飛び去る直前のニクソン

ソンが辞任に追い込まれるわけだが、フェルトの狙いは何だったのか。

もちろん、正義感もあっただろう。大統領が違法行為を行ったら、それを捜査・摘発できるのは司法機関しかないからだ。

本書18頁で取り上げた映画「ペンタゴン・ペーパーズ」の題材となった政府による機密文書隠しが行われたのはウォーターゲート事件の直前だった。国民を騙し、国務省を遠ざけ、秘密主義を貫くニクソン政権に、フェルトは大きな失望を覚えたに違いない。

が、何より大きいのはFBIを我が物顔でコントロールするホワイトハウスへの憎悪だった。フェルトは、元長官フーバーの捜査方法を熟知している自分を恐れ、グレイを長官に指名したニクソンを丸ごと葬り去ろうとしたのだ。

映画では時間の経過がよくわからないが、最初の盗聴器事件からニクソンの大統領辞任まで2年2ヶ月。FBI長官に就任したグレイは2ヶ月後、事件の証拠書類を隠蔽したことが発覚して辞任に追い込まれている。

が、次に長官に指名されたのもフェルトではなかった。彼はニクソンの大統領辞任前の1973年6月にFBIを退官。劇中では、家出してコミューンに入った娘を探し出し、今後は仕事より家族を大事に生きていくというストーリー展開だが、実際は、司法長官らに〝ディープ・スロート〟がフェルトではないかと強く疑われたためFBIを辞めたというのが真相だ。

FBIを退官したフェルトには、予期せぬ事態が待っていた。1976年、副長官時代に極左テロ組織「ウェザーマン」への捜査で容疑者宅に不法侵入した責任を問われ起訴されたのだ。

4年間にわたる審理の結果、有罪となり罰金刑が下されたものの、その後就任したロナルド・レーガン大統領により「テロリズムを終息させる崇高な行動方針に従った行動」と評価され、特赦で赦免されている。

フェルトは、自分が捜査情報をリークしたことは墓の中まで持って行くつもりだった。が、妻のオードリーは1984年に亡くなり、以後、フェルトは娘のジョアンと、彼女の息子と同居。晩年は認知症を患う。そして、2005年、ジョアンの強い説得で自分が〝ディープ・スロート〟だったと雑誌『バニティ・フェア』の記事を通じて告白する。フェルトが亡くなったのはその3年後の2008年。享年95だった。

一説によると、ジョアンは父親の秘密をネタに自伝の出版や映画化の契約金で約1000万ドル（約1億1千万円）を手にしたそうだ。

右／1976年、連邦地方裁判所で「ウェザーマン」捜査について無罪を訴えたフェルト。
左／2005年、自分が“ディープ・スロート”と公表した際のフェルト、娘のジョアンと孫息子

夫を殺害したK（左）と、被害者のYさん

ひかりをあててしぼる

裁判で明らかになった衝撃の夫婦生活

FILMS

２０１６年に公開された映画「ひかりをあててしぼる」は、２００６年に東京で実際に起きた「新宿・渋谷エリートバラバラ殺人事件」をモチーフに、秘密を抱えた夫婦の愛憎を描いた人間ドラマである。

作品の題材となった事件は同年12月16日、東京都西新宿の路上でポリ袋に入った上半身が、28日に渋谷で下半身の遺体が見つかったことで発覚した。翌２００７年１月に被害者

新宿・渋谷エリート バラバラ殺人事件

Yさん（当時30歳）の妻K（当時32歳）が死体遺棄で逮捕され、供述により町田市で頭部が発見される。

警察の取り調べでKは、夫は束縛が強く日常的に暴力を受けていたと主張。実家に逃げ帰ったり、鼻の骨を折られて「DVシェルター」（被害者を加害者から隔離・保護する施設）に入ったこともあるが、性的写真をバラまくと脅され離婚もできず、精神的に追い詰められた末の犯行だったと動機を語った。

しかし、裁判が始まると、夫婦を巡る理解しがたい人間関係が明らかとなる。

Kは厳格で裕福な家庭で育ち、お嬢様学校として知られる白百合女子大に通っていたにもかかわらず風俗でアルバイト。そこで知り合った不動産会社社長と1998年12月頃から愛人関係になる。

2003年3月、合コン相手だった被害者と交際4ヶ月で結婚したのだが、驚くのは夫婦の新居のマンション代16万5千円を愛人男性に払ってもらいながら肉体関係を続けていたことだ。

結婚当時、バイト生活だったYさんは、妻の叱咤により2005年1月より外資系企業に就職を果たし、7月には事件現場となる渋

ひかりをあててしぼる

2016／日本／監督：坂牧良太
2006年、東京で実際に起きた殺人事件がモチーフの舞台劇を実写化したドラマ。幸せな日々を送っていた若い夫婦が、妻の虚栄心が原因となって破滅する様を描く。

谷の高級マンションに引っ越す。夫がKの鼻の骨を折ったのは、それからまもなくのことで、その後、Kは『夫が殴ったり浮気をしたら3千万円を妻に払う』という公正証書を作成したそうだ。

裁判には、Kの愛人男性も検察側の証人として出廷した。男性によると、Kから当初は夫の暴力について相談を受けた一方、夫殺害後は部屋の証拠を隠すためか、リフォーム会社を探す相談をされたこともあるという。

同じく証人として出廷した、2人が出会う前から被害者を知っていたという女性は、Yさんから事あるごとに相談を受け、Yさんが、妻の愛人が買ったベッドや家具を使うのは気持ち悪い、妻に脅迫されている、家は生きた心地がしない、妻と別れたいなどと話していたこと、さらには、夫に暴力を振るわれたとKが駆け込んだ交番に呼ばれたこともあったと証言した。

そのときは、夫婦の間に公正証書が取り交わされているのを知った警官が「金を取ってやろうという奥さんが多いから早く離婚しな」とYさんにアドバイスしていたそうだ。証言によれば、Kは見栄っ張りで、デパートでブランド物の洋服を万引きしたことなどから、どうせ離婚するなら夫からできるだけ慰謝料を取ろうと画策していたとの見方もあるらしい。

また、Kは、2006年11月頃、Yさんに他に好きな女性ができると自宅にボイスレコーダーをセット。2人の会話を録音し、離婚した場合にこのテープをタテにマンションを自分名義にできるかどうかを知人に相談していたそうだ。犯行に及んだのは、その計画が難しいと判明した直後である。

裁判で弁護側は、犯行時Kは心神喪失状態だったと主張していたが、実際は被害者が寝入ったところで中身の入ったワインボトルを正確に頭に何度も打ち付け殺害。事前に用意した土をクローゼットに敷き詰め、血が飛び散らないよう準備したうえでノコギリで遺体を切断している。そして犯行後にはノートにこう書いた。

「フット、ハンド、ボディー、バラバラ完了。外に置く」

最終的に裁判は15年の懲役刑で結審した。

★

映画では、妻が夫にわざと暴力を振るわせるよう煽っているような描写がある。K自身も、自分の愛人の存在を隠さず、被害者が暴力を振るうよう仕向けたのではないかと言われている。

それも被害者から高額の慰謝料を取るための計算だったとしたら、何のための結婚だったのだろうか。

事件が起きたマンション。
駅から徒歩3分の好立地にあった

凶弾

乗客、乗員を人質に船上で銃を乱射

瀬戸内シージャック事件

FILMS

犯人の川藤。射殺の瞬間（左の画像）は東日本放送のカメラに記録された

1970年5月、広島と愛媛の間の瀬戸内海で旅客船「ぷりんす号」が乗っ取られる事件が発生した。警察に追われた若者が、乗員9人と乗客37人を人質に取って船で逃亡を企てるも、最後はライフルで撃たれ死亡。その模様はテレビで放映され国民を震え上がらせた。

1982年の映画「凶弾」のモチーフにもなった瀬戸内シージャック事件の顛末とは。

事件を起こしたのは、川藤展久、当時20歳の若者である。1949年、岡山に6人兄弟の3男として生まれた川藤は、父親から殴る蹴るのスパルタ教育を受ける。新興宗教の信者だった母は家に不在がちで、親を恨みながら中学2年で家出。以後、広島や東京、名古屋、別府などを転々としては飲食店や工場、パチンコ屋を渡り歩いた。

映画「凶弾」では、幼いときに両親を亡くし、唯一の家族である姉を捨てた男を殴り殺して少年院に送られる設定だが、実際に川藤が広島少年院に収監された罪状は、30件以上に及ぶ窃盗だった。

1969年4月、保護観察処分で仮退院して実家へ戻ると、家業の飲食店を手伝い始める。近所では、口数の少ない美青年と評判だったらしい。が、やはり家族との折り合いがつかず、1970年4月に再び家出。これが事件に直接つながっていく。

名古屋で同棲していた女性の元を訪ねるなどした川藤は、福岡まで足を伸ばして少年院で知り合った同年代の友人A、Bと落ち合う。5月10日のことだ。

3人は、福岡市内で乗用車を盗むと、大阪で遊ぶべく国道2号線を東に走り出す。が、

凶弾

1982／日本／監督：村川透
瀬戸内海シージャック事件を基にした福田洋の同名小説の映画化。事件を時系列に追う構成ながら、設定は大幅に変更。石原良純（主演）、古尾谷雅人、山田辰夫の3人による青春群像劇となっている。

11日深夜、山口県に入ったところで警察の検問に遭遇する。

盗難車だとバレれば塀の中に戻らなければならない。焦った川藤は事前に民家から盗んだ猟銃を持ち出し警官を威嚇。Bがナイフで別の警官を刺して身柄を取り押さえられてる間にAと2人、車で逃走した。

緊急配備をくぐり抜けて宇部市に辿り着いた2人は、今後の予定を話し合う。出た結論は現金強奪。土地勘のある広島で郵便局を襲う計画を立てたのである。

しかし、すでに事件は新聞で報道されており、広島市内に入ってからそのことを知った2人は強盗を諦め、いったん山の中に身を隠して夜を明かす。

12日午後、目撃者の通報で警察の山狩りが始まる。川藤は通りかかった軽4輪に便乗して運良く逃走できたものの、Aはあっけなく逮捕されてしまう。

1人になった川藤は銃砲店に押し入りライフルや弾丸を強奪、タクシー運転手を脅して広島港へ向かう。事前に待機していた警察に発砲しながら飛び乗ったのが、たまたま停泊していた愛媛県今治行きの定期旅客船「ぷりんす号」だった。

船長をライフルで脅迫し、午後5時15分に出航。瀬戸内海を迷走しながら警察の警備艇やマスコミのヘリコプターにも発砲しまくる。

午後10時前に松山観光港で給油する代わりに乗客だけ降ろし、いったん沖に向かったも

船から40メートル離れた防波堤で狙撃の瞬間を狙う大阪府警の狙撃手

のの、翌朝8時50分に再び広島港に着岸。駆けつけた父親と、家族の中で唯一仲の良かった姉による投降の呼びかけも無視し、ライフル銃を乱射した。その凶弾は、警官に重傷を負わせ、警察の偵察ヘリを墜落寸前に陥れる。

船長に「撃ち合って死にたい」と漏らした川藤は、Bをかばい、警官を刺したのは自分なのでBを釈放しろと要求を出す。が、執拗に発砲を繰りかえす犯人に対し、警察は決断を下す。狙撃である。

午前9時52分。川藤がデッキに出て下を向いた瞬間、40メートル離れた防波堤にいた大阪府警の狙撃手のライフルが火を吹いた。弾が命中し、その場に崩れ落ちる川藤。すぐさま県立広島病院に担ぎ込まれたが、11時25分、死亡が確認された。

K-19

修理作業員8人が死亡

ソ連原子力潜水艦被曝事故

1961年、ソ連の原子力潜水艦「K-19」が8人の犠牲者を伴う深刻な原子炉事故を起こした。事故は国家の重要機密事項として28年間秘匿され、1990年、初めて明らかになった。

映画「K-19」は、劇中でハリソン・フォードが演じたボストリコフ艦長のモデル、ニコライ・ザテエフがソ連崩壊後に著した回想録を基に製作されたサスペンス劇である。

第二次世界大戦後、世界の覇権を巡るアメリカとソ

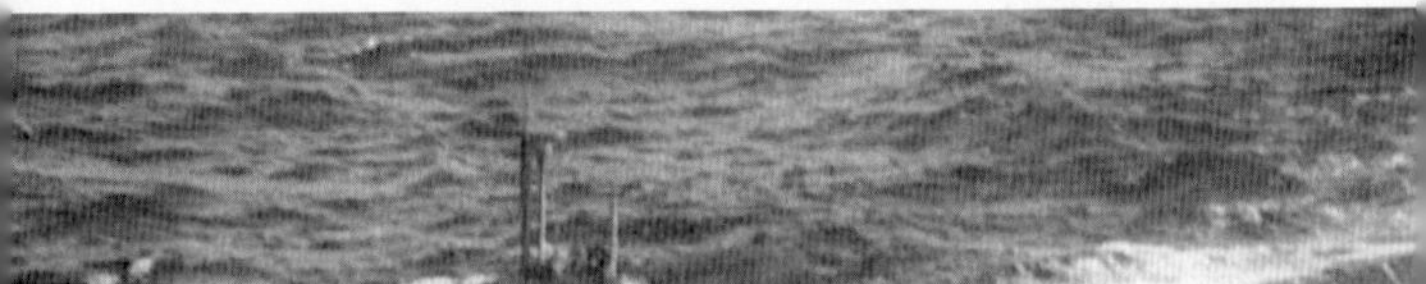

事故を起こしたK-19。写真は米軍機から撮影されたもの

連の争い、いわゆる「冷戦」は１９５０年代半ばから互いを仮想敵国と想定し、核兵器の開発にしのぎを削っていた。

１９５４年、アメリカ海軍が世界初の原子力潜水艦「ノーチラス」を開発。遅れること５年、ソ連はようやく１９５９年に核弾道ミサイルを装備した原子力潜水艦「Ｋ−19」を完成させる。

この艦は運航前から受難続きだった。製造中に作業員ら10人が死亡、劇中でも描かれる進水式では、ロシアの伝統に従ってシャンパンの瓶を艦首にぶつける儀式が行われたが、このときに限って瓶は割れず跳ね返ってしまった。不吉な前兆だった。

また、当初、Ｋ−19の艦長は、ヴァシリー・アルヒーポフ（映画でリーアム・ニーソンが演じた役のモデル）が務める予定だったが、航海前のミサイル発射訓練に失敗したことで彼は副長に降格、代わって艦長に就任したのがザテエフだった。

映画は、新しく指揮権を握った艦長と、乗員たちの信頼厚い副長の対立構図のなか、艦を襲った事故を克明に再現していく。

乗員１３９人を乗せたＫ−19が処女航海に出発したのは１９６１年６月18日。急速

K-19

2002／アメリカ／監督：キャスリン・ビグロー
東西冷戦下の1961年7月、ソ連のホテル型原子力潜水艦「K−19」が起こした原子炉事故の経緯を描いたドキュメンタリードラマ。公開時のキャッチコピーは「世界なんか、一瞬で終わる」。

潜水や浮上、電気系統や水圧調整の不具合などを想定した訓練が行われ半月が過ぎた7月4日、突然冷却装置に生じたひび割れで水が漏れ、原子炉が過熱し始める。原子炉心の温度が上がり1千度に達すると、溶融と爆発を起こし、潜水艦は木っ端みじんになってしまう。もちろん乗員の命は助からないが、それを上回る危機が迫っていた。

このときK-19は、クレムリンの指示で、アメリカのNATO（北大西洋条約機構）軍基地からほど近いグリーンランド南方沖を航海中だった。原子炉の加熱が収まらず爆発を起こせば、核ミサイルが誤発射され、NATO基地も海も放射能で汚染される可能性がある。すなわち、それはソ連のアメリカに対する軍事的挑発、もしくは核攻撃とみなされ、最悪、第三次世界大戦に発展する恐れがあったのだ。

大惨事を回避すべく、ザテエフ艦長は作業員に2人1組、10分交替で原子炉を修理するよう命じる。が、艦に放射能よけの防護服は装備されておらず、作業員はレインコートまがいの簡単なコートを被っただけで、溶融し続ける炉の間近で修理を強いられ、結果、容赦なしに放射能を浴びることになる。

嘔吐、高熱、失明、身体中の組織と皮膚の崩壊。映画は、汚染状態の酷さをリアルに描写する。実際、このとき作業員の被曝レベルは最高値である5（致死量の約10倍に達する被曝）に達していた。が、その状態を再現するとあまりにも残酷なため、映画ではレベル

3程度の症状に留めたという。

米軍の助けを求めるよう提言するアルヒーポフの説得に対し、敵に降伏することを許さないザテエフ艦長は断固として拒絶。果たして、作業員の懸命な修理によって冷却システムは復旧し、原子炉の温度は下がり、大惨事は回避される。が、修理を担当した作業員8人は、事故が発生した7月4日から1週間以内に全員が死亡。あまりに大きな代償だった。

上／ニコライ・ザテエフ艦長（事故当時35歳）。事故後、海軍で陸上勤務に就き86年退役。ソ連崩壊後に事故の顛末を記した回想録を出版した。1998年没。　下／ヴァシリー・アルヒーポフ副長（事故当時35歳）。事故翌年の1962年に勃発したキューバ危機でソ連潜水艦B59に同乗、アメリカ海軍に核魚雷を発射するか否かを迫られ、責任者3人のうち唯一反対した。1998年没

炎上

若き僧侶が絶望の果てに起こした犯罪

FILMS

金閣寺放火事件

1950年7月2日午前3時頃、京都市上京区の鹿苑寺（通称・金閣寺）庭園内の国宝・金閣から火が出て、46坪が全焼した。現場検証の結果、警察は放火と断定。翌日、同寺の徒弟、林養賢（当時21歳）を逮捕する。

　若き僧侶の犯行に世間は騒然とし、多くの作家が事件を題材に作品を発表。その代表作とも言うべき三島由紀夫の『金閣寺』を原作とした映画が、1958年公開の「炎上」である。

国宝金閣は1時間あまりで全焼した。再建されたのは事件から5年後の1955年

金閣寺全焼す

放火容疑者を逮捕

徒弟の大谷大学々生

"金閣と心中の覚悟"

自殺しそこねて自供

事件を報じた新聞

監督の市川崑は、三島原作が主人公の内面に迫る、あまりに完成度の高い内容だったため脚色による映画化は難しいと判断。大胆な創作を加えたオリジナル脚本を用意し、撮影に挑んだ。

犯人の林は1929年、京都府舞鶴の漁村に生まれた。寺の住職だった父親は病弱で生活は苦しく、林自身も勉強はできたものの幼少期から吃音に悩み、周囲に溶け込むことはなかった。

1942年、死期を悟った父親は息子の将来を考え、全く面識のなかった鹿苑寺の住職に、倅を弟子にしてくれないかと手紙を出し、快諾を得る。

1944年、林は母親と京都に移り住み花園中学に編入。この頃から母を極端に嫌うようになる。劇中では、幼いとき目撃した母親の浮気が原因としているが、実際は、事あるごとに「金閣で出世して村の者を見返しておくれ」と過度の期待をかけられることに辟易していたらしい。

終戦から2年後の1947年、林は鹿苑寺から金を出してもらい大谷大学の予科に進学

炎上

1958／日本／監督：市川崑
金閣寺放火犯の心の闇に迫った三島由紀夫の小説『金閣寺』が原作。主演の青年僧を演じた市川雷蔵は、現代劇初出演となった本作で、キネマ旬報ベスト・テン最優秀主演男優賞を受賞した。

する。成績は1年次こそ中の上クラスだったが、次第に下がり、3年1学期には最下位、2学期からは学校を休みがちになり落第点を取る。鹿苑寺の住職は「このままでは寺に居られなくなる」と林に忠告する。

林が住職に嫌われていると思い込んでいたこと、その関係が良好ではなかったことは事実だ。映画はそのキッカケとして、住職の芸者遊びを描いている。が、これは完全なるフィクションで、映画の公開後、モデルとなった住職がいわれなき誹謗中傷を受ける原因となった。

林は寺の経営にも疑問を感じていた。得度を授かった徒弟より、拝観料を管理する事務方が幅を利かせる現実。さらには、質素に暮らす自分たちに比べ、観光客の贅沢な様子にも不満を覚えた。身勝手な嫉妬だった。

重度の吃音、寺での出世争い、父親代わりと思っていた住職との気持ちの行き違い。様々な要因から林は絶望感を募らせ、もはや自分の居場所はないと、自殺を思い立つ。

1950年7月2日深夜、林は園内の足利義満の坐像にわらの束を置き、マッチで火を付ける。その場で死ぬつもりだった。が、想像を超える炎上に恐怖を覚え、寺の裏にある左大文字山に逃げ込む。林は、山中で薬物のカルモチンを飲み切腹する。が、死にきれず、当日の夕方、うずくまっていたところを警察に発見され、救命措置で一命をとりとめる（映画では、電車の窓から身を投げ自殺することになっている)。

「世間を騒がせたかった」

「社会への復讐のため」

逮捕後の取り調べで、林は当初、犯行動機をこのように語り、同時に「真の気持ちは表現しにくい」と話した。複雑な感情が絡み合っていたことは間違いなく、三島由紀夫は「自分の不幸に比べ、金閣寺の美しさに嫉妬した」と持論を展開した。

その後、事件関係者には辛い現実が待っていた。

裁判で懲役7年の判決を受けた林は、その後恩赦で5年3ヶ月に減刑され、1955年10月に京都刑務所を出所する。が、持病の肺結核と、服役中に患った統合失調症のせいで、翌年3月、26歳の若さで死亡する。


　哀れなのは林の母親である。事件翌日の7月3日夕方、警察に面会に訪れたものの、林に拒絶され、帰宅途中、山陰本線の列車から亀岡市の保津峡に投身自殺した。

　そして鹿苑寺の住職は、弟子から放火犯を出し、国宝を失ったことでマスコミから叩かれた。が、それでも住職は林の差し入れを行い、金閣再建のため托鉢の毎日を送ったという。

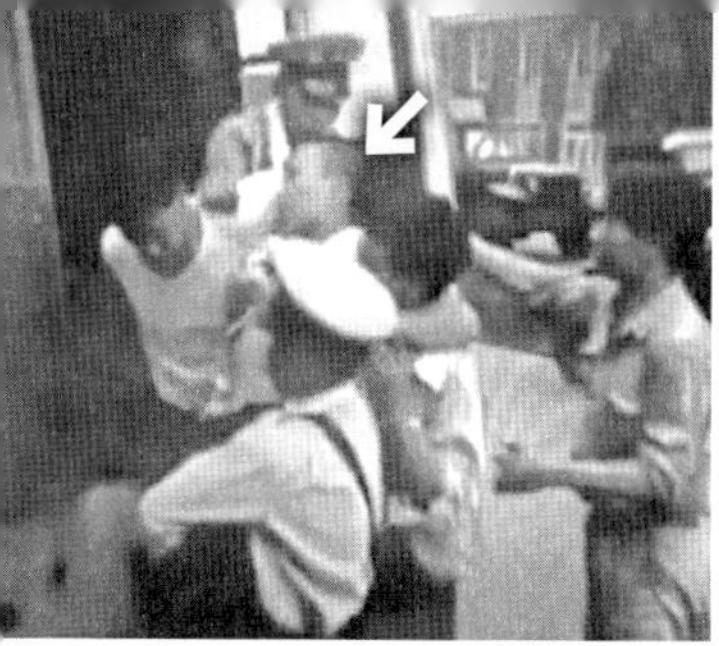
護送される犯人の林養賢。鹿苑寺の若き徒弟だった(矢印の男性)

ブラック・ウォーター

オーストラリア人喰いワニ事件

22歳の青年が犠牲に

襲ったイリエワニは体長4メートルの大きさだった（写真はイメージ）

休暇を利用してオーストラリア旅行を楽しむヒロインと、姉カップルの3人。小さなボートで釣りを楽しんでいると、人喰いワニが襲ってきてボートが転覆、男性ガイドは行方不明に。いったんはマングローブの上に逃げた3人だったが、1人、2人とワニの餌食になっていき、最終的にヒロインだけが生還する——。

2008年公開の「ブラック・ウォーター」は、「ジョーズ」さながらの動物パニック映画だが、物語は、2003年、オーストラリアで実際に起きた人喰いワニ事件に基づいている。

事件の舞台になったのは、オーストラリア北部、ノーザン・テリトリーの州都ダーウィンから80キロ内陸に入ったフィニス川沿いのジャングルだ。

2003年12月21日の日曜日、ブレット・マン（当時22歳）という整備士と、彼の幼なじみのショーン・ブロワー（同19歳）、アシュリー・マクガイ（同19歳）が遊びにやって来た。映画と違い、男性3人組である。

彼らにとってはストレス発散のためよく訪れる場所で、この日も原野で4輪バギーを乗り回し、泥んこまみれになった。

散々遊び、午後4時半を過ぎた頃、そろそろ家に帰ろうと、フィニス川を泳ぎながら汚れた服やブーツを洗うことにした。

真っ先に飛び込んだのがブレットで、その後にショーンとアシュリーが続く。500メートルほど泳いだところでアシュリーが叫んだ。

ブラック・ウォーター

2008／オーストラリア・イギリス
監督：アンドリュー・トラウキ、デヴィッド・ネルリッヒ
休暇を楽しむために北オーストラリアへ旅行に出かけた男女3人が、巨大でどう猛な人喰いワニに襲われる姿を描くパニック・ホラー。2003年に実際に起こった事件がモチーフ。撮影には本物のワニが使われた。

映画「ブラック・ウォーター」より

「ワニだ！　川から出ろ！」

その声を聞き、ショーンはとっさに最寄りの木に飛びつき、側にいたアシュリーを引き上げた。が、2人が木の上で一息ついたとき、ブレットの姿は見当たらず、叫び声はもちろん、水しぶきひとつなかった。

体長4メートルほどの巨大ワニが水面に現れたのは、その直後だ。なんと、口にブレットをくわえていた。すでに彼は身動きひとつせず、顔が水に浸かった状態でワニに左肩を嚙まれていた。

いったんはブレットをくわえたまま水の中に消えたワニだったが、木の上に逃げ込んだ2人を見逃したわけではなかった。5分ほどで再び戻ってくると、時々水の上に凶悪な頭を覗かせてはショーンとアシュリーを恐怖のドン底に突き落としたのだ。

陽が落ちると、雨が降り始めた。気温も下がり、2人の体力は消耗するばかり。ワニはまるで力尽きて落ちてくるのを待つかのように、執拗に2人の周囲を泳ぎ回っている。映画では、ヒロインたちは自力で脱出しようと川に入ってボートを引き寄せようとした結果、ワニの餌食となったが、ショーンとアシュリーは、木の上で動かずにいた。何も見えない暗闇の中、アシュリーの足にショーンが手を置いて互いを確認。眠ってしまわないよう声を掛け合って、まんじりともせず最悪の一晩をやり過ごした。

州警察のヘリコプターが木の上の2人を発見するのは、翌22日の午後2時半を過ぎた頃。捜索チームによってヘリコプターに無事救助され、ショーンとアシュリーの悪夢は22時間で幕を閉じる。

ちなみに、大規模な捜索が行われたにもかかわらず、ブレットの死体は見つからなかった。

〝人喰いワニ〟の犠牲となったブレット・マン

コードネームはファルコン

ほんの出来心から始まったスパイ工作

CIA偵察衛星情報漏洩事件

1977年6月、米連邦地方裁判所は国家反逆罪でクリストファー・ボイス（以下ボイス）に懲役40年、ドールトン・リー（以下リー）に無期懲役の判決を言い渡した。共に24歳だった彼らは、なぜ祖国を裏切り、ソ連のスパイになったのか。

映画「コードネームはファルコン」は、アメリカの偵察衛星の情報をソ連側に売ったアメリカ人青年2人の事件に基づいて制作された実録サスペンスだ。

劇中でボイスを演じたティモシー・ハットン（右）と、リー役のショーン・ペン。映画「コートネームはファルコン」より

劇中でティモシー・ハットン演じるボイスは元FBI職員の父親と、敬虔なクリスチャンの母親のもと1953年に生まれ、正義感溢れる青年に育った。

天才的なIQ（143）を持ちながら、大学受験を3回失敗。最終的に父親のコネで軍需産業の大手、TRW社に就職する。

配属されたのは、「ブラックボールト」と呼ばれる、CIAの衛星通信や暗号リストなど最高機密を扱う部署。ここでボイスは、正義の味方と信じていたCIAが、同盟国オーストラリアの首相の失脚工作を行ったり、チリのクーデターを操作するなど世界各国でダーティなミッションを行っている事実を知る。

ショックを受けたボイスは、幼稚園からの親友、リー（演：ショーン・ペン）に事情を打ち明け、CIAの機密情報をソ連側に売らないかと持ちかける。ほんの出来心だった。

リーはこの申し出を快諾する。医者の息子に生まれながらヘロインの密売人になっていた彼には金が必要だった。事の重大さは理解していなかった。

こうして、1975年頃から2人の危ないビジネスが始まる。ボイスが持ち出した

コードネームはファルコン

1985／アメリカ／監督：ジョン・シュレシンジャー
1970年代、アメリカの偵察衛星の情報をソ連側に売った実在の2人のアメリカ人青年の事件を映画化したサスペンス。タイトルの「ファルコン」は、事件の首謀者クリストファー・ボイスの趣味が鷹（ファルコン）を飼育することだったことから。

情報を、リーがメキシコのソ連大使館員に渡し、報酬を得る。取引は順調だった。が、時が経つにつれソ連側の要求はエスカレートしていった。リーも、もっと大金を稼ぎたいと欲を膨らませる。身の危険を感じていたボイスとの関係がしだいに悪化していく。

そして1976年12月、決定的な出来事が起きる。メキシコのソ連大使館に出かけたリーが、エージェントの大使館員にハメられ、身に覚えのない警官殺しの犯人として逮捕されてしまったのだ。要は、ソ連側に見限られたというわけだ。

取り調べで拷問されたリーは事の経緯、相棒ボイスの名前や居所をも白状。それを聞いた警察がアメリカ側に通報し、1977年1月、ボイスも逮捕されることになる。


映画は2人に判決が下されたところで終わるが、ボイスの物語には続きがある。1980年、カリフォルニア州のロンポック連邦刑務所に服役していた彼は、他の収容者に脱出方法を教わり、それを実行に移したのだ。

同年1月21日夜、自分のベッドに人型の布団を入れて就寝点呼の裏をかき、見張り塔の死角にある排水溝を通って外壁フェンスへ。あらかじめ感知センサーを壊していたため、気づかれることなくフェンスを上り、まんまと脱出に成功する。

とはいえ、スニーカーに囚人服姿のうえ、一文なし。そこでボイスは「アンソニー・エドワード・レスター」なる偽名を名乗り、アイダホ州やワシントン州で17もの銀行を襲い金を奪う。

もちろん、そんな生活が長く続くはずもなく、1981年8月、ワシントンのドライブインで食事の最中に逮捕。銀行強盗仲間からの通報だった。

この19ヶ月に及ぶ脱走で、さらに懲役期間は延びたものの、2002年9月、服役25年で仮釈放。出所後は、支援者だった女性と結婚し、2013年には、事件についての秘話を綴った自伝も出版、現在はアリゾナで暮らしている。

一方、リーは1998年、クリスより一足早く仮釈放となったが、2015年1月、再度、逮捕されたと伝えられている。罪状はわかっていない。

事件の首謀者、クリストファー・ボイス（上。1977年の裁判出廷時）と相棒のドールトン・リー。国家を揺るがすスパイ事件の犯人が24歳の若者だったことに全米は騒然となった

チャップリンからの贈り物

喜劇王を巡る あまりにマヌケな犯罪

FILMS

没後40年以上経った今でもなお、世界の喜劇王として愛され、語り継がれているチャールズ・チャップリン。

彼は１９７７年のクリスマスの朝、88歳で死亡したが、翌１９７８年、墓から棺が持ち出されるという珍事件が起きた。

映画「チャップリンからの贈り物」は、この「チャップリン遺体誘拐事件」を題材に、喜劇王の遺体を盗み家族から身代金を奪おう

〝喜劇王〟チャールズ・チャップリン

チャップリン遺体誘拐事件

とした男2人組のマヌケな犯行を、ほぼ史実どおりに描いた犯罪コメディである。

チャップリンが死んだ2日後の1977年12月27日、彼の遺体はスイスのレマン湖を見下ろすヴェヴェイ墓地に埋葬された。それから2ヶ月が経った1978年3月2日朝、墓地の管理人が墓荒らしに気づく。いつも花でいっぱいだったチャップリンの墓所が掘り返され、棺がなくなっていたのだ。チャップリンの遺体誘拐のニュースは、あっという間に世界中を駆け巡る。

未亡人のウーナ（当時52歳）と子供8人が暮らすチャップリン邸に、遺体と引き替えに60万スイスフラン（約1億円）を要求する電話がかかってきたのは、それから数日後のことだ。

ウーナが「夫は天国と私の心の中にいます」と身代金の支払いを毅然と拒否すると、犯人たちは子供たちに危害を加えると脅してきた。

映画では時間経過が不明だが、実際は最初の電話から3ヶ月も身代金を払え、払わないの応酬が続く。その間、犯人たちは、まるでルーティーンかのように同じ公衆ボックスから電話

チャップリンからの贈り物

2014／フランス／監督：グザヴィエ・ボーヴォワ
1978年に起きた「チャップリンの遺体誘拐事件」を遺族の全面協力のもとに映画化。チャップリンが晩年を過ごした実際の邸宅や墓地をロケ地に、チャップリンの息子や孫娘も特別出演している。

©Marie-Julie Maille / Why Not Productions

映画「チャップリンからの贈り物」より、犯人2人が棺を盗み出すシーン

をかけてきたそうだ。

都合27回に及ぶ電話をいつも対応していたのはチャップリンの娘で当時34歳の女優のジェラルディンだった（劇中では、元英国軍人の秘書が対応したことになっている）。彼女は悲嘆にくれる見事な演技で会話を引き延ばし、ついに警察が逆探知に成功。発信場所はローザンヌと判明する。

逮捕劇も、劇中のとおりだ。業を煮やした犯人が思わず「明日の朝9時半に電話するからな」と時間を指定（映画では午後3時。それを聞いた警察は、ローザンヌにある240の公衆ボックスに警官を2人ずつ配置して、怪しい人物が電話をかけにくるのを待ち伏せ、犯人逮捕に至った。

事件の主犯は、ポーランド人のローマン・ワダス（当時24歳）という自動車整備士である。新聞で、イタリアのギャングが誰かを脅迫するためその家で亡くなった人の遺体を誘拐したとの記事を読み、計画を立てたのだという。自分の整備工場を建設する資金を調達するのが目的だった。

体力に自信のなかったワダスは、筋肉自慢の知り合い、ブルガリア人のガンチョ・ガネフ（当時38歳）を誘う。墓掘りに、打ってつけだったからだ。が、世紀の誘拐事件は、あまりにもお粗末なものだった。

逮捕に至る過程もさることながら、その後、劇中にも出てくる、麦畑に隠していたチャップリンの棺を掘り出す下り。なんと、このとき犯人の2人は棺を埋めた場所を忘れており、警察が金属探知機を使って探し当てたというからあきれる（実際の場所は、墓地から17キロメートル離れたレマン湖畔のトウモロコシ畑）。

なお、映画では法廷シーンがあるものの判決は明確にされていない。実際は盗掘と恐喝未遂で有罪となり、主犯格のワダスには4年半の重労働が科せられ、ガネフには1年半の執行猶予が与えられた。

事件は日本でも大々的に報じられた

ハイネケン誘拐の代償

史上最高額の身代金を手にした男たちの運命

1983年、オランダの首都アムステルダムで巨大ビール企業「ハイネケン」の会長、フレディ・ハイネケン（当時60歳）が誘拐される事件が起きた。

犯罪史上最高額の身代金と引き換えに、人質は無事解放され犯人も逮捕されたが、奪われた金の大半は見つかっていない。未だに多くの謎が残る事件の真相を、主犯格の男性に取材して書かれたノンフィクションを原作に制作されたのが、映画「ハイネケン誘拐の代償」である。

De Telegraaf
Mogelijk spoor naar
ontvoerders Heineken
犯人から身代金要求とともに届いた実際のハイネケンの写真

フレディ・ハイネケン誘拐事件

FILMS

映画は全編、誘拐事件の主犯格コル・ヴァン・ハウト（事件当時24歳）の目線で描かれる。ハウトと親友のヴィレム・ホーレーダー（同24歳）は、幼なじみ5人で一攫千金の賭けに出る。オランダ一の大富豪、世界的企業ハイネケンの会長を誘拐、身代金を奪おうという計画だ。

人質を監禁するため、人の出入りのない資材倉庫に防音の隠し部屋を造るなど準備を整えると、１９８3年11月9日、彼らはハイネケンの会社の前で車で待ち伏せ、会長が運転手と出て来たところをさらった。

ハウトらがハイネケン側に要求した身代金は、当時史上最高額の3千５００万ギルダー（現在の日本円で約23億円）。それを4つの異なる通貨を混ぜて合計20万枚の紙幣で用意、5つのバッグに分けるよう要求した。

あまりの高額ゆえか、遅々として身代金交渉は進まず、荒れる犯人たちに当のハイネケンが「金は払う」と約束。本人直筆の手紙を会社に届けると、ようやく新聞広告を通じて、要求に応じる返事が来た。

11月28日、ハウトらは車で運ばせた身代金を手にする。計画は大成功に終わっ

ハイネケン誘拐の代償

2015／ベルギー・イギリス・オランダ
監督：ダニエル・アルフレッドソン
1983年11月、オランダで実際に起きた世界的ビール製造会社「ハイネケン」の経営者でオランダ屈指の大富豪であるフレディ・ハイネケンが誘拐された事件を題材としたサスペンス劇。

た。かと思いきや、ここから仲間割れが始まる。警察らしき尾行者がいたことで、誰かが裏切ったのでは？と疑心暗鬼に陥ったのだ。

そして、彼らは終わりを迎える。映画では、警察が犯人を特定した経緯は曖昧にしか描かれていないが、実際は匿名の人物から警察へ密告の電話が入ったのだという。いずれにしろ、ハウトとホーレーダーはフランスの知人宅で、他の3人もバラバラに逃げる途中で逮捕される。

犯人のうち2人はそれぞれ8年、12年の実刑で、もう1人は拘留されていた精神病院からパラグアイに脱走、10年後に捕まり服役した。そして驚くべきは、主犯格のハウトとホーレーダーである。2人とも11年の服役後に出所。その後、犯罪の世界で頂点に立ったというのだ。

ハイネケンは名優、アンソニー・ホプキンスが演じた。
映画「ハイネケン誘拐の代償」より
©2014 Informant Europe SPRL, Heineken Finance, LLC

映画では、誘拐事件を起こしたのは犯罪経験のない素人5人組として描かれている。仲間と共同経営する建設会社が不況のあおりを受け倒産。さらに銀行から融資を断られ、人生が行き詰まった上の犯行である、と。

しかし実際は、彼らは強盗などに手を染め、10代の頃からギャングとして知られていた。劇中、5人が自分たちの会社の建物に住み着く不法占拠者を追い出そうとするシーンが出てくるが、これも事実で、1980年からはさらに不動産事業にも関与。破産どころか国内外に相当な金を隠し持っていたのではないかと言われている。

裁判で尋問を受けるハウト（左）とホーレーダー

ハウトは1991年に出所すると、ホーレーダー（1992年出所）の妹と結婚。義兄弟となった2人は、麻薬ディーラーでもあるギャングの幹部に可愛がられ、飾り窓（売春宿）として有名な「カサロッソ」を買収。裏社会でのし上がっていく。

2003年、ハウトはギャング同士の抗争で死亡。事件は犯人不明のまま処理されるが、2015年になり驚愕の疑惑が浮上した。なんと、事件に長年の友で義兄弟でもあったホーレーダーが関与していたのではないかというのだ。しかも、それを証言しているのがホーレーダーの妹でハウトの妻だという。真実は小説よりも奇なりだ。

パピヨン

身に覚えのない殺人罪で地獄の徒刑場に13年

FILMS

不屈の脱獄王 アンリ・シャリエール

1974年、日本で公開され大ヒットした映画「パピヨン」。主役パピヨンを演じるスティーブ・マックイーンの神がかり的な芝居、甘美で切ない劇中メロディ等々、どこを取っても映画史に残る傑作と呼ぶに相応しい1本だ。

環境最悪の牢獄で十数年を耐えぬき、自由を求めて旅立った不屈の主人公は、実在のフランス人、アンリ・シャリエールがモデルである。

シャリエールは1906年、南フランスに生まれた。海軍での兵役を終えた後、モンマ

シャリエール本人。胸に彫られた蝶（パピヨン）のタトゥは生涯残った

ルトルでヒモを生業とする一方で犯罪の道に入り、パリでも一目置かれる存在となる。また、映画のとおり胸に入れた蝶のタトゥから〝パピヨン〟の愛称で呼ばれていた。

1931年、25歳のとき、犯罪者仲間の裏切りから身に覚えのない殺人罪で終身刑を言い渡され、当時フランス領だった南米ギアナの〝デビルズ島〟の徒刑場に送られる。この監獄は、劇中の刑務官の台詞にもあるように「人間を壊すための刑務所」で、その囚人生活は凄惨を極めるものだった。

ダスティン・ホフマン演じるドガは、映画同様、偽造の罪で15年の禁固刑に処されていた実在の人物で、ここでシャリエールと知り合い、後に親友となる。

映画でシャリエールは3度目のチャレンジで脱獄に成功している。が、実際は9回に上り、最後を除けば劇中でも詳細に描かれる1933年11月の脱走が最も有名だ。

このとき参加したのは、映画だとシャリエールとドガ、他にマチュレット、クルジオ（両者とも実在の人物）の4人だが、実際にはドガを除く3人。彼らは首尾よく脱走を図るも、コロンビアで捕らえられ現地の刑務所に収監され

パピヨン

1973／アメリカ／監督：フランクリン・J・シャフナー
胸に蝶の刺青をしていることで、"パピヨン"と呼ばれた男が、1931年に無実を叫びながら終身刑となったものの、脱獄に成功、後にベネズエラ市民権を取得したアンリ・シャリエールの伝記小説を映画化。

主役のスティーブ・マックイーン（右）とドガ役のダスティン・ホフマン。ドガも実在の人物で、シャリエールより一回り年上だった。映画「パピヨン」より　©1973 Cinemotion N.V.

る（映画では、クルジオだけが脱走自体に失敗したことになっているが、彼もコロンビアで捕らえられた後、2年後に監獄で死去）。

独房で5年の収監生活を終え、シャリエールとマチュレットが出獄（映画でマチュレットは出獄直後に死んだことになっている）。再び戻されたデビルズ島の徒刑場で地獄の囚人生活を過ごしつつ、脱獄の機会を虎視眈々と狙っていた。

映画は、ドガに見送られたパピヨンが、一人で断崖絶壁から海に飛び込み、椰子の実を浮き袋代わりに、自由に向かって泳ぎ出すシーンで終わる。が、実際にはマチュレットも参加しており、2人して脱獄に成功、ベネズエラに辿り着き、現地で市民権を得る。

1969年、63歳のときシャリエールは13年間の囚人生活と脱獄の一部始終を著した『小説・パピヨン』を出版。本は17ヶ国に翻訳され、累計で1千万部のベストセラーになる。

そして、2年後に映画「パピヨン」制作開始。シャリエールも原作者として、スタッフや自身を演じるスティーヴ・マックイーンに多くのアドバイスを与えたが、その途中に喉頭ガンで死去。完成した映画がアメリカで公開される2ヶ月前、1973年7月のことだった。

なお、マチュレットは脱獄後、ベネズエラで結婚し、現地で終生を。また、ドガはデビルズ島で刑期を勤め上げ、その後はフランス領ギアナで余生を過ごしたという。

1973年、映画のロケ現場を訪れた際の1枚。右からシャリエール、女優のアリ・マッグロー（当時のマックイーン夫人）、マックイーン、シャリエール夫人（劇中、ドガを見送りにきた女性役で出演している）

1950年6月、アナタハン島の唯一の女性、比嘉和子（中央）が米軍に救出された際の1枚

東京島

太平洋の孤島で起きた、1人の女を巡る男たちの殺し合い

FILMS

2010年に公開された「東京島」は、助けの来ない無人島に残された、23人の男と1人の女の顛末を描いた人間ドラマだ。

ある無人島に、船旅の途中で遭難した夫婦と16人の若い男性、さらに密航に失敗した6人の中国人男性たちが辿り着く。生きる気力をなくして自殺する夫に対し、男たちの中で生き生きと暮らす主人公・清子（演：木村多江）。いつしか彼女を巡って男たちの争いが――。

まるでお伽噺のようなストーリーだが、この作品、実際に起こった事件が題材になっている。第二次世界大戦真っ只中、太平洋の孤島で32人の男性と1人の女性が6年を過ごす

アナタハンの女王事件

間に、彼女を巡って殺し合いが行われた「アナタハンの女王事件」だ。

アナタハンは、サイパンの北に位置する小さな島である。

島内では第二次世界大戦前から日本企業によるヤシ林の経営が行われ、農園には70人の先住民の他、日本人の所長と部下の技師夫婦が暮らしていた。

戦局が激しくなった1944年、所長は妻子をサイパンに疎開させ、部下の技師はパガン島に残してきた妹を迎えに島を出る。が、米軍の襲撃に遭い技師は帰らぬままに。いつしか、所長と部下の若妻・比嘉和子（当時23歳）が親密になっていく。

6月12日、近海で海軍に徴用された日本のカツオ漁船など数隻が米軍機に攻撃され沈没。乗組員ら31人が命からがら島に泳ぎ着く。

最初は歓迎した2人だったが、いくら農園があっても30人もの男を食べさせる余裕はない。1ヶ月も経つと蓄えた食糧が底を尽き、里芋などの栽培を始める傍ら、和子も島中を這いずり回ってトカゲやコウモリ、ミミズさえ食べるサバイバル生活を余儀なくされる。そして、気がつけばアメリカ兵が先住民たちを連れ去ったのか、島内には日本人だけが取り残されていた。

東京島

2010／日本／監督：篠崎誠
直木賞作家、桐野夏生の同名小説の映画化。1950年に発覚した「アナタハンの女王事件」が題材。

1945年8月15日、終戦。米軍が拡声器やビラを撒いて投降を呼びかけるも、島の日本人たちは信じない。サイパンで遺棄爆弾を処理する音が聞こえていたのを、爆撃が続いている証拠と思ったようだ。

戦争はさておき、島の食糧事情は少しずつ改善されていた。果物栽培を始め、魚も獲れる。ヤシの木から、白ワインに似た味のヤシ酒を作って宴会をする余裕も出てきた。

食欲が満たされると、別の本能が目覚める。性欲だ。和子はバナナの葉を腰ミノに着けただけで上半身は裸も同然の格好で生活している。和子と所長が夫婦じゃないこともバレ、男たちの彼女を見る目が変わった

ちょうどその頃、和子たちは島に墜落した米軍機の残骸を発見する。大量の缶詰に鍋の代用となるタンク、落下傘（これを素材に下着やスカートなどを作った）。そして2人の男が見つけたのは、壊れたピストル4挺と70発の実弾である。

解体して修理すると2挺のピストルが完成し、機体の破片はナイフになった。

1人の男が木から落ちて死んだのは、それからまもなくのことだ。目撃者はピストルを持った2人だけ。しかも、日頃から2人と死んだ男が仲が悪かったため、他の男たちの間

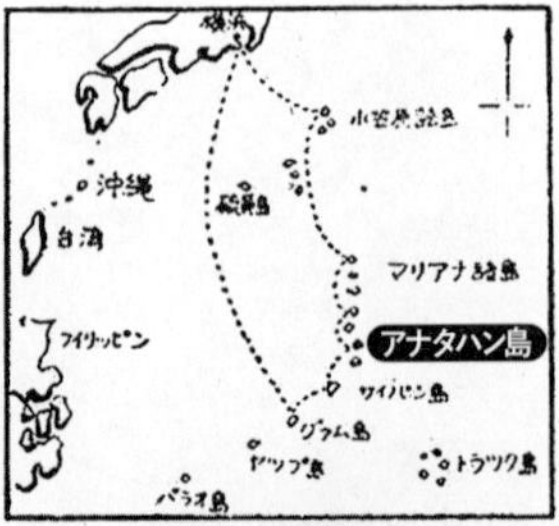

太平洋マリアナ群島の一つ、アナタハン島

に疑心が広がり始める。あいつらに逆らったら殺される——。

その頃、和子は嫉妬深く乱暴な所長に嫌気がさし、若い水夫と山中に駆け落ちしたものの、あっさり見つかり、所長とよりを戻していた。

そんな和子を、ピストルを持った男の1人が露骨に口説く。それは、逆らうとあの男みたいになるぞ、という脅しも同じで、結局、和子はピストルを持った男2人と、所長と4人で暮らすようになる。

不自然な共同生活が続けば、当然ながら争いが起きる。ピストルを持った男の1人がもう1人の男を射殺したのは1947年秋のことだ。

身の危険を感じた所長は生き残った男に和子を譲るが、その男も夜釣りの最中に海に落ちて死んでしまう。泳ぎが上手かった男が死に、直後に和子と所長が元のさやに収まったため、またも島に不安が広がった。

が、火種はくすぶったまま、半年後に所長が不審死を遂げる。2人の男が死んだ後、ピストルを持ち歩いていた元コックが犯人ではないかとみられたが、真相はわからない。

和子は元コックと夫婦になるが、その夫も殺されてしまう。他にも、高波にさらわれたり、食中毒で死んだ男たちもいるが、いずれも事故なのか殺人なのかは未だ謎のままだ。

映画は時代を現代に設定。映画「東京島」より

男の数が23人に減った頃、一番の長老が秩序を回復しようと和子の「正式な結婚」を提案。和子はかつて駆け落ちした水夫を選び結婚式が行われた。殺し合いの原因となったピストルも海に棄て、ようやく平和がやってくると思われたが、男たちのいざこざは収まらない。結果、全ての元凶である和子を「処刑」しようという話が浮上する。

事情を知った和子は家を棄て、島中を逃げ回る。と、そのときちょうどやってきた米軍を見つけ、1人投降を決意する。1950年6月、和子30歳のときのことだ。残った男たちが救助されるのは、それからさらに1年後である。

1951年6月、米軍の船が日本の新聞や家族からの手紙200通を届けると、ようやく男たちは終戦の現実を受け入れ、帰国を決めた。このとき、人数は20人に減っていた。島から男たちが帰国すると、国を挙げてのアナタハンブームが巻き起こる。皆、死んだことになっていたため、自分の遺影や骨壺と対面する写真が毎日のように新聞に掲載された。しかし、帰国の喜びもつかの間、厳しい現実が待っていた。和子の元の夫は無事に日本に帰ってきていたものの、アナタハンが壊滅したと聞かされており、別の女性と再婚していた。

1951年6月、終戦を受け止め、
島からの帰国を決意する残留日本人

こうした悲劇と、島での仰天生活が明らかになったことで、和子は世間の注目を浴び、「アナタハンの女王」と呼ばれるようになる。

1952年から2年間、和子自身が主役を務め舞台「アナタハン島」で全国を巡業。おまけに、和子が主演の映画「アナタハンの真相はこれだ」や、ハリウッドの巨匠ジョセフ・フォン・スタンバーグ監督による「アナタハン」も上映され、和子のブロマイドが飛ぶように売れたという。

だが、徐々にマスコミは手の平を返す。「夫を次々に変えた獣欲の奴隷」などと書き立て、和子を「稀代の毒婦」と呼称。挙げ句、彼女は興業主に騙されストリッパーとして全国を巡業させられ、仕舞いには娼婦に身を落としてしまう。

ボロボロになって故郷・沖縄へ帰り、34歳で再婚。タコ焼き屋（夏はかき氷屋）を営み、脳腫瘍で亡くなるまで幸せに暮らしたという。51年の波瀾万丈の生涯だった。

女優から娼婦に転落し…

舞台「アナタハン島」全国を巡業中の和子と、本人主演による映画「アナタハンの真相はこれだ」の新聞広告

ブリングリング

パリス・ヒルトンも被害に

FILMS

ハリウッドセレブから3億円を盗んだ女子高生たち

2008年10月から翌年夏までの10ヶ月にわたり、米ハリウッドの高級住宅街に住むセレブ宅で盗難が相次いだ。被害総額はおよそ300万ドル（約3億円）。俳優のオーランド・ブルーム、歌手のリンジー・ローハンなども被害に遭い、パリ

右ページ／上が映画で演じたキャスト、下が本物。左からテス、ニコラス、アレクシス、レイチェル、コートニー

ス・ヒルトン宅にいたっては10回にわたって現金や高級バッグ、ジュエリーなどが盗まれたという。

さぞや凄腕の窃盗団かと思いきや、監視カメラの画像をもとに警察が捕まえたのは、地元に住む10代の少年少女たち。2013年に公開された「ブリングリング」は、この事件を題材に制作された映画である。

ハリウッドに近いロサンゼルスの郊外、カラバサス。インディアンヒルズ高校は場所柄、裕福な家庭の生徒が多い反面、問題児も多い学校で、窃盗グループの大半は当校の生徒だった。

首謀者のレイチェルは明るく人気者の女生徒で、男友達ニコラスとは互いにファッション誌を見てはセレブに憧れる似たもの同士だった。

映画では、ニコラスは内気な優等生タイプに描かれているが、実際はトラブルを起こし転校してきた問題児。レイチェルと一緒に高級車を荒し、空き巣に入ったりドラッグやクラブで遊んだりの日々を過ごしていた。

ブリングリング

2013／アメリカ・イギリス・フランス・ドイツ・日本
監督：ソフィア・コッポラ
ロサンゼルスに住む10代の少年少女がハリウッドセレブの豪邸に忍び込み3億円あまりの金品を盗んだ実話を基にしたクライムドラマ。

ある日、ニコラスがインターネットのゴシップサイトで、パリス・ヒルトンがラスベガスでパーティを開くという記事を見つけた。つまり、その日はパリスの家は無人になる。2人はネットで場所を調べ現地に出向き、玄関マットの下に置いてあった鍵で中に入り、ハイエンドの靴やバッグ、ジュエリーのコレクションから自分好みのものを盗み出す。ちなみにこのシーン、被害を受けたパリス・ヒルトン全面協力のもと、実際の彼女の自宅でロケが行われたそうだ。

パリス宅の一件で味をしめた2人は、俳優オーランド・ブルーム宅や、歌手リンジー・ローハン宅に侵入、次第にレイチェルの遊び友達アレクシスやコートニー、テスらも加わるようになっていく。

監督のソフィア・コッポラは、彼女たちの目的は金品を盗むことではなく、一時的でもセレブのフリをしたかったのではないかと分析。作中でも彼女たちに「泥棒だとは思わなかった」と言わせている。実際、パリス宅同様、家の鍵は簡単に見つかり、彼女らは堂々と玄関から侵入。しかも、大半の家はセキュリティシステムはもちろん、中には戸締まりさえ

彼女らが侵入する様子が残され検挙の手がかりになった、俳優オーランド・ブルーム宅の防犯カメラ画像

していなかったケースもあったという。

こうして彼女らは3億円を荒稼ぎするのだが、警察がオーランド・ブルームやリンジー・ローハン宅の防犯カメラ画像を公開すると、瞬く間に情報が寄せられ、あっけなく逮捕となった。

裁判の結果、レイチェルとニコラスには懲役4年が言い渡されたが、それぞれ2年と1年の服役で出所。他の3人は微罪に問われただけで済んだが、この後、彼女たちには驚くような展開が待っていた。

まるでドラマのような事件はメディアで大々的に報じられ、特にアレクシスは犯行期間にケーブルTVのオーディションに合格していたため、逮捕や裁判の様子がそのまま〝リアリティショー〟として放送された。おかげで彼女らは、憧れていたセレブたち同様、メディアに追いかけられる側となったのである。

結婚して一児の母親となったアレクシスは今やテレビタレントに。テスも『プレイボーイ』誌などを中心にモデルとしても活躍中だ。ただニコラスは2014年3月、殺人未遂事件に巻き込まれ、仮釈放中にもかかわらず許可なく州外に出たことが判明、再び逮捕されている。

テスは事件後『プレイボーイ』誌などでモデルとして活躍

キャプテン・フィリップス

ソマリアの海賊が船長を人質に身代金を要求

船長を演じたトム・ハンクス（上）と、実際の船長リチャード・フィリップス

映画「キャプテン・フィリップス」より

２００９年４月、アメリカ籍の貨物船がソマリア沖で海賊に襲われた。テレビでも大きく報道されたこの事件は、人質になった船長が後に手記を著し、２０１３年、「キャプテン・フィリップス」のタイトルで映画化されたが、事件には劇中では描かれない苦い後日談がある。

「マースク・アラバマ号」シージャック事件

2009年3月末、当時53歳のベテラン船長リチャード・フィリップスは5千トン以上の援助物資を積んだ「マースク・アラバマ号」で20人の乗組員とともにケニアに向かった。4月8日、アラバマ号がソマリア海域に差しかかったとき、10代の少年4人が乗ったソマリアの海賊船に襲われる。混乱の中で乗組員は海賊のリーダーを拘束するが、残った3人の海賊も乗組員の身柄の安全と引き替えにフィリップ船長を拘束。話し合いの結果、互いに人質を交換することで合意する。

しかし、乗員たちが海賊のリーダーを解放したのに対し、海賊たちはフィリップス船長を手放さない。1日の平均収入が2ドル足らずという世界有数の貧困国ソマリアでは、海賊ビジネスは一生に一度の大チャンス。どうしても身代金200万ドル（2億円）を入手したかった。

翌9日早朝には米海軍特殊部隊SEALsが現場に到着。駆逐艦や強襲揚陸艦、ミサイルフリゲート艦を配備し、哨戒機による上空からの警戒監視も実施。4日間にわたる救出作戦は、SEALsが海賊3人を狙撃してあっけなく終わる。

フィリップス船長は無事に助け出され、交渉のために離れていた海賊のリーダーも生きた

キャプテン・フィリップス

2013／アメリカ／監督：ポール・グリーングラス
2009年に発生した「マースク・アラバマ号」シージャック事件でソマリア海賊の人質となった船長リチャード・フィリップスを描く人間ドラマ。

まま逮捕。その後、リーダーには裁判で懲役33年の実刑が下った。

劇中では描かれない事実も少なからずある。

映画で、乗員たちが海賊に船の金庫から3万ドル（約300万円）を出して、帰るよう交渉する場面がある。この金は海賊などに襲われた際に準備しておいたもので、事件時も実際に手渡されている。解決後、この3万ドルが行方不明になった。アメリカでは、救出作戦で乗り込んできた特殊部隊の誰かが持ち去ったのではないかと噂されているが、真偽は不明のままだ。

また、本作はフィリップス船長に焦点を当てているため省略されているが、海賊に襲われたものの貨物船自体が乗っ取られなかったのは、機関長ペリーの働きがあったためだ。海賊が船に乗り込んできた際、乗組員14人を機関室の安全なスペースに避難させたのはペリー機関長で、船の舵を左右に大きく切って大きな波を起こして海賊が乗ってきた漁船を沈めてしまったのもペリー。そのうえで船の電源を切ったため、海賊のリーダ

海賊に襲われた実際の「マースク・アラバマ号」

ーが怯み、その隙をみて持参していたナイフを手に飛びかかり、海賊のリーダーを人質にすることができたのだ。

また、救出作戦の最後にＳＥＡＬｓ狙撃手が１人ずつ１発の射撃で海賊たちを倒していくが、現実には19発が撃ち込まれ、海賊らは蜂の巣状態だったそうだ。

★

映画は、２００９年４月17日に家族と再会したフィリップ船長が、２０１０年７月より海上勤務に戻ったと伝えて終わる。

だが、実際の事件にはまだ続きがあった。なんとアメリカ国籍の乗組員11人が、船会社とフィリップ船長を相手どって５千万ドル（50億円）の損害賠償を求める裁判を起こしたのだ。自分たちがこんな危険な目に遭ったのは、安全性を十分に確保していなかった船会社と船長に責任がある、というのが主張だ。

裁判は、２０２０年８月現在も係争中である。

生き残った海賊のリーダー、ワリムセ（下の写真中央。自称15歳）は成人として裁判にかけられ、懲役33年の実刑が言い渡された

白昼の死角

現役東大生が起こした金融犯罪

光クラブ事件

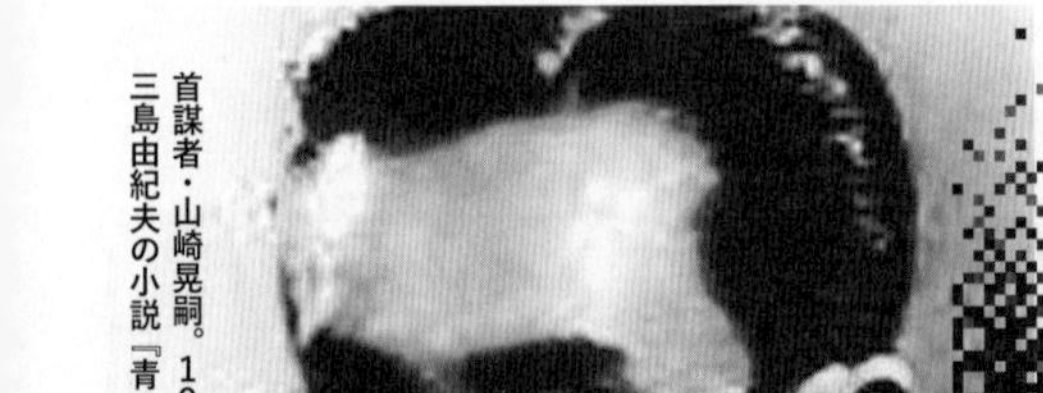

首謀者・山崎晃嗣。1950年に発表された三島由紀夫の小説『青の時代』のモデルでもある

1979年公開の「白昼の死角」は、高木彬光の同名小説を原作に、戦後混乱期に実際に起きた〝光クラブ事件〟を題材にとった金融犯罪ドラマだ。

現役東大生が始めた貸金ビジネスは、画期的な広告で多額の資金を集め世間の注目を浴びるが、その経営は1年足らずで破綻へと向かう。

映画は、学生金融『太陽クラブ』が破綻し、岸田森演じる現役学生の社長が事務所に油を撒いて焼身自殺する壮絶なシーンから始まる。『太陽

クラブ』のモデルとなったのは、1948年9月、東大生の山崎晃嗣が設立した貸金業「光クラブ」だ。

医師で千葉県木更津市市長だった父親の5男として1923年に生まれた山崎は、旧制木更津中学（現・千葉県立木更津高校）から一高を経て、1942年に東京帝国大学法学部に入学した。

第二次世界大戦では、学徒出陣で陸軍主計少尉に任官。終戦時に、上官の命令で食糧隠匿に関与、上官を庇って懲役1年6ヶ月・執行猶予3年に。その際の取り調べで警察から虐待されたうえ、事前に上官と約束した分け前をもらえなかったことが、後々の山崎の人生観に影響を与える。他人を信じるなかれ。これが彼の信条となった。

東大復学後は全ての科目で優を取ろうと猛勉強し、さらに食事や睡眠、自慰行為に至るまで、細かく分刻みにスケジュールを記録する。この偏執狂的とも言える生活習慣は死の直前まで続いたそうだ。

1948年9月、山崎は友人の日本医科大生、三木仙也とともに貸金業「光クラブ」を東京・中野の鍋屋横丁に設立する。社長が山崎、専務は三木、常務は東大生、監査

白昼の死角

1979／日本／監督：村川透
「光クラブ」による実際の事件をベースとした高木彬光の同名小説を映画化。戦後の混乱期に法の死角を突いて完全犯罪を目論む男たちを描く。

繁華街でも一際人目を引いた「光クラブ」の巨大広告

役は中央大生が務めた。劇中では描かれないが、山崎自身が過去にインチキ投資会社から10万円を騙し取られたことが設立のきっかけだった。

山崎は街中や新聞、電車などに人目を引く派手な広告を打ち、多額の資金を調達することに成功。集めた資金を商店、企業などに貸し付けた。例えば、１ヶ月余りの期間で数十万を貸し付けた会社に１割１歩を天引きしたうえに３万円以上の利息を取る。典型的な高利貸しである。

それでも学生、しかも東大生が中心の経営ということが世間の注目を浴び、開業４ヶ月後の１９４９年１月には資本金４００万円、社員30人を擁するれっきとした会社に発展する。が、同年7月、突如、山崎は物価統制令違反の容疑で逮捕される。山崎が肉体関係を目的に雇った22歳の秘書の密告によるものだった。なんとこの秘書、税務署員を恋人に持ち、「光クラブ」の経営実態を詳細に知らせていたのである。

山崎は1ヶ月の拘留の後、処分保留で釈放となるが、この間、業務は完全にストップし、投資家たちが取り付け騒ぎを起こす。対し山崎は債権者会議を開き、借入総額3千600万円（現在の7億5千万円相当）の1割を11月25日に返済すると約束し、いったん事態を収束させる。

が、もはや金を貸してくれる投資家などいない。株のカラ売りも完全に失敗に終わった。

山崎は約束の日を前にした11月24日夜、もはやこれまでと観念。映画とは異なり、会社の自室で青酸カリを飲み、息絶えるまで遺書を書き続けた。

★

山崎には6人の愛人がいたと言われ、映画でも女性にモテモテな様子が描かれている。が、実際は違う。初体験の相手はプロの女性で、遊ぶのももっぱら遊郭だった。だからこそ税務署のスパイだった秘書に執心だったのか、山崎は探偵を雇って身辺調査を依頼。彼女に恋人がいることを知ると、嫉妬で怒り狂ったそうだ。

山崎が自殺を遂げた「光クラブ」の社長室

接吻

池田小児童殺害事件の犯人

宅間守元死刑囚と獄中結婚した女性

身勝手な理屈で、罪なき小学生を無差別に殺傷した宅間守元死刑囚

２００８年公開の映画「接吻」は、一家３人を惨殺した男と、彼をテレビで見た瞬間に強烈な親近感と愛情を抱いた女性との運命を描いた異色のラブストーリーだ。

劇中で猟奇殺人犯を演じた豊川悦司と、周囲の非難を浴びながらも彼と獄中結婚を果たすＯＬ役の小池栄子には、実在のモデルがいる。２００１年６月８日、大阪教育大学付属池田小学校を襲い児童８人を殺害、15人に重軽傷を負わせた元死刑囚・宅間守（事件当時37歳）。そして、死刑確定後の宅間と結婚した

支援者の女性である。

「自分みたいに精神病院の屋上から飛び降りたようなケッタイなおっさんに殺される。なんぼ勉強できる子供でも5秒か6秒で殺される。そういう世の中の不条理をわからせてやりたかったんや」

事件から半年後の2001年12月から始まった裁判の第7回公判で、宅間は犯行の動機をこのように証言している。

幼い頃から「高学歴・高収入のエリート」に対する屈折した羨望、嫉妬を抱き、世の中を逆恨みしていた男。宅間が精神疾患を患い、通院歴や自殺未遂の過去があったことは事実だが、それまで強姦や暴行などのトラブルを起こし、挙げ句、日本犯罪史上、類を見ない無殺別殺人を起こした人間に何ら同情の余地はない。

実際、宅間は初公判でこそ「命を持って償います」と反省・謝罪の弁を口にしていたものの、以降は「わしが殺したガキどもは、わしの自殺の為の踏み台のために、生きていたんやな。ほんま、感謝しとる」などと遺族を

接吻

2008／日本／監督：万田邦敏
殺人事件を通して出会った死刑囚に盲目的な愛を捧げるOLの生き様を描く。ヒロイン役の小池栄子の演技が高く評価され、2008年のヨコハマ映画祭、毎日映画コンクールで主演女優賞に輝いた。

劇中でヒロインを演じた小池栄子。映画「接吻」より

冒涜。その悪態ぶりに対し傍聴席からは「早く死ね」「一人で死ね」などの怒号が飛び交っていたそうだ。が、公判中、宅間の元に届いた手紙の3割は「私も一歩間違えたら同じような事件を起こしていたかもしれない」と、宅間に肯定的な内容だったという。

そんな中に和歌山出身で、宅間と同年齢の女性がいた。彼女は死刑廃止を訴える団体アムネスティ・インターナショナルの活動に参加しており（会員ではない）、支援者の1人として弁護士を通して宅間に励ましの手紙を送ったり、菓子類を差し入れていたという。

映画で小池栄子演じる女性は、「世の中から無視され続けてきた」という犯人にシンパシーを覚え惹かれていく。が、この女性は信仰心が理由だった。私が信じる神の力で宅間を真人間にしてみせる。この考えを理解できるかどうかはともかく、彼女には揺るぎない確信と決意があったらしい。

2003年8月28日、大阪地方裁判所は宅間に対し死刑を言い渡す。弁護側は判決を不服として控訴するも、宅間自身がこれを取り下げ、刑が確定する。

女性が宅間に求婚するのは、この直後のこと。弁護士を介して結婚の意思を伝え、自身の写真とともに婚姻届を宅間に渡してもらったという。

対し宅間は、それまで頑なに閉ざしていた心を開き「執行されるまでは人間らしくありたい。理解者となら面会もしたい」と、彼女の申し出を受け入れる。

そして同年12月上旬、獄中結婚（宅間にとっては生涯5度目の結婚）。この結婚について、女性は家族から猛反対を受けており、迷惑がかからないようにと自分の姓を「吉岡」に変更、以後、宅間も「吉岡守」と改名する。

２００４年9月14日早朝、大阪拘置所で死刑執行。刑確定から1年足らずの異例のスピードでの執行だった。

同日午前10時前、拘置所の職員が宅間の妻を訪ね「今朝、きれいに逝きましたよ」と死刑が執行されたことを報告すると、彼女は「なんでこんなに早いんですか」と大声で泣いたという。

そして、宅間の遺体と対面。泣き崩れる妻に１人の刑務官が走り寄り、小声で伝える。

「最後に奥さんに〝ありがとうって、僕が言ってたって伝えてください〟って言ってました」

宅間を真人間にしてみせる。彼女の願いは少しだけ叶ったのかもしれない。が、その一方、宅間の、被害者遺族に対する謝罪の言葉は最後までなかった。

スキャンダルの中心人物、クリスティーン・キーラー。写真は事件発覚時の1963年に撮られたもの

スキャンダル

英国史上最大のハニートラップ

FILMS

プロヒューモ事件

東西冷戦下の１９６３年、イギリスで一大スキャンダルが発覚した。英国陸軍大臣ジョン・プロヒューモが、ソ連側のスパイとも親交のあった売春婦に国家機密を漏らしたと疑われた、「プロヒューモ事件」である。

映画「スキャンダル」は、この事件を題材に制作されたが、主題を男女の愛憎に置き、事の詳細は描いていない。〝20世紀最大の英

政界スキャンダル〟とも称される大事件は、1人の男が仕掛けた世紀のハニートラップだった可能性が高い。

映画で主役を務めるのがジョン・ハート演ずるスティーブン・ウォードなる人物だ。彼は第二次世界大戦後、ロンドンで整骨院を開業、腕の良さと人並み外れた社交力で政界財界の大物を顧客に持つようになる。

1959年、ウォード（当時46歳）は、行きつけのキャバレーのショーガールだったクリスティーン・キーラー（同19歳）と知り合い、彼女を自分のアパートに住まわせる。

図式としては、中年男が若い女に入れあげたということになるが、ウォードの不可思議な点は、彼女を自分の女にするのが目的ではなく、より魅力的な女性に変貌させることだった。実際、ウォードとキーラーの間に肉体関係はなかったと言われる。

では、ウォードは何を企んでいたのか。確かなのは、自分の大物クライアントと、美貌と肉体を武器に上流社会に食い込みたい女性たちとの仲を取り持っていた事実だ。ということは、彼は単なる売春ブローカーだ

スキャンダル

1989／イギリス／監督：マイケル・ケイトン＝ジョーンズ
1963年に発覚した「プロヒューモ事件」を題材に、スキャンダルの中心にいた男女の愛憎を描く。

ったとも考えられるのだが、女性たちは後に、ウォードが仲介手数料を取ったことは一度もなかったと証言している。

スティーブン・ウォード（サングラスの男性）。表向きは整骨医だったが、多くの女性を自分のアパートに住まわせ、政界財界の大物との仲を取り持っていた。ウォードの右隣がキーラー

いったい、彼の真の目的は何だったのか。映画もウォードの心情を最後まで明らかにせず、彼とキーラーが微妙で曖昧な間柄ながら、心の底で結ばれていたという恋愛劇に仕上げている。

もっとも、2人がどういう間柄だったのかは、大きな問題ではない。重要なのは1961年7月、ウォードが自分の顧客だったプロヒューモ陸相（当時46歳）に、あるパーティでキーラーを紹介したこと。全てはここから始まる。

プロヒューモは一目で彼女を気に入り、ほどなく金銭が介在した男女関係となる。が、彼女はプロヒューモと同時に、ソ連の駐英大使館勤務の海軍武官エフゲニー・イワノフ大佐（同35歳）とも関係を持っていた。イワノフもまたウォードの顧客で、彼にキーラーを紹介したのもウォードである。

イギリスとソ連が冷戦下にあったこの時代に、1人の娼婦が両国の政府関係者と同時に愛人関係を結ぶ。偶然にしては出来すぎである。

プロヒューモとキーラーの関係は数週間で終わった。が、それから2年がたった1963年3月、事は突如発覚する。

イギリス下院の1人の国会議員が、プロヒューモ陸相と高級娼婦キーラーが過去に愛人関係にあったことを暴露したのだ。その後、マスコミにより彼女が同時期にイワノフ大佐

右／スキャンダル発覚で、好奇の目に晒されるジョン・プロヒューモ陸相。政界引退後は慈善事業に専念、名誉を回復した。2006年、91歳で死去。　左／スキャンダルのもう1人の主役、ソ連のイワノフ大佐。事件から30年後の1993年、キーラーと再会しスパイ活動に利用したことを謝罪。翌1994年、68歳で死去

とも関係していたことが明らかになり、単なる閣僚の女性スキャンダルは、一気に全英を揺るがす大事件に発展する。

プロヒューモがキーラーとの密会の最中に国家の軍事機密を漏らし、彼女を介してソ連のスパイと目されるイワノフに情報が流れたのではないか？

プロヒューモは、議会でキーラーとの関係を認めたものの、情報漏洩はなかったと身の潔白を主張。ほどなく政治家を引退するが、混乱は収まらず、やがて当時のイギリス首相ハロルド・マクミランの責任問題にまで拡大。最終的に、翌1964年における総選挙でマクラミン政権の保守党が惨敗するという結果を招いた。

プロヒューモがキーラーに情報を漏らした証拠はなく、イワノフが機密情報を入手した事実も確認されていない。真相は藪の中だが、事件

から50年後の２０１３年６月、キーラーはイギリスの『サンデー・ミラー』紙の取材でスパイ行為を認める発言をしている。

ウォードとイワノフに頼まれて、アメリカの核ミサイルがいつ西ドイツに配備されるか、色仕掛けでプロヒューモから聞き出すよう命令された。在英ソ連大使館に封筒を届けるよう頼まれたこともある。自国を裏切ったことを深く反省している——。

全ては、ウォードのお膳立てだったのか。彼はいったい何者だったのか。謎の男、スティーブン・ウォードはスキャンダル報道が過熱していた１９６３年６月、売春斡旋容疑で逮捕され、同年８月に自殺した。

事件から50年後、スパイ行為を告白

2013年当時のキーラー。1963年、スキャンダルとは直接関係のない銃撃事件の公判で偽証罪に問われ、8ヶ月服役。その後、二度の離婚を経験、酒に溺れ生活保護に頼るまでに転落した。2017年12月、数年患っていた肺疾患により75歳で死去

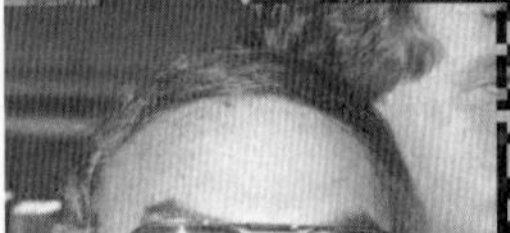

主人公を演じたクリスチャン・ベール（上）と、モデルの元詐欺師メルヴィン・ワインバーグ（２０１８年4月現在、93歳で存命）。ベールの頭はカツラではなく、実際に地毛を抜きワインバーグに似せている

アメリカン・ハッスル

FBIと詐欺師が仕掛けた一大オトリ作戦

FILMS

アブスキャム事件

２０１３年公開の「アメリカン・ハッスル」は、ＦＢＩが名うての詐欺師と手を組んで大規模なオトリ捜査を敢行、汚職議員を大量摘発するサスペンスだ。アラブの大富豪が経営する投資会社をデッチあげて政治家に賄賂を持ちかけるなど、話は荒唐無稽に思えるが、映画は１９７０年代末、米アトランティックシ

ティで実際に起きた収賄スキャンダル「アブスキャム事件」をベースに制作されている。

クリスチャン・ベール扮する物語の主人公アーヴィン・ローゼンフェルドのモデルは、メルヴィン・ワインバーグ（1924年、ブロンクス生まれ）という実在の人物で、6歳のときから詐欺を生業にしていた。

劇中で描かれるようにワインバーグが詐欺でFBIに逮捕されるのが1977年、53歳のとき。手口は、銀行から住宅ローンを断られた人をカモに、ロンドンの投資会社が融資してくれるとウソをつき手数料を巻き上げるというものだった。映画ではエイミー・アダムスが〝ニセ投資会社の社員〟のフリをして詐欺の片棒を担いでいるが、この役柄もイブリンなる実在の女性がモデルで、18歳年上のワインバーグの愛人として長年、彼に仕え、後のオトリ作戦にも大きく貢献する。

逮捕されたワインバーグは、FBI捜査官のジョン・グッドとトニー・アモロッソ（劇中でブラッドリー・クーパー演ずる捜査官は、この2人をミックスしたキャラ）

アメリカン・ハッスル

2013／アメリカ／監督：デヴィッド・O・ラッセル
1970年代末、米アトランティックシティで起きた収賄スキャンダル「アブスキャム事件」を映画化したサスペンス。「アブスキャム」とは、西洋人がアラブ人の名前で一番最初に思いつく「アブドゥール」と「スキャム」（詐欺）を合わせた言葉で、「アラブの詐欺」を意味する。

を説得、協力するから起訴しないでくれと訴える。

捜査官2人には渡りに船の提案だった。グッドとアモロッソは日頃、上司から手柄を挙げるようにプレッシャーをかけられていたのだ。ちなみに、この2人は監修顧問として映画の制作に協力している。

こうして、彼らが共同で考案したのが、アラブの大富豪が経営する「アブドゥール・エンタープライズ」という投資会社をデッチあげ、政治家に贈賄を持ちかけるという計画だった。

こんなウソ臭い儲け話に誰が乗ってくるのかと思いきや、実際に興味を示した人物がいた。ニュージャージー州カムデン市の市長アンジェロ。劇中でジェレミー・レナーが演じているカーマイン市長のモデルだ。アンジェ

ワインバーグの愛人で詐欺の協力者、イブリン・ナイト（劇中でエイミー・アダムスが演じている）

アラブの富豪に扮したFBI捜査官と記念撮影する
実際のニュージャージー州カムデン市のアンジェロ市長

ロ市長は、地元活性化のためカジノを誘致しようとしており、金が必要だった。

映画は、主人公たちが仕掛けた架空の投資話に乗せられ、次々賄賂を受け取る政治家たちをビデオに収めるFBI捜査官の様子を事細かに映し出す。映画の冒頭、NYプラザホテルで、クリスチャン・ベールが上院議員に賄賂を受け取らせるシーンも、ワインバーグが実際に上院議員にやった行為の再現だ。

ちなみに、劇中では、このニセ投資話にロバート・デ・ニーロ演じる大物マフィアまで乗ってくるが、これも事実。モデルになったのは、イタリア系マフィアの最高幹部ラッキー・ルチアーノの〝財布〟とも言われた経済マフィア、マイヤー・ランスキーである。

作戦はあくまで秘密裏に行われていた。が、

1980年、『ニューヨーク・タイムズ』紙がすっぱ抜き、事が明るみに出る。捜査に詐欺師を入れることを良しとしないFBI職員からのたれ込みだった。

こうして、上院議員1人、下院議員6人を含む19人が逮捕・有罪となり、アブスキャム事件は決着をみるが、捜査手法を世間に非難され、捜査官のグッドとアモロッソは左遷。また、辞職に追い込まれた議員が1人を除き全員が民主党だったこと、ワインバーグが無罪になったことも反響を呼んだ。

★

映画の最後、ワインバーグの妻マリーは夫と離婚し、イケメンマフィアと新天地に旅立つ。が、これは完全な作り話。実際はイブリンに「アタシが稼いだ金でアンタは1日中テレビ見て遊んでるじゃないのよ」

賄賂を受け取る姿を盗撮されたビデオが動かぬ証拠となった。写真は実際の映像より

主人公の詐欺師は愛人と再婚、妻は事件を苦に自殺

ワインバーグの妻マリー（左）と、演じたジェニファー・ローレンス

と罵られた（劇中にも出てくる）事実をメディアに暴露されたことを苦に、事件後ほどなく自殺している。しかも、実際のマリーは50代にもかかわらず、この役を20代のジェニファー・ローレンスに演じさせたうえ、エンディングも美しく変えたことにアメリカでは非難が集まったという。

一方、ワインバーグは1982年にイブリンと結婚したが、1998年に離婚。現在は2人とも別々にフロリダで暮らしているそうだ。

船長ラヴェルを
演じたトム・ハンクス。
映画「アポロ13」より

損傷した13号の機械船

アポロ13

酸素タンク爆発、極寒の船内、迫り来る死

FILMS

アポロ13号爆発事故

映画「アポロ13」は、１９７０年４月に発生したアポロ13号爆発事故を史実どおりに描いたサスペンスである。最新のＣＧを使ったその映像は超リアルな仕上がりで、事故の関係者をして「記録映像としか思えない」と言わしめたほどだ。後に〝輝かしい失敗〟と呼ばれる、アポロ13号の事故発生から奇跡の生還までを追う。

１９６０年代、アメリカとソ連が国の威信をかけて火花を散らした宇宙開発競争は、１９６９年７月、アポロ11号の月面着陸成功で米国の勝利に終わる。

しかし、その後もアメリカ航空宇宙局（ＮＡＳＡ）による飛行計画は進められ、12号の成功に続き、１９７０年４月11日、13号が打ち上げられた。

すでに国民の関心は薄れ、発射の際、テレビ中継もなかったが、その２日後、13号は全米、全世界から注目されることになる。月に到着する寸前、酸素タンクが放電により爆発、月面着陸どころか地球生還も極めて困難な非常事態に見舞われたのだ。

ここから、飛行士３人と地上のＮＡＳＡの管制センターによる、生還への苦闘が始まる。

アポロ13

1995／アメリカ／監督：ロン・ハワード
1970年に起きたアポロ13号爆発事故の実話に基づくサスペンス作品である。同号の船長だったジム・ラヴェルのノンフィクション『Lost Moon』が原作。1995年度のアカデミー賞において編集賞、音響賞を受賞した。

アポロ13号は、機械船、司令船、月着陸船の3艘からなる宇宙船だ。爆発を起こしたのは機械船で、急激に酸素が漏れ出し、数時間後には完全に空になるものと予想された。

当然ながら人間は酸素がないと生きられない。が、代わりに司令船の酸素を使うわけにもいかなかった。それは地球に戻るにあたり、機械船切り離し後の大気圏再突入時に必要となるもので、約10時間分しか用意されていない。

そこで管制センターは、乗組員に司令船の機能を全て停止させ、着陸船へ避難するよう指示する。着陸船には十分な酸素があったが、問題は電力だ。着陸船独自の電池エネルギーの残り時間は16時間分。このまま消費していたら地球へ帰るまでに切れてしまう。

これを切り抜けるため、管制官との通信に必要なコンピュータの電源のみを残し、生命を保つ最低限度まで節電することになった。結果、船内の温度は1～4度に急下降。凍てつく寒さの中で乗組員たちが耐える様子は、映画で描かれるとおりだ。

管制センターは、月の引力を利用、周回軌道に乗せ13号を帰還させる考えだった。が、窓から地球が見える場所まで来た時点で問題が起きる。船内の二酸化炭素濃度が上昇し始めたのだ。

飛行士たちが呼吸するたびに船内には二酸化炭素が放出される。着陸船にはそれを排出するフィルターが搭載されていたが、本来2人乗りのため3人がこのまま呼吸し続けると帰還まで持たない。そこで飛行士たちは管制官の指示により、船内のボール紙やビニール袋をガムテープで貼り合わせ自家製のフィルターを作成、致死濃度15％に達する寸前で窮地を乗り切る。

この後も、大気圏再突入への軌道のずれを降下用エンジンで修正、底を尽きかけた司令船の電力を急場しのぎの策で確保するなど、様々なトラブルと解決を繰り返しながら、いよいよ大気圏再突入の段階に入る。

ここで最後にして最大の難関が待ちかまえていた。燃料タンク爆発により司令船の遮熱パネルが損傷していた場合、大気圏突入時の過熱で船の壁が破損する危険性が高い。が、この問題ば

NASAの管制センターには、飛行士を生還させるためのあらゆる英知が集められた。実際の写真

かりは解決すべき術はなく、ただ神に祈るよりなかった。

大気圏再突入の際は、約3分間通信が切れるのが通常。しかし、3分が過ぎ地上の管制官が「オデッセイ（司令船の名称）応答せよ」と呼びかけても、13号からは何のレスポン

絶望的な状況を乗り切り見事に帰還

4分間の沈黙後、アポロ13から応答があった瞬間の管制センター（上）。左から2人目、拍手している短髪男性が帰還ミッションの陣頭指揮を執った主席飛行管制官ジーン・クライツ。映画においても、もう一人の主役とでも呼ぶべき役柄で、名優エド・ハリスが演じた（下）

帰還したアポロ13号のクルー。左からフレッド・ヘイズ、ジム・ラヴェル（船長）、ジョン・スワイガート。2018年4月現在、スワイガート（1982年、51歳で病死）以外の2人が存命

スもない。

もはや絶望か。誰もがあきらめかけた4分過ぎ、ようやく船長ジム・ラヴェルの声が届いた。

「こちらオデッセイ。無事に帰還した」

管制室はもちろん、テレビの生中継を見ていた全米が歓喜した瞬間である。4月17日午前11時55分。アポロ13号が地球を離れ6日が経過していた。

★

専門家によると、アポロ13号の事故は、月に向かう途中、着陸船の物資が手つかずの状態で起きたことが不幸中の幸いだったらしい。もし月面に降り立ち着陸船を切り離した後に爆発が起こっていたら、飛行士3人の命は100％助からなかったそうだ。

第4章

悲劇

True Story Movies
映画になった衝撃の実話

陽のあたる場所

ベストセラー小説『アメリカの悲劇』の題材になった恋人殺し

FILMS

チェスター・ジレット事件

チェスター・ジレット（下）と、彼が殺害したとされる恋人グレース・ブラウン

モンゴメリー・クリフト演じる貧乏な青年が、ツテを頼って叔父の経営する工場に就職。そこで同じく貧しい工員の女性と恋仲になるが、やがてパーティで知り合った富豪の娘（エリザベス・テイラー）と惹かれ合い、工員の恋人が邪魔になる……。

映画「陽のあたる場所」は、富と美しい女性を得るべく〝陽のあたる場所〟に野望を抱いた青年が、最終的に自滅していく物語。今ではいかにもベタなストーリーだが、もともとこの話は、映画の原作であるベストセラー小説『アメリカの悲劇』が下敷きとした20世紀初頭の殺人事件が基になっている。

事件の主役は、チェスター・ジレットなる男性だ。米モンタナ州の貧しい家庭に生まれた彼は1905年、22歳のとき、叔父が経営するスカート製造工場（映画では水着製造工場）に職を得る。

そこで、知り合ったのが同じ工場の従業員で、農村出身のグレース・ブラウン（当時17歳）。2人はすぐに親密な関係となる。

似たもの同士で結婚し、貧しいながらも幸せな家庭を築くのも一つの選択肢だろう。が、ジレットは違った。自分のしがない家柄を憎み、上流社会に強い憧れを抱いていた。

ジレットは夢中で働き、昇進を果たす。叔父に認められ社交界にも出入りするようになり、やがて、大富豪の娘ハリエット・ベネディクトに出会う。

劇中では、高嶺の花だったエリザベス・テイラーがモンゴメリー・クリフトにアプローチをかける設定だが、実際は違う。

ジレットは野望の塊だった。ベネディクトと

陽のあたる場所

1951／アメリカ／監督：ジョージ・スティーヴンス
1931年にジョセフ・フォン・スタンバーグ監督によって映画化されたセオドア・ドライサーの小説『アメリカの悲劇』のリメイク。第24回アカデミー賞において、最優秀監督賞を含む6部門を受賞。

知り合った瞬間から、自分が結婚する相手は上流家庭の令嬢でなければならないと、積極的にアタックしてモノにした。映画と違い、もともとの恋人に対する罪悪感など欠片もなかったようだ。

ジレットはブラウンに別れてくれるよう懇願した。が、彼女はその申し出を頑なに拒んだばかりか、1906年春、妊娠したことを告げ、もし自分と別れるなら、会社に全てをぶちまけると騒いだ。己が蒔いた種とはいえ、ジレットは深刻に追い詰められていく。

工場従業員役のシェリー・ウィンタース（左）と、主人公の青年を演じたモンゴメリー・クリフト。映画「陽のあたる場所」より

同年7月11日、ジレットはブラウンと旅行に出かける。ロッジを偽名で予約し、最小限の荷物しか持っていなかったことから、すでに殺す腹を固めていたものと思われる。

ブラウンは、ジレットの気持ちが自分から離れていることを悟っていた。が、心のどこかでプロポーズを期待し、誘いに乗ったようだ（劇中では、男が結婚式を挙げると騙し女を誘い出している）。

ジレットは映画同様、彼女を湖に連れて行き手漕ぎボートに乗せる。この後、劇中では、将来の夢を語る女に男がいらつき、興奮した女性が立ち上がると同時に、それを諌めよう

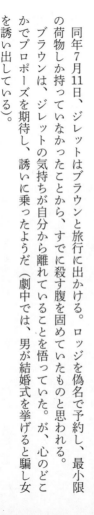

とした男も立ちあがり、２人してバランスを崩し湖に転落。水中に沈んだ女を見捨てて、男だけが泳いで逃げ延びることになっている。

実際、そこで何が起きたのかはわからない。ただ、確かなのは、翌7月12日に発見されたブラウンの遺体に、顔が変形するほどの殴打の痕があったという事実だ。これはジレットがテニスラケットで彼女を殴りつけたものと推測されている。

同年12月、陪審員はジレットに第一級殺人で有罪の評決を下した。劇中のモンゴメリー・クリフトは、それに納得しないながらも、最終的に、彼女が死ぬことをわかっていながら救わなかった「未必の故意」を認め、改悛の情で死刑を受け入れる。

が、実際のジレットは最後まで罪を認めず控訴を繰り返したばかりか、報道で有名になった自分のブロマイド写真を１枚５ドルで売り、獄中での豪華な食事に宛てていたという。上流社会に憧れていた男には、およそ似つかわしくない行動である。

１９０８年3月30日、電気椅子により処刑。享年24だった。

ジレットが夢中になった令嬢ハリエット・ベネディクト。
ジレットの死刑後、裁判を担当した弁護士と結婚

1972年12月23日、救出ヘリコプターから撮った、生存者が歓喜する光景

生きてこそ

極寒のアンデスで72日間をサバイバル

FILMS

ウルグアイ空軍機571便遭難事故

1972年10月13日、ウルグアイのラグビー選手団とその家族を乗せた空軍機571便がアンデス山中に墜落した。29人が死亡したこの飛行機事故は、厳冬期の72日間を16人が生き延び奇跡的な帰還を果たしたことで、後世に語り継がれることになる。

事故を題材に多くのノンフィクション、映画が作られたが、最も有名なのが1993年のアメリカ映画「生きてこそ」だろう。制作現場を訪れた生存者をして「我々が体験したままの光景」と言わしめたこの作品には、墜落から生還までの一部始終がほぼ史実どおりに描かれている。

遠征試合のためチリに向かう一行45人（内5人は乗務員）を乗せた飛行機は、アンデス山脈の切れ目を通過中、予測不能な強い向かい風、パイロットの判断ミスなど、偶発的な要因が重なり、チリとアルゼンチンの国境にまたがる高度4千200メートルの地点に墜落した。

墜落までに尾根に衝突したことで、両翼と機体尾部は切り裂かれ、最終的に雪に埋まって停止するまでには胴体だけとなっていた。この時点で、機外に放り出された行方不明者を含む死亡者は17人。すぐにウルグアイ、チリ、アルゼンチンの3ヶ国による捜索が開始されたが、墜落機の外装は白く、積雪の中、空からの機体発見は不可能に等しかった。

生存者たちは、酷寒の山中でどう生き残るかという難問に直面する。防寒着はな

生きてこそ

1993／アメリカ／監督：フランク・マーシャル
1972年に起きたウルグアイ空軍機571便遭難事故をセミドキュメンタリー・タッチで描いたサバイバル劇。当時の生存者がアドバイザーを務めたことで、極めてリアルな作品に仕上がっている。

く、食料も板チョコ数枚とスナック菓子、ワイン数本のみ。機体の中で体を寄せ合うように眠り、わずかな食料を分け合い日々を送ったものの、尽きるのは時間の問題だった。

追い詰められた彼らは苦渋の決断を下す。遺体の肉を食べ生き延びる——。

乗客の全員がクリスチャンで、チームメイトである。仲間の肉を食すなど考えられない。当然、異論は多かった。が、生存のために他に手がないのもまた事実。彼らが初めて遺体を解体し、人肉を口にしたのは、墜落から9日後、救援隊が捜索中止を決定した10月21日のことだった。

〝食〟は確保したものの、死者はどんどん増えていく。10月29日には雪崩が発生し8人が死亡。怪我を悪化させ息絶えた者も含め、1ヶ月足ら

事故に遭ったウルグアイのステラ・マリア学園ラグビー選手団の面々。
ほとんどが20歳前後で、同じ町に暮らす友人同士だった

救出された人々は墜落機の胴体の中で生き延びていた。実際の写真

ずで生存者は17人に減った。

　この間、彼らは救援を求めるべく出力のなくなった無線機の復活を必死に試みている。山中を探索し、充電用のバッテリーが積まれていた機体尾部も探し当てた。が、懸命な作業も虚しく、修理は成功しなかった。

　12月11日、29人目の仲間が死亡。彼らは最終的な手段として、人が住む場所まで移動し助けを求めることを決意する。厳しい雪山をどれだけ歩けば良いのか、そもそも人が住んでいるのか。誰にも見当はつかなかったが、生還のためには、そこに懸ける他なかった。

　この無謀で危険なミッションに参加したのが、事故で母と妹を亡くしたナンド・パラード19歳（演：イーサン・ホーク）と、

意を決し、チームメイトの遺体を解体するショッキングなシーン。映画「生きてこそ」より

生存者の命を救ったのは仲間の人肉だった

医大生のロベルト・カネッサ22歳。2人は人肉と簡易寝袋を携帯し、酷寒のアンデスに旅立つ。

厳しい峰を登り、岩山を下ること9日。カネッサとパラードはついに遭遇する。馬の背に乗った3人のチリ人男性。助けを求める声に彼らが気づき2人を救出。残された17人の元へ救援ヘリが到着したのは、12月23日。墜落から72日間が経過していた。

この生還劇は、電撃的なニュ

ースとして世界を駆けめぐった。が、後に機内から、切り分け保存された遺体が発見されたことをメディアが報道すると、事態は一気に猟奇色を帯びてくる。

生還後の記者会見で、彼らは、生き延びるため仕方ない術だったと釈明している。その行為を表だって非難する声もなかった。が、彼らが口にしたのは友人、親友の人肉である。後に遺体が喰い散らかされた事故現場を訪れた遺族は何を感じたか。生存者には、どれほど深い苦悩が襲ったのか。彼らは現在、心の傷を抱えながら、その大半が、遺族も住むウルグアイの地元町で暮らしている。

9日間、アンデス山中を歩き助けを求めたナンド・パラード（左）とロベルト・カネッサ。写真は救出直後に撮影されたもので、後ろの人物は彼らを保護したチリ人男性

反乱を起こしたセデック族のマヘボのリーダー、モーナ・ルダオは
台湾の名優、リン・チンタイ（写真中央）が演じた。映画「セデック・バレ」より

セデック・バレ

日本統治下の台湾で起きた抗日暴動

FILMS

霧社事件

1930年10月、日本統治下の台湾で、先住民族セデック族（日本名：高砂族）による抗日事件が発生。武装したセデック族の男たちに、女性や子供を中心に130人以上の日本人が殺害された。

衝撃を受けた日本総督府は約2千700人にも及ぶ軍隊や武装警察を投入して

報復。先住民およそ700人を殺害し、事件は鎮圧する。

日本ではあまり知られていない、この「霧社事件」を史実に則って描いたのが2011年に公開された台湾映画「セデック・バレ」である。

映画は、日清戦争で勝利し、日本が台湾を統治していた1910年頃から始まる。

当時、台湾島に住んでいたのは彫りの深い顔と褐色の肌を持った狩猟民族のセデック族で、彼らの一番の特徴が、集落間で抗争を繰り返す「首狩り族」という点だ。

映画の冒頭、カメラがセデック族の生活を追ううち1人の少年を捉える。他の部族との争いに勝ち、相手の首を狩るマヘボ村の少年で、後に暴動のリーダーとなる実在の人物、モーナ・ルダオだ。

それから20年が経った1930年。日本によって、台湾は学校や病院などが整備され、セデック族など先住民による森の伐採が進んでいた。

日本人の中には、先住民を〝蛮人〟と差別する者がいる一方、彼らの言葉や文化を理解しよ

セデック・バレ

2011／台湾／監督：ウェイ・ダーシェン
1930年、日本に統治下の台湾で実際に起こった先住民セデック族による抗日暴動「霧社事件」を描いた4時間半（全2部作）の歴史大作。先住民族と友好的な関係にあったが、後半は複雑な立場になる日本人警察官を安藤政信が演じている。

うと務める人間、逆に日本語を学び進んで日本の教育を受ける先住民も少なからずいた。

が、モーナをリーダーとするマヘボ村の人たちは違った。日本人が自分たちの文化を否定し、そのうち滅ぼしてしまうのではないかと恐怖を感じていたのだ。

中央がモーナ・ルダオ本人。
事件後、失踪したと伝えられるが自殺説もある

そして、暴動の引き金となる事件が起きる。１９３０年10月7日、マヘボ村で行われていた結婚式の最中、日本人巡査が通りかかった。モーナの長男が酒を奢ろうと宴に招きいれようとしたところ、巡査は「不潔だ」と長男の手を払いのける。

侮辱を受けたと感じた長男は、その場で巡査を殴打。村の人々も加わり袋叩きにしてしまう。警察から報復があるのは明らか。モーナは、やられる前にやってしまおうと、暴動を決意する。

10月27日、モーナを中心とした6つの村の３００人ほどが各地の駐在所を襲った後、運動会を催していた学校を襲撃。彼らは日本人のみを狙い、女性や子供１３４人を殺害する。日本が予想だにしない先住民の蜂起だった。

事件の後、山に逃げ込んだ反乱部隊に対し、日本軍は大砲を撃ち込み、飛行機で空から毒ガスを撒き、さらに、マヘボと敵対する部族に「マヘボの首を持ってきたら賞金を与える」とけしかけた。

映画は反乱後のセデック族の戦闘シーンにかなり力を入れて描かれているが、実際は圧倒的な武力を誇る日本軍に抵抗する術はなかった。

11月1日、指揮を執っていたモーナの次男が死亡、続いてモーナが失踪し、日本側は親日派セデック族をも動員し、11月4日までに暴徒側部族の村落を制圧する。

多くの日本人女性、子供が殺害された事件現場

日本軍に協力し、暴徒討伐に参加する他部族

モーナの失踪後は長男が蜂起勢の戦闘を指揮したが、12月8日に長男も自殺。12月中に鎮圧軍は現地の治安を完全に回復し、戦闘は終結した。

この戦闘で、700人ほどの先住民暴徒が死亡もしくは自殺、500人ほどが投降しているが、マヘボ村の蜂起した男たちの妻は全員が自殺する事態となった。一方、日本軍兵士で命を落としたのは22人だけである。

劇中では最後にナレーションで触れられるだけだが、翌1931年4月25日「第二霧社事件」と呼ばれる事件が起きた。

最初の事件の後に投降したセデ

暴動の翌年、投降者200人以上が殺害される「第二霧社事件」が発生

ック族生存者500人を親日派セデック族が襲い、216人を殺害したのである。彼らに犯行を唆したのは先の運動会襲撃で妻子を殺され、マヘボへの復讐を心に誓った日本人の警官だった。

なお、最終的に生き残ったセデック族の投降者は北港渓中流域の川中島（現在の清流）と呼ばれる地域に強制移住させられ、警察からの指導のもとに生活したという。

第二霧社事件で首を狩られた犠牲者たち

ジョニーは戦場へ行った

第一次世界大戦で負傷し、生きる屍に

「ジョニーは戦場へ行った」は、第一次世界大戦で爆撃を受け、四肢と顔面を失いながら帰国した1人のアメリカ兵を主人公とした反戦映画だ。〝意識を持つ肉塊〟と化し、死ぬこともできず生き続けるその様は、悲惨の極みである。

映画の原作となったのは、実在したイギリス人将校をモチーフに書かれた小説『ジョニーは銃を取った』（1939年発表）だ。このタイトルは、アメリカが

眼窩《がんか》から下を失い、両手足を切断されたジョーは、身元不明の重傷患者として軍事病院に収監される。映画「ジョニーは戦場へ行った」より

主人公ジョーのモデルになった悲劇のイギリス人将校

FILMS

第一次世界大戦に際して使用した志願兵募集の宣伝ソング「ジョニー（男子の代名詞。日本で言う「太郎」）よ銃を取れ」に対する皮肉である。

映画は、1918年9月、コロラド州出身の青年兵ジョニーことジョー・ボナム（19歳）が、ヨーロッパ戦線に出征するシーンから始まる。彼は、戦地に着くやいなや被爆し、次のシーンでは「氏名不詳の重傷兵第407号」として変わり果てた姿で軍事病院のベッドに横たわっている。

心臓は動いているものの、顔を吹き飛ばされ、目、耳、鼻、口、さらには両手両足も失い、いわば観察対象として生かされているに過ぎない。

軍医長は、医者たちにジョーを見せながら「この患者は死者と同じで何も感じないし、意識もない」と説明。他の兵士の目に触れては士気を削ぐと、物置に押し込めてしまう。が、ジョーには意識があった。

（あれ、なんで見えないんだ。……そうか、目がないんだ！　静かなのは耳がな

ジョニーは戦場へ行った

1971／アメリカ／監督：ダルトン・トランボ
「ローマの休日」（1953）などの脚本家として有名なダルトン・トランボが1939年に著した小説『ジョニーは銃を取った』を原作に、トランボ自身がメガホンを取り、ベトナム戦争のさなかに制作・公開した反戦映画。第一次世界大戦下を背景に、戦場で両手足・耳・目・口を失ったジョーが病院のベッドで回想する美しい記憶と、衝撃的な現実が観る者の心を突き刺す。

いからだったのか）

その後、映画では、徐々に自分の状況を把握していくジョーの哀しい心の叫びが続く。

いっそ狂ってしまえば楽になれるのだろうが、ジョーは自分の体を囓るネズミの感触に怯えながらも正気を保ち続ける。

やがて、わずかに動く首を使い、モールス信号で自分の意思を伝えることを思いつく。驚く軍医長に望みを聞かれたジョーは、必死に首を動かし続ける。

「ＳＯＳ。殺してくれ」

モデルのイギリス人将校とされる人物。ジョーと同じ姿で15年間生き続けたという

この映画を監督したのは「ローマの休日」や「いそしぎ」「パピヨン」などの脚本家としても知られるダルトン・トランボだ。

第一次大戦後、新聞で、イギリス皇太子が四肢を失った兵士をカナダの退役軍事病院に見舞ったとの記事を読み、原作の小説を一気に書き上げたという。

モデルの兵士については、イギリス人の将校で、苦しみながら15年生き延びたということしかわかっていないが、当時は四肢を失った戦争不具者が大勢いたそうだ。

第一次世界大戦は、それまでの戦争とは大きく異なる戦争だった。飛行機や戦車などの近代兵器が用いられ、無差別攻撃や地雷の使用が始まった。それまで10万人単位だった死者数が1千600万人に膨れ上がり、負傷者も2千万人以上にのぼる。

当時の医学では、被爆した兵士の命を救うには、手足を切断するのが最善策だった。ジョーのように四肢を失った帰還兵はストレッチャーではなく籠で運んだことから「バスケット・ケース」と呼ばれた。

戦争で傷病を抱えた兵士は、当時、帰還先で社会問題になっていた。働けないという経済的な側面もあるが、見た目のグロさが大きく影響した。

映画で、ジョーが夢うつつで自分が見せ物にされる夢を見る場面があるが、当時のパリで有名だった「グランギニョル・シアター」はじめ、戦争不具者が見せ物小屋の演目になっていたのも事実だ。

第一次大戦後、イギリス皇太子がカナダの退役兵士病院を訪れ、四肢のない兵士を見舞った際の1枚。ダルトン・トランボは、このときの様子を写真付きで報じる新聞記事を読み、映画の原作となる小説を執筆した

キリング・フィールド

カンボジア国民200万人が虐殺死

独裁者ポル・ポトがもたらした「殺戮の大地」

カンボジアの首都プノンペンから車で南へ10分。のどかな田園の風景が広がる一角に「キリング・フィールド」(殺戮の大地)と呼ばれるエリアがある。

1970年代、当時の独裁者ポル・ポトが率いるクメール・ルージュが民間人を殺すために使った場所で、現在、ここには約300万人の大虐殺、国民の4人に1人が処刑されることになった壮絶な過去を記録した施設が建っている。

そんなポル・ポトの残

プノンペンの虐殺場「キリング・フィールド」に眠る、おびただしい数の人骨

虐行為に焦点を当てたのが、1984年のイギリス映画「キリング・フィールド」だ。「キリング・フィールド」は、『ニューヨーク・タイムズ』紙の記者、シドニー・シャンバーグが、カンボジアの特派員として体験した実話を基にしている。舞台は1974年のプノンペン。クーデターに成功したポル・ポトが、最高権力者の座に就いた直後の時代だ。〝完璧な共産主義〟を目指したポル・ポトは、革命の第一段階として全国の銀行と学校を破壊したうえ、全ての国民に農業を強制。これに逆らう学者や医師などのインテリ層をことごとく殺害していった。

身の危険を感じたシャンバーグは、現地で知り合ったカンボジア人通訳のディス・プランに協力を求め、フランス大使館を通じてアメリカへ脱出する。が、現地人だったプランだけは出国を許されず、ポル・ポト派の兵士たちの手で「集団農場」へ連行されてしまう。後の歴史家が「小型のアウシュビッツ」と呼んだ、地獄の強制労働場だ。

狭い小屋に数百人を詰め込んだ劣悪な住居。食事は午前8時と午後8時の2回で、どちらもスプーン5杯の薄い粥が与えられるだけ。逃げ出す者はその場で銃殺され、作業が遅いとナタで首を切られる。

キリング・フィールド

1984／イギリス／監督：ローランド・ジョフィ
1970年代、クメール・ルージュによる内乱渦巻くカンボジアを舞台に、アメリカ人記者と現地人助手の絆を描いた戦争ドラマの傑作。

そんな状況下、トカゲや昆虫を食べて飢えをしのいでいたプランは、ある日、監視のスキを見て集団農場からの脱走に成功。隣国のタイへ亡命すべく、徒歩で国境へ向かう。

一方、シャンバーグは、帰国後すぐにプランの居場所を探して奔走していたが、国と国の壁に阻まれ為す術がなかった。

ここから映画は、主にプランの視点から、カンボジア各地の地獄のような状況を描いていく。流れ作業で射殺されるインテリ層の男女。地雷でバラバラに吹き飛ぶ幼児。ポル・ポトに洗脳され、互いに殺し合う子供たち。中でも、数万体もの人骨を前にプランが立ちつくす場面は、本作でも屈指のショックシーンだろう。

ただ、一部のジャーナリストからは、本作が現実の悲惨さを2、3割しか伝えていないという声も多い。特に批判が集まったのは、ポル・ポト政権が行った拷問の事実を無視した点だ。

この頃のポル・ポトは、アメリカからのスパイの影に脅え、何の罪もない国民を端から拷問にかけていた。少しでも怪しい者は、監獄で逆さ吊りにし、全身にタバコの火を押しつけ、人間の糞尿をノドの奥に押し込む。さらに容疑が濃い者は、両手足の生爪をはがし、体の一部をワニに食わせたうえ、両親の目の前で赤ん坊を木に叩きつけて殺した。拷問に関しては、ナチスをはるかに上回る残酷さだ。

映画「キリング・フィールド」は、半年をかけて亡命に成功したプランが、タイの難民キャンプでシャンバーグと再会を果たして終わる。

一方、現実のプランは、ポル・ポト政権が1978年に倒れた後も世界中の内戦を報道写真家として取材し続け、2008年にすい臓ガンで死去（享年65）。また、シャンバーグは一連のカンボジア内戦の取材で1976年のピュリツァー賞を受賞、長年『ニューヨーク・タイムズ』で活躍し、退社後は『ニューヨーク・ニューズデイ』や『ビレッジ・ボイス』紙で記者活動を続け、2016年、心臓発作でこの世を去った。享年82。

物語の主役、『ニューヨーク・タイムズ』紙の記者シドニー・シャンバーグ（上写真の右）と、彼の助手を務めたディス・プラン（上写真の左）。プランを演じたハイン・S・ニョール（下写真の左）は実際に4年間、ポル・ポト政権下で強制労働に就かされた経験を持ち、本作の演技で1975年のアカデミー賞助演男優賞を受賞、その後も映画出演の傍ら、人権活動にも携わっていたが、1996年、強盗により射殺された

間違えられた男

犯人に顔がそっくりで冤罪被害者に

プルデンシャル保険会社強盗事件

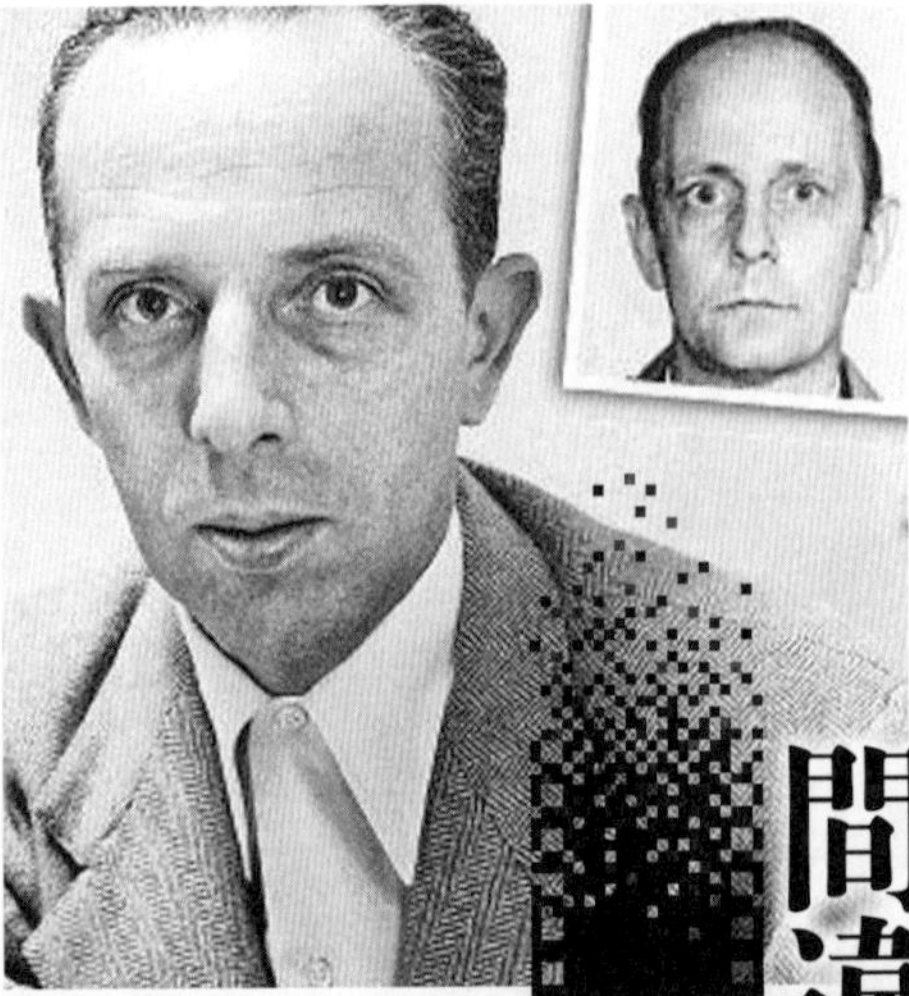

マニイ・バレストロ本人と、真犯人のチャールズ・ダニエル（右）

1956年公開のアメリカ映画「間違えられた男」は、強盗犯として誤認逮捕された男の実話を、名匠ヒッチコックがドキュメンタリータッチで描いたスリラーだ。

この不運な男は、いかに冤罪の憂き目に遭ったのか。

1950年1月、米ニューヨークのプルデンシャル保険会社が、2度にわたって強盗の被害に遭った。痩せた白人男の犯人は、窓口の女性へ銃を突きつけながら『静かに金を出せば怪我をせずに済む』と書かれたメモを差し出し、まんまと現在価値で約200万円の金を強奪。多数の目撃者があったにもかかわらず、その行方は杳として知れなかった。

事件から1ヶ月後、通常営業に戻ったプルデンシャル保険の受付嬢は、窓口に現れた受給者を見て腰を抜かす。目の前の男こそ、問題の強盗犯に他ならなかったからだ。慌てた彼女は、即座に警察へ通報。すぐさま2人の刑事がかけつけ、男の身柄を確保した。

マニイ・バレストレロ、43歳。ニューヨークのナイトクラブで働く貧乏ミュージシャンで、近隣の住人からは誠実な性格で知られた人物だ。

マニイには全く身に覚えがなかったが、状況は最悪だった。事件当日の記憶がほとんどないうえ、現場の保険会社は自宅からほんの数メートルの位置。さらには、筆跡鑑定の結果が犯人の残したメモに酷似していた。

極めつけは、目撃者による面通しだ。2人の受付嬢が「犯人に間違いない」と断言したことで、マニイはニューヨーク西岸に浮かぶロング

間違えられた男

1956／アメリカ／監督：アルフレッド・ヒッチコック
銀行強盗に間違えられ、司法機関の強引な取り調べによって刑務所に送られてしまった男の、悪夢のような恐怖体験を描く。1950年、ニューヨークで実際に起きた事件が題材。

アイランド島の刑務所へ送られる。

保釈金は7千500ドル。週給85ドルの彼には、とても払えない、絶望的な額だった。

マニイの逮捕を聞いた妻のローズは、思わず耳を疑った。人生で一度もケンカをしたことがなく、交通違反キップを切られた経験すらないマジメな男が、強盗事件など起こすはずがない。

そう確信すると、ローズは兄のジーンに頼み込み保釈金を調達。勾留から2日後にマニイを塀の外に救い出した。

無罪を勝ち取るには、アリバイを証明するしかない。記憶をたどり直した夫婦は、事件当夜、コーンウォール州のホテルで他の宿泊客と酒を飲んだことを思い出す。

さっそく当該のホテルへ向うと、宿帳にはその宿泊客の名前が。元気づいた2人は直ちに記載の住所へ向かったが、希望はすぐに打ち砕かれる。目当ての人物が、事件の直後に他界していたのだ。

不運な主人公を名優ヘンリー・フォンダ(中央)が演じた。
映画「間違えられた男」より

望みは完全に絶たれた。ガックリ肩を落としたマニイは、何ら勝算のないまま公判へ出廷。妻のローズも心労で精神を病み、半狂乱で夫へ殴りかかるなどの奇行を見せ始めたため、郊外の病院へ入院を余儀なくされた。

裁判は絶望的な状況のまま進んだ。検事側証人への反対尋問は不発に終わり、陪審員への印象も最悪。誰もが有罪判決を確信し始めた頃、奇跡は起きた。

判決の数日前、ニューヨーク郊外の食料品店に強盗が押し入った。犯人は店番の通報により捕まったのだが、取り調べでその男こそがマニイを冤罪に陥れた真犯人、チャールズ・ダニエルと判明したのだ。

警察からの第一報を聞くと、マニイは弁護士と共にすぐさま指定の警察署へ。鉄格子越しに真犯人と対峙するや、「僕の妻に何をしたか気づいているのか！」と叫んだ。

かくして15週間の苦闘は終わったが、妻のローズが療養所を退院し、家族と再び暮らし始めるには、さらに2年の歳月がかかったそうだ。

無罪確定後、マニイはナイトクラブに復帰

死刑台のメロディ

偏見と差別に満ちた裁判で電気椅子へ

FILMS

サッコ・バンゼッティ事件

強盗殺人犯にでっちあげられたサッコ（右）とバンゼッティ本人

1971年に公開された「死刑台のメロディ」は、共産主義を糾弾され、人種偏見と差別が増長していた1920年代のアメリカで起きた「サッコ・バンゼッティ事件」の顛末をほぼ史実どおりに映画化した社会派ドラマだ。言われなき強盗殺人罪で逮捕されたイタリア移民の男性2人が死刑に処されるまでの、背筋も凍る実話。

1920年4月15日、マサチューセッツ州サウス・ブレイントリーの製靴工場が5人組のギャングに襲われ、警備員と会計主任の2人が射殺、給料

1万6千ドルが強奪された。手口は極めて残虐だ。初めに撃たれた警備員は、犯人たちが立ち去る際に至近距離から再び撃たれてとどめを刺され、また会計主任はすでに金庫を手放して逃げているにもかかわらず後ろから狙撃されていた。

2日後の17日、現場から25キロ離れた林の中で、犯人グループが逃走に使ったと思われる黒のワゴン車が見つかった。この車は事件が起きる4ヶ月前、別の製靴工場が襲われた際にも目撃されていた。警察当局は同一犯とみて捜査に乗り出す。

翌5月5日、警察は事件の容疑者として、製靴工ニコラ・サッコ（当時29歳）と、バルトロメオ・バンゼッティ（同31歳）を逮捕する。目撃証言以外、物的証拠は何もなかった。が、逮捕時2人が銃と実弾を所持していたことに加え、共に当時のアメリカが敵視するイタリア移民のアナキストで〝世間が納得するに十分な犯人〟だった。

裁判は、予断と偏見に満ち満ちていた。ほとんどの目撃者が2人を犯人と特定できなかったにもかかわらず、検事は強引に起訴し、法廷では偽の証言者を雇い証言させたという。

さらに検事は、2人が揃って第一次世界大戦の徴兵を拒否、メキシコに逃亡していたことを

死刑台のメロディ

1971／イタリア・フランス／監督：ジュリアーノ・モンタルド
米国裁判史上最大の恥とも言われるサッコ・バンゼッティ事件を通じて、人間の尊厳を問うた社会派ドラマの傑作。エンニオ・モリコーネの哀切に満ちたメロディと、ジョーン・バエズの主題歌も心に強く訴えかけてくる。

死刑確定後、アメリカ全土で再審を求める抗議デモが発生

指摘し「あなたはこの国を愛していますか？」などと、事件には無関係な質問を投げかけ、陪審員の心証をミスリードしていった。

果たして、逮捕時から公判中も一貫して身の潔白を主張する2人に対し、陪審員は全員一致で有罪を判決。1921年7月14日、マサチューセッツ州ボストン郊外のデッダム裁判所は死刑判決を下す。

判決から3ヵ月後、新聞報道などで、あまりに公正さに欠ける審理過程を知った世間から抗議運動が起きる。その動きは、共産主義にことさら憎悪を抱いていたボストンはおろか、アメリカ国内各地、更にヨーロッパをはじめ世界各地に派生。抗議行動にはアインシュタインをはじめとした多くの知識人も参加し、当時のイタリア首相ムッソリーニも助命を嘆願した。

そのため死刑は確定していたものの、執行は長く延期となっていた。が、弁護側の再審申し立てはことごとく却下され、マサチューセッツ州知事も特赦を拒否。かくして事件から7年後の1927年8月23日、ボストン郊外の刑務所で0時19分にサッコが、続いて0時27分にバンゼッティが電気椅子で処刑された。ちなみにこの日、2人が収容されていた刑務所は処刑に抗議する群集の襲撃を恐れてサーチライトが輝き、機関銃と共に警官隊が警備に就いたという。

映画も史実同様、2人の絶望的な処刑シーンで終わり、エンドロールでは、ジョーン・バエズの歌う怒りと哀しみに満ちた主題歌「勝利への賛歌」が流れる。何ともやりきれないラストだが、映画公開6年後の1977年7月19日、マサチューセッツ州知事は、裁判が偏見と敵意に基づいた誤りであるとして2人の無実を正式に公表、処刑日にあたる8月23日を「サッコとヴァンゼッティの日」と宣言する。死刑執行から実に50年後のことだった。

絶望的な電気椅子による処刑シーン。映画「死刑台のメロディ」より

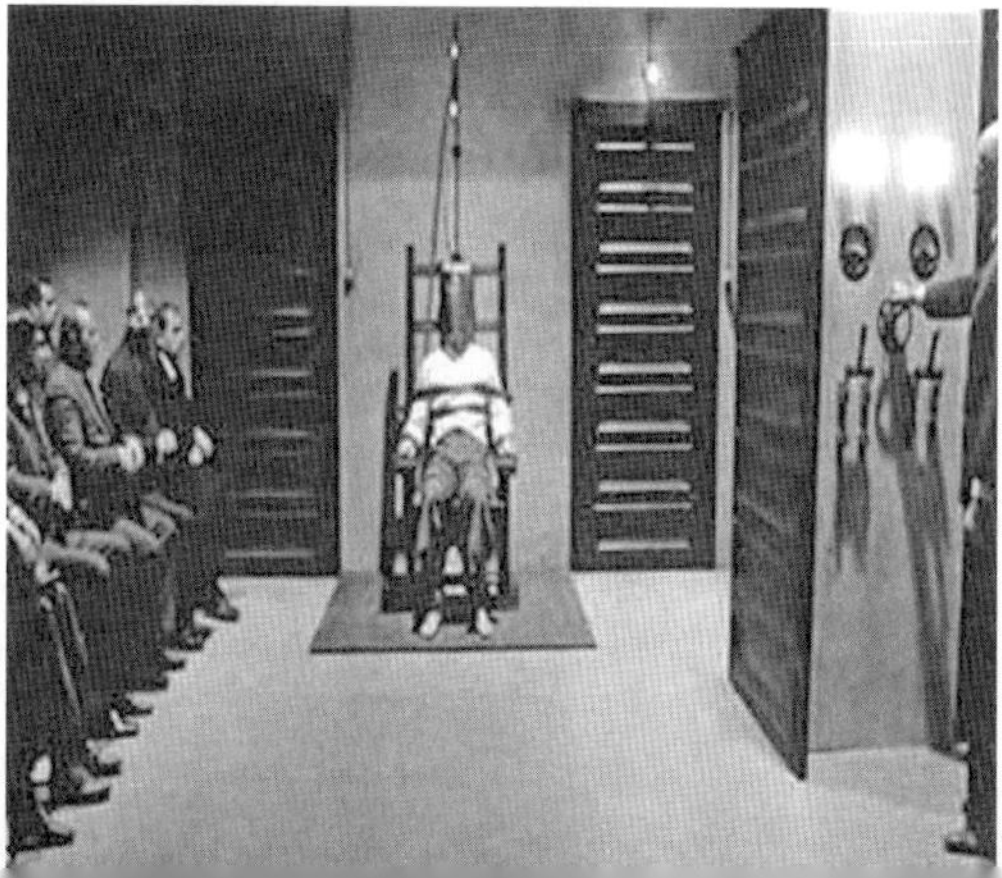

1945年8月15日正午過ぎ、
皇居前で玉音放送に聞き入る人々

日本のいちばん長い日

玉音放送を阻止すべく陸軍将校が起こしたクーデター

FILMS

宮城《きゅうじょう》事件

１９４５年8月15日正午、天皇陛下の玉音放送がラジオで流れ、太平洋戦争は終結した。が、その裏で陸軍将校らが最後の最後まで戦争続行を訴え、クーデターを起こしたことまでは教科書に載っていない。

１９６７年の映画「日本のいちばん長い日」は、御前会議で戦争降伏を決定した8月14日正午から玉音放送を通じてポツダム宣言受諾を知らせる15日正午までの24時間を克明に描写した傑作である。

1945年8月6日に広島、9日に長崎。二発の原爆を落とされ、すでに敗戦濃厚となった日本は8月13日の最高戦争指導会議で、無条件降伏を求める連合国のポツダム宣言を受諾、翌14日、昭和天皇出席の御前会議で戦争終結を正式に決定する。が、ポツダム宣言には国体維持（天皇制の続行）の確約がなく、これに一部将校らが猛反発、宮城（皇居）を占拠し、降伏阻止を訴えるクーデター、いわゆる「宮城事件」を企てた。

計画の立案者で事件の中心として動いたのが陸軍省軍務局の畑中健二少佐と椎崎二郎中佐の2人だ。畑中らは8月13日の時点で、当時の陸軍大臣だった阿南惟幾に兵力使用によるクーデター計画を提示、賛同を求めていたが、翌14日午前、正式に否定されていた。

同日午後3時、畑中は東部軍（本土決戦に備え温存されていた部隊）のクーデター参加を求めるべく司令官に直訴するものの、失敗。結果、彼らは当初考えていた計画とは異なり、15日に行われる予定の玉音放送を阻止することを第一目的に、その後、当初の予定どおり戦争継続を訴えていくことを方針とした。

14日午後11時半過ぎ、玉音放送の録音が終了。翌15日午前1時45分、蜂起に加わるよう

日本のいちばん長い日

1967／日本／監督：岡本喜八
宮城事件など、日本の指導部及び軍中枢で繰り広げられた緊張感溢れる最後の1日をドキュメンタリータッチで描く。阿南陸軍大臣を重厚な芝居で演じた三船敏郎、畑中少佐役の黒沢年男など、全ての俳優が光り輝いている。2015年、原田眞人監督によるリメイク版が公開された。

クーデターの首謀者で拳銃自殺を遂げた畑中健二少佐(上)と椎崎二郎中佐。共に享年33

説得され、これを拒否した森赳近衛師団長と、義弟の白石通教中佐が巻き添えで殺害される。

映画では、畑中少佐が銃で撃ち、航空士官学校の黒田大尉が斬殺したことになっているが、この黒田なる軍人は、航空士官学校の上原重太郎大尉と、通信学校の窪田兼三少佐をミックスさせた架空の人物だ。他の登場人物が全て実名にもかかわらず、ここだけ仮の設定としたのは、映画公開時、窪田が存命だったことに対する配慮と思われる。また、クーデターの策定者と言われる稲葉正夫中佐も当時は存命で、劇中には一切登場しない。

15日午前2時、畑中少佐らは、殺害した森師団長の印鑑を用いて偽の命令を発令、近衛歩兵第二連隊に皇居を占拠させる一方、血眼になって玉音盤を探す。

一連の動きは阿南陸相の元にも届いていた。が、すでに終戦詔書（玉音放送で天皇が音読した文章）に署名していた阿南の心は決まっており、同日午前5時半ごろ、陸相官邸で切腹（自刃）。映画でも描かれるとおり、その場には、クーデターに参加していた竹下正彦中佐、井田正孝中佐も同席、介錯を買って出たが、阿南はこれを断り、自ら首を切って絶命した。

畑中少佐らクーデター一派は一晩中、玉音盤を捜し続けたが見つからず（皇后宮職事務室内の金庫に保管されていた）、次の手段としてNHK放送会館を武力占拠し放送を不可能とし、同時にラジオを通じて国民に決起を呼びかけようとしたがこれも失敗。結局、15日早朝、東部軍と軍司令官が皇居に乗り込みクーデターは鎮圧された。

午前11時20分、主犯の畑中少佐と椎崎中佐が、二重橋と坂下門の間の芝生上で拳銃自殺。玉音放送がラジオから流れたのはその40分後のことだ。

★

事件に関係した将校たちは、敗戦と軍組織の解体などの混乱により、誰一人刑事責任に問われていない。

阿南惟幾陸軍大臣。8月15日未明自決。日本の内閣制度発足後、現職閣僚が自殺したのはこれが初めてだった。享年58

フルートベール駅で

黒人青年が白人警官に銃殺された不可解な理由

2009年1月1日午前2時前、フルートベール駅のホームで、無抵抗のまま警官に組み敷かれるオスカー。この直後、撃たれる（実際の動画より）。下がオスカー本人

オスカー・グラント射殺事件

2009年の元旦、米カリフォルニア州オークランドのフルートベール駅のホームで、黒人青年が、白人警察官に射殺される事件が起きた。丸腰で抵抗もしなかった彼がなぜ殺されなければならなかったのか。乗客によって事の一部始終が撮影された動画がユーチューブにアップさ

れたことで、事件はアメリカ国内で大きな波紋を巻き起こす。
２０１３年に公開された映画「フルートベール駅で」は、事件そのものではなく、殺害されたオスカー・グラントの人物像にスポットを当て、２００８年の大晦日から事件に遭遇するまでの彼の行動を丹念に追った作品である。

劇中で描かれるとおり、オスカーは、お世辞にも品行方正とはいえない青年だった。クスリの密売で刑務所送りになった前科があり仮釈放中の身。同棲中のガールフレンド、ソフィーとの間に4歳の娘がいるにもかかわらず浮気をし、せっかくありついたスーパーマーケットの仕事も遅刻でクビになってしまう。

それでも彼には家族や友人たちとの、つつましくも幸せな毎日があった。２００８年12月31日夜、オスカーは母親の誕生日を祝うため、ソフィーと娘と一緒に彼の実家へ向かう。誕生会が終わったのが夜11時頃。この後、オスカーとソフィーは娘を妹に預け、仲間と一緒に新年のカウントダウン花火を見に、ベイエリアを走

フルートベール駅で

2013／アメリカ／監督：ライアン・クーグラー
2009年ニューイヤーズ・デイ。新年を迎えた米フルートベール駅で、銃を持たない一般市民の黒人青年が、白人の鉄道警察官に銃で撃たれ死亡した実際の事件を映画化。サンダンス映画祭で作品賞・監督賞を受賞するなど高い評価を受けた。

る高速鉄道でサンフランシスコへ向かう。

彼らを乗せた電車はトラブルで遅れ、目的のサンフランシスコに到着する前に新年が訪れる。と、ここでオスカーは、以前刑務所で一緒だった白人男性と偶然出会う。獄中でも黒人に何かと突っかかってきた差別主義者で、このときもオスカーを見つけるや、殴りかかってきた。

互いに5、6人の仲間が一緒だったこともあり、車内は大混乱。最寄りのフルートベール駅（サンフランシスコ駅の一つ手前の駅）で下車することになった。

まもなく乗客の通報で鉄道警察官3人がホームに到着。オスカーや喧嘩相手の仲間たちは、バラバラに逃げ出すのだが、警官らは黒人のオスカーたちだけを捕まえる。が、オスカーは仮釈放の身。ここで捕まれば、刑務所に戻らなければならない。そこで、彼は警官に懇願する。

「俺には4歳の娘がいるんだ！　頼むから帰してくれ」

その言葉が反抗的に映ったのか、彼らはオスカーを問答無用でうつ伏せにすると、両手首に手錠をかけた。どう足掻いても抵抗できる状態ではない。にもかかわらず、27歳の男性警官ヨハネス・メサリー巡査がオスカーの背後から銃を発砲する。2009年1月1日

担架で運ばれるオスカー

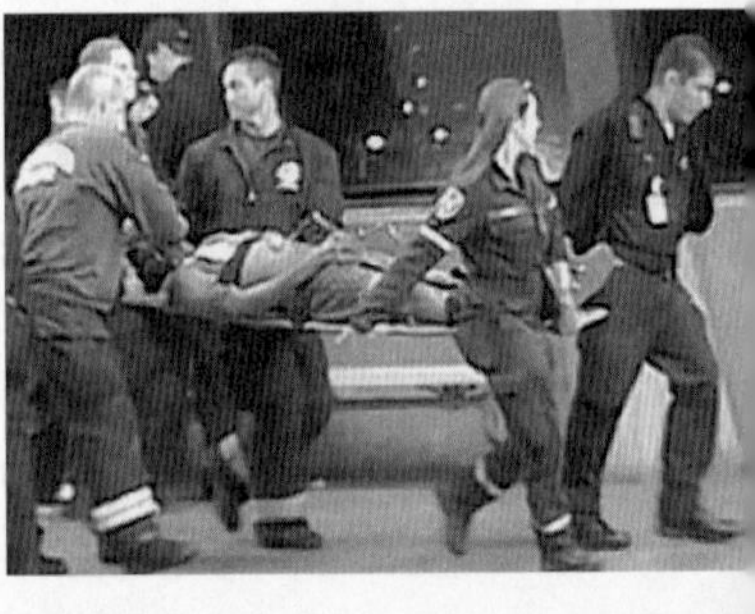

午前2時過ぎのことだ。

病院でオスカーが息を引き取るのはその7時間後の午前9時15分。まだ22歳の若さだった。

映画の冒頭でも流れる、乗客が撮影した映像が証拠になり、メサリー巡査が逮捕される。が、裁判で本人は、発砲時、鉄道警察職員に付与されているスタンガンと銃を間違えたと主張した。

ところが、スタンガンは銃に比べ5分の1の軽さで、この違いに気づかないのはあまりに不自然。さらに発砲の際には、銃を構えて警告を発するのが手順なのに、彼はうつ伏せの相手にいきなり引き金を引いている。

明らかにおかしな言い訳にもかかわらず、陪審員は被告の主張を認め、殺人罪ではなく過失致死とし2年の禁固刑が確定。メサリー巡査は収監されたものの、たった11ヶ月で出所した。

この不当極まる事件をニュースやネット動画など知った市民たちの怒りは頂点に達し、フルートベール駅や鉄道会社本部などでデモを繰り返す。背景に人種差別があるのは明らかだった。結果、鉄道会社がオスカーの娘に150万ドルの賠償金を支払うことが確定した。

発砲したヨハネス・メサリー巡査。下った判決は2年の禁固刑

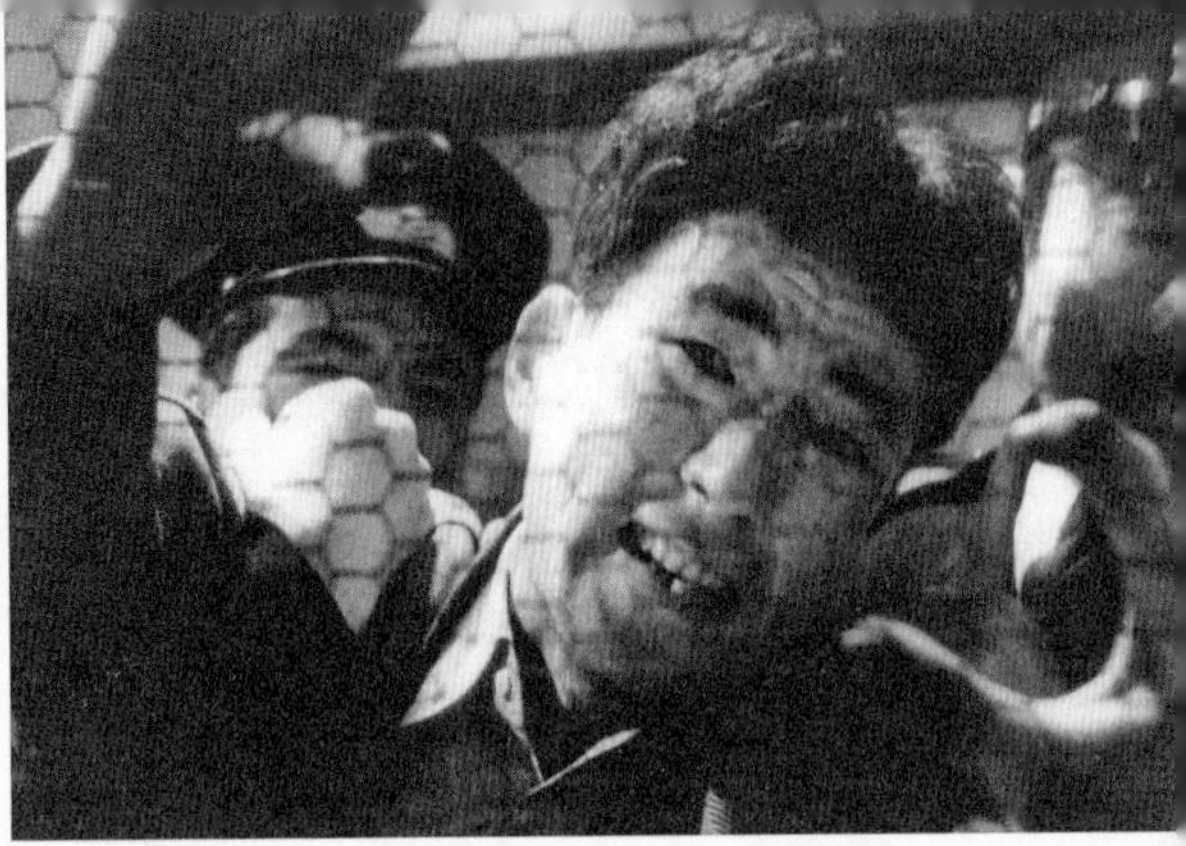

映画のラストシーン、控訴審で死刑判決を受けた主人公が叫ぶ「まだ最高裁があるんだ!」は当時の流行語になった。映画「真昼の暗黒」より ©北星

真昼の暗黒

罪なき4人の男性が強盗殺人犯に

八海《やかい》事件

名匠、今井正監督が１９５６年に発表した「真昼の暗黒」は、戦後最大の冤罪事件といわれる「八海事件」を正面から扱った社会ドラマの傑作である。

映画制作時、事件はまだ審理中だったことから多くの妨害が入ったが、スタッフ陣は意志を貫き撮影を敢行。完成した映画は世論を動かし、公開翌年の最高裁判決にも大きな影響を及ぼす。しかし、裁判はその後も二転三転とし、犯人とされた青年４人の濡れ衣が完全に晴れるのは、事件発生から17年の歳月を要した。

FILMS

劇中で「三原事件」と称される八海事件が発生したのは1951年1月24日の深夜。山口県熊毛郡麻郷村（現・田布施町）八海で、瓦製造業を営む老夫婦が殺害され、現金が盗まれた。

警察は事件から2日後の26日、窃盗の前歴があり、被害者とも面識のあった同村の土木作業員、吉岡晃（当時22歳）を逮捕する。取り調べで、吉岡は「金を盗む目的で侵入したところ、顔を見られたので殺した」と素直に犯行を自供した。

しかし、警察はこれに納得しない。現場に複数の足跡があったことなどから、事件が複数犯によるものと断定。恫喝と拷問で、吉岡から、阿藤修平（当時24歳）を含む4人の遊び仲間が犯行に関わったことを吐かせる。

劇中でも描かれるとおり、この供述によって逮捕された4人は、頑として事件との関わり合いを否定する。事件当日に皆で手順を打ち合わせ、犯行を働き、現場から逃げた後に金を山分け。これだけのことを警察が推定した40分で行うのは不可能で、それを裏づける証拠も皆無だった。が、無能な田舎警察は複数犯を疑わず、彼らを容赦なしの拷問にかけ最終的に自供を取る。

1952年7月の山口地裁が下した一審判決

真昼の暗黒

1956／日本／監督：今井正
正木ひろし弁護士の著作『裁判官』を原作に、八海事件の冤罪を訴えた力作。1956年、キネマ旬報ベスト・テン第1位。DVD販売元：KADOKAWA

は、主犯を阿藤として死刑、吉岡ら4人が無期懲役。翌1953年の広島高裁でも阿藤の死刑、吉岡の無期懲役は変わらず、他3人には12年～15年の懲役刑が下される（吉岡のみ確定。他4人は上告）。

映画は、阿藤が拘置所に面会に来た母に「まだ最高裁があるんだ！」と叫ぶシーンで終わるが、その言葉どおり、阿藤はその後もあきらめることなく、三鷹事件などで無罪を勝ち取った正木ひろし弁護士に事の経緯を詳細に記した手紙を出し、弁護を依頼。正木は彼らの無罪を確信し、その依頼を受けると同時に、事件に対する主張を著した『裁判官』を出版する。本はベストセラーとなり、これを原作とした映画「真昼の暗黒」も大ヒット。八海事件は世の中に広く知れ渡った。果たして、1957年10月、最高裁が下した判決は「事実誤認で高裁差し戻し」。これで彼らは晴れて無罪放免となるはずだったのだが……。

1959年9月、広島高裁での審理やり直しで、事件は吉岡の単独犯と認定され、4人は無罪となる。が、これを不服とした検察が控訴し、再び最高裁に判断が委ねられると、信じられないことに、無罪判決は破棄、事件は複数の犯行によるものと高裁差し戻しの判

1968年10月、最高裁の無罪判決を受けて記者会見に臨む阿藤修平氏

決が下る（１９６２年8月）。そして、１９６５年8月、広島高裁の判決は4人全員有罪。地獄に落とされた彼らが完全無罪を勝ち取るのは、それから3年後の１９６８年10月（最高裁判決）のことだ。

八海事件は、一つの事件で7回も裁判が繰り返され、事実上死刑4回、無罪3回の、世にも珍しい展開を辿った。

犯人の吉岡は１９６５年以降、獄中から自分の単独犯であるとの17通もの上申書を最高裁に送る一方、これまで名前の出なかった人間を共犯者にでっち上げたり、改めて5人での共謀を主張するなど、混乱した行動を見せる。そして１９７１年に仮出所した後は、鉄工所に勤務しながら4人へ謝罪。彼らもそれを受け入れたが、１９７６年、広島県内で男性を絞殺しようとした疑いで逮捕。審理中の１９７７年7月、49歳で病死した。

片や、いわれなき死刑判決を受けた阿藤は１９６８年の無罪確定後、映画「真昼の暗黒」に感動した女性と結婚。大阪市内で運送業を営む傍ら、生涯を死刑廃止運動に奔走し、２０１１年4月、84歳でこの世を去った。

犯人の吉岡。写真は1974年、広島県呉市内の病院で撮影されたもの

エヴァンス事件

イギリス死刑制度廃止のきっかけになった冤罪事件

10番街の殺人

映画「10番街の殺人」はこんなシーンで始まる。

鼻の病気に悩む女性が、ハゲ頭の中年男に「良い治療法がある」と彼のアパートに誘い込まれる。男は吸引器を彼女の口に装着、〝治療〟に取りかかるが、2本の管の1本はガス管に繋がれ、これを女性に吸わせ意識朦朧とさせたところで絞殺、屍姦に及ぶ——。

名優リチャード・アッテンボローが演じた男の名はジョン・クリスティ（1898年生まれ）。英国リリントンプレイス10番地のアパート1階に居を構えていた実在の人物

無罪を主張しながら26歳で処刑されたティモシー・エヴァンス。写真は逮捕時

で、1944年8月に売春婦を殺害して以来、生涯で8人の女性を亡き者にした稀代のシリアルキラーだ（映画冒頭の殺人は1944年10月に起きた2件目の事件）。

第二次世界大戦終了から3年、このアパートの2階に一組の若夫婦が越してきたことから前代未聞の事件が起きる。若夫婦の夫が、クリスティの犯した殺人の濡れ衣を着せられ絞首刑になってしまったのだ。英国が死刑制度を廃止するきっかけにもなったエヴァンス事件の悪夢。

後に悲劇の主人公となるティモシー・エヴァンスが、妻ベリルと新居に越してきたのは1948年3月（当時夫23歳、妻19歳）。7ヶ月後の10月、第一子となる娘が生まれた。当初、夫婦仲は良かったが、翌1949年夏、第2子の妊娠がわかった頃から、関係は険悪なものになっていく。エヴァンスは文盲で定職に就けず、妻ベリルはろくに家事もしない。こんな状態で2人目の子供を持つことは到底不可能。夫婦は日々、罵り合うようになる。

そんな彼らの相談に乗っていたのが、階下に住むクリスティだ。元警察官で郵便局に勤

10番街の殺人

1971／イギリス／監督：リチャード・フライシャー
若妻と娘が殺害されたエヴァンス事件の恐怖を描いた実録サスペンス。撮影は実際に事件が起きた英国リリントンプレイスで行われた。

務していたこの男は、物腰が柔らかいうえに博識で、夫婦には実に頼もしい存在だった。

夫婦は話し合った末、第2子の出産を断念。「昔、医者をしていた」と言うクリスティに堕胎手術を依頼する（当時のイギリスでは中絶は違法）。結果、ベリルは前記と同じ手口でクリスティに殺害されるのだが、手術に失敗して彼女が死んだと聞かされたエヴァンスは気を動転させ、数週間後の1949年11月30日、自ら警察に出頭する。

「妻が堕胎用の薬を飲んで死亡した。遺体をアパート前の下水道に捨てた」

警察はひとまず彼の身柄を死体遺棄罪で拘束し、下水道を調べる。しかし、遺体は出てこない。と、エヴァンスは、実は妻は下の階に住むクリスティという男性に堕胎手術を受け死んだ、このままでは自分も共犯になると脅され遺体を処分した、1歳の娘もクリスティに預けていると供述を翻す。

改めて警察がアパートを捜索したところ、裏庭の洗濯場から妻と娘の絞殺遺体が発見される。もちろん、エヴァンスには全く身に覚えがない。が、娘の首に巻き付けてられていたネクタイを警察から見せつけられ、彼はこう言ってしまうのだ。

「俺のネクタイだ。俺は自分のネクタイで赤ん坊を絞め殺したんだ」

1950年1月11日に始まった裁判でエヴァンスは、またも供述を変え、全てはクリスティの犯行と無実を主張する。

しかし、陪審員は、供述を二転三転させてきた彼に極めて悪い印象を持つ。対し、身だしなみの良い姿で「２人の死に全く無関係」と主張するクリスティは誠実な紳士に映った。陪審員の協議はたった35分で終わり、有罪が評決された。裁判長が下した判決は死刑。エヴァンスは裁判から２ヶ月後の３月９日、絞首台の露と消える。

★

３年後の１９５３年３月24日、リリントンプレイス10番地のアパート１階の新しい住人が、台所で異臭を覚え、壁の裏から遺体を発見する。通報を受けた警察が捜索した結果、壁の裏、床下、裏庭から計６人の遺体を見つける。全員が女性で、その中には３日前まで１階を借りていたクリスティの妻エセルも含まれていた。

この期に及んで、警察は初めて悟った。エヴァンスの妻子殺しも含め、全てクリスティの犯行だったのだ、と。

指名手配を受けたクリスティが、職務質問から逮捕されるのは、１週間後の３月31日。それから４ヶ月も経たない７月15日に絞首刑に処された。

前代未聞の冤罪事件に、イギリス国内で死刑廃止論が強まり、１９６９年12月、内務大臣が正式に死刑廃止を発表した。

真犯人のジョン・クリスティ。生涯で８人を殺害したシリアルキラー

生きてみたいもう一度

新宿バス放火事件

被害者・杉原美津子と加害者・丸山博文のその後

FILMS

放火された京王バス。撮影した石井義治氏は、車内に実妹がいたことを知らず救助できなかった自責の念に駆られ、事件後、報道カメラマンを引退した

１９８０年8月19日夜9時、新宿駅西口バスターミナルで、停車中の京王バスが放火され、6人が死亡、14人が重軽傷を負う大惨事が起きた。犯人は当時38歳の建設作業員、丸山博文で、動機は「日頃のうっぷんを晴らすため」だった。

事件から3年後の１９８３年、『生きてみたい、もう一度』という本が出版された。著者は事件の被害者の1人で、全身に大火傷を負った杉原（旧姓・石井）美津子さん（事件当時36歳）。１９８５年公開の映

新宿西口バス放火事件

画「生きてみたいもう一度　新宿バス放火事件」は、杉原さんの著書を原作としたものだが、その後、彼女にも、犯人の丸山にも過酷な運命が待ち受けていた。

右ページの写真は、放火されたバスの様子を、偶然通りかかった報道カメラマンの石井義治氏が撮影したものだ。写真は大スクープとして、翌日の読売新聞一面に掲載された。が、義治氏は知らなかった。自分がレンズを向けたそのバスの車内に、実妹の美津子さんが乗っていたことを。

美津子さんは、修羅場と化したバスの中から逃げ遅れ、全身80％の火傷を負う。植皮手術は10回以上、入院は1年にも及んだ。退院後の生活もままならないなか、彼女は世間から憐憫と同情と好奇の目に晒される。マスコミは昼夜を問わず電話をかけてきて、加害者への憎悪を聞き出そうとした。彼女は答えた。

「私は犯人を憎んでいない」

美津子さんは退院後、取材で知り合ったNHKの記者を介して裁判記録を取り寄せ、犯人・丸山博文の生い立ちを知る。

丸山は母を3歳で失い、定職を持たない

生きてみたいもう一度　新宿バス放火事件

1985／日本／監督：恩地日出夫
1980年8月、日本中を震撼させた無差別殺人、新宿西口バス放火事件の被害者、杉原美津子の手記を原作に、女性主人公（演：桃井かおり）の不倫相手（演：石橋蓮司）との愛と苦悩、事件の経緯、犯人（演：柄本明）との心情の重なり合いを描く。

アルコール依存症の父親に育てられた。学校へは小5の頃よりほとんど通っておらず、父の他界後は建設作業員として全国を転々とした。29歳で結婚して子供にも恵まれたが、妻が精神を病み離婚。子供を養護施設に預けて、毎月欠かさず7千円を送金していた。

美津子さんに丸山への恨みの感情は生まれなかった。それ以上に、彼がどんな人間なのかをもっと知りたかった。

美津子さんが初めて丸山の姿を見たのは1983年5月のこと。東京地裁の傍聴席最前列。衆人環視の中に身を晒される被告の姿に、自分が重なった。

一方、プライベートでも大きな変化があった。長年、不倫関係にあった編集プロダクションの男性社長の妻が病死し、晴れて夫婦になったのだ。が、夫の会社は傾き、借金が莫大に膨らんでいた。もはや返済の当てはなく、2人は心中を決意。自殺の名所、東尋坊へ向かう。が、寸前で思いとどまった美津子さんが、前出のNHK記者に救いを求める電話をかけ、駆けつけた彼の説得で心中は未遂となる。

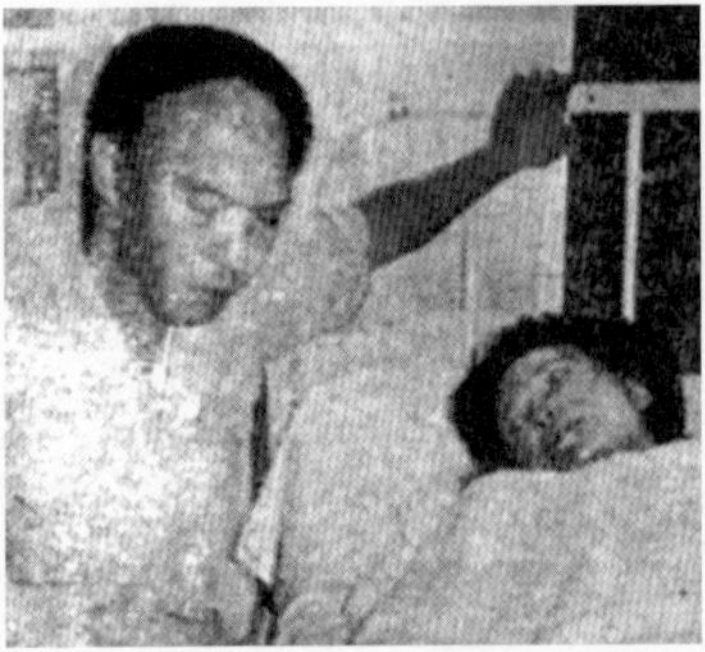
入院中の美津子さん。隣は兄の義治氏

映画は、1984年4月、丸山に無期懲役の判決が出て、美津子さんが改めて夫と共に生き抜いていく決意を固めるところで終わる。

劇中では描かれないが、美津子さんは丸山の減刑を求める上申書を提出しており、その後の控訴審も見守った。が、1986年8月、東京高裁が下した判決も無期。丸山が上告を取り下げたことで刑が確定する。

1991年4月、美津子さんは特別に接見を許され、丸山と面会を果たす。後日、丸山から手紙が届いた。

「いつかけいむしょ様から出していただきましたら、おれいにいきます」

しかし、それから6年後の1997年10月、丸山は獄中で首を吊って自ら命を絶つ。

その後、美津子さんは福祉関係の本を執筆しながら、晩年認知症を患った夫を介護しつつ最期を看取る。そして、彼女もまた夫が亡くなった翌2009年、肝臓ガンにかかり、闘病を経て2014年12月7日に死去する（享年70）。ちなみに、彼女がガンを患った直接の原因は、バス放火事件での火傷の治療で使用された非加熱製剤によりC型肝炎に感染したことだった。

1984年4月、一審判決後、東京地裁前で記者団の取材に答える杉原美津子さん

抵抗運動の主要メンバー。左からハンス・ショル、ゾフィー・ショル、クリストフ・プロープスト。1942年、ハンスが学生中隊員としてロシア戦線に派遣される際の別れの写真

白バラの祈り

ゾフィー・ショル、最期の日々

反ナチスをビラで
訴え国家反逆罪に

FILMS

「白バラ抵抗運動」メンバー処刑事件

第二次世界大戦中のドイツで、ヒトラーに命がけで抵抗した学生たちがいる。彼ら「白いバラ」のメンバーは、反ナチスのメッセージを記したビラを各地に配布、国民に戦争の愚かさを訴え続けたが、最終的にメンバー全員が逮捕され、国家反逆罪で死刑となった。

2005年公開の「白バラの祈り　ゾフィー・ショル、最期の日々」は抵抗運動の主要メンバーだった女子学生、ゾフィー・ショル（21歳）が、ゲシュタポに拘束され、わずか4日で斬首刑に処されるまでの過程を克明に綴った反戦映画の傑作である。

ゾフィー・ショルは1921年、ドイツ・フォルヒテンベルクの市長一家の5人兄弟の4番目の子供として生まれた。1932年、ナチスの少女組織であるドイツ女子同盟に入団するが、リベラルな思想を持つ父の影響で、しだいにナチスへの批判精神を持つようになる。

1942年、生物学と哲学を学ぶためミュンヘン大学に入学。同大学の医学部には3つ上の兄、ハンスが在籍していた。

ハンスは東部前線に衛生兵として従軍した際、ポーランドやソ連で多くの虐殺を目の当たりにし、戦争の悲惨、理不尽を痛感。戦地

白バラの祈り **ゾフィー・ショル、最期の日々**

2005／ドイツ／監督：マルク・ローテムント
ナチス政権下のドイツで、反戦を訴えるレジスタンス運動に参加したゾフィー・ショルが逮捕され国家反逆罪により21歳で処刑されるまでの5日間を描く。2005年のベルリン国際映画祭で監督賞と女優賞を受賞。

で出会った同じミュンヘン大学医学部の学生、アレクサンダー・シュモレルとともに反戦運動の意志を固める。これが「白いバラ」抵抗運動の礎である。

　ゾフィーは兄に勧められ白バラ運動に参加。他メンバーとともに「人間の権利と自由を我らの手に取り戻そう、戦争を終結させよう」と記したビラをガリ版で作成、国民に反戦を訴える。

　最初の4枚のビラは、１９４１年6月末から7月中旬にかけて主にドイツ南部やオーストリアで配布、5枚目はスターリングラードが陥落した直後の１９４３年1月。そして映画が始まる2月18日、6枚目のビラをハンスとゾフィーの兄妹がミュンヘン大学3階のホールから吹き抜けにばら撒いているところを、ナチス党員だった同大学の職員に見つかり、通報を受けたゲシュタポに身柄を拘束されてしまう。

　尋問において、ゾフィーもハンスもビラがあったことなど知らず、単に落としてしまっただけと〝犯行〟を否定した。が、ハンスの住居からビラの草案と、運動のメンバーであ

ゾフィーの信念に共感するゲシュタポの取調官、ロベルト・モーア本人

るクリストフ・プロープストからの手紙、ビラ郵送用の切手数百枚が見つかり、ついに自供。それでも２人はあくまで自分たち兄姉による行動と主張したが、翌23日にはプロープストも逮捕される。

ちなみに、劇中でゾフィーを尋問するゲシュタポのロベルト・モーアも実在の人物で、彼が取り調べにおいてゾフィーの自由を求める一貫した主張に心を動かされ、兄ハンスの不利な証言を引き出す代わりに彼女の命を救おうとしたことも事実に即している。

逮捕から４日後の２月22日、ショル兄姉とプロープストは国家反逆罪で起訴され、民族裁判にかけられる。

このとき、法廷を仕切っていたのが、反ナチス活動家を裁く特別法廷「人民法廷」の長官、ローラント・フライスラー。不法な見せしめ裁判で、数千人に死刑判決を下した〝死の裁判官〟と

ゾフィーらに死刑判決を下した〝死の裁判官〟ローラント・フライスラー

して有名な人物である。

フライスラーは、3人を感情的に怒号しながら、戦時にビラを撒くことで、軍需のサボタージュと国家社会主義体制の破壊とヒトラーへの誹謗中傷を行ったと徹底的に非難した。対し、3人は堂々と自分たちの活動が正しいことを主張したが、下された判決は、問答無用の死刑。そして彼らはその日の夕方5時に斬首台へ送られてしまう。

真っ黒な画面のバックにギロチンの落ちる音が鈍く響く映画のラストシーンは、あまりに絶望的でやりきれない。

その後、ゾフィーらがばら撒いた抵抗ビラは、スカンジナビア経由でイギリスに渡り、連合国がドイツに降伏を呼びかける際のビラとして使われた。

彼らを裁いたフライスラーは1945年2月、公判中に裁判所の建物が米軍の空襲に遭い死亡。ショル兄姉のビラ撒き行為を通報した大学職員は戦後、5年の刑に処され、公職からも追放された。ゾフィーを取り調べたゲシュタポのモーアも逮捕されたが、すぐに釈放され、戦後は民間人として生き1977年に死亡している。

また、ゾフィーが遺書を残した4歳年上の婚約者、フリッツ・ハルトナーゲルは、スターリングラードの戦いで負傷、野戦病院で彼女の死刑を知った。復員後、ゾフィーの姉エリザベートと結婚。ミュンヘン大学を卒業後、裁判官として活躍した。

逮捕から4日後に死刑判決 その日の夕方、斬首刑執行

斬首刑台に送られた「白バラ」抵抗メンバー。上段左からゾフィー・ショル（享年21）、ハンス・ショル（同24）、ヴィリー・グラーク（同25）、下談左からクリストフ・プロープスト（同23）、クルト・フーバー（同50）、アレクサンダー・シュモレル（同25）。フーバーとシュモレルは1943年7月13日、グラークは同年10月12日に処刑された。フーバーは運動に協力していたミュンヘン大学の教授、他は全員同大学の学生

メンバーが実際に撒いたビラで作られたミュンヘン大学前の記念碑

栗林中将を演じた渡辺謙。イーストウッド監督に直訴し
役をつかんだ。映画「硫黄島からの手紙」より

硫黄島からの手紙

希有な戦術家にして良き家庭人

FILMS

「硫黄島決戦」を率いた栗林中将の運命

クリント・イーストウッド監督の「硫黄島からの手紙」は、日本の敗戦が濃厚となった1945年2月～3月、東京都小笠原村硫黄島で繰り広げられた日米決戦の一部始終を、日本兵の苦闘を通して描く戦争ドラマだ。

映画は、イーストウッドらしい冷徹な視線で戦争の悲惨を訴えた一級の作品に仕上がっているが、本作で一躍注目を浴びたのが、渡辺謙演じる日本側の指揮官、栗林忠道（当時は中将、死後大将に昇級）である。

アメリカ軍が当初、5日間もあれば陥落できると踏んだ小島を36日間も守った栗林は、戦術に長けた希有なリーダーであると同時に、戦場でも妻子を心配し手紙を送り続けた良き家庭人でもあった。

硫黄島の戦いは、太平洋戦争中、米軍の死傷者数が日本軍を上回った唯一のケースである（アメリカ約2万9千人、日本約2万1千人）。

これほどの激戦になった最大の理由は、指揮官である栗林が、米軍が上陸する前に地下要塞と言うべきトンネルを島中に張り巡らしゲリラ戦に持ち込んだこと。もう

硫黄島からの手紙

2006／アメリカ／監督：クリント・イーストウッド
イーストウッドがアメリカ側から描いた「父親たちの星条旗」に続いて撮った硫黄島二部作の一つ。圧倒的な兵力の米軍と死闘を繰り広げた栗林忠道陸軍中将指揮による日本軍将兵と、祖国に残された家族らの想いを描く。若き軍人を演じた二宮和也（嵐）の演技も高い評価を受けた。

一つは、それまで日本軍のお家芸だった「バンザイ攻撃」を厳禁した点にある。

「生きて虜囚の辱めを受けず」という戦陣訓のとおり、戦時中、軍人は美しく自決するのが良しとされていた。が、バンザイをしながら敵陣に突っ込むのは、勝ちをあきらめた自殺行為であり、ある種の儀式に過ぎない。

対し、栗林の命令は、あくまで敵を殺すための死。名誉のための死は決して許さなかった。この、日本軍人らしからぬ考えが兵士の士気を最後の最後まで低下させず、米軍に甚大な被害をもたらすことになる。

ちなみに、戦後、アメリカでは太平洋戦争における日本軍人で最も優秀な人物として栗林中将の名を挙げる声が多く、ある幹部は硫黄島決戦を「勝者なき戦い」とも評している。

もっとも、日本がアメリカと対等に戦ったからといって、その中身は凄惨を極めている。映画でも描かれているとおり、地下壕は40度以上の暑さで水もない状態。発狂する者も出

栗林忠道中将本人。硫黄島には52歳のとき、小笠原方面最高指揮官として任務に就いた

戦闘は激戦を極め、日米双方で約2万5千人の死者が出た

る地獄の中で戦いを強いられた日本軍には、悲劇の結末しか待っていなかった。

映画の冒頭、現在の硫黄島の地中から、兵士が家族に宛てた数百通もの手紙が発見されるシーンが映し出される。届けられなかった多くの便り。兵士の無念が痛いほど伝わってくるが、指揮官・栗林も日本に残した家族（妻と3人の子供）に、毎月1、2回必ず手紙を出していた。

『たか子ちゃん元気ですか。お父さんも兵隊さんも皆元気で戦ってます。お母さんからたか子ちゃんが、全優だとの便りがありました。お父さんも大変嬉しく思っています。勉強が

できるばかりでなく誰にでも親切に、いじ悪や皮肉をしないことです』(次女宛て)

『私は今日あって明日ない命であることを覚悟していますが、せめてお前達だけでも末永く幸福に暮らさせたい念願で一杯です。私も米国のためにこんなところで一生涯の幕を閉じるのは残念ですが、一刻も長くここを守り、東京が少しでも長く空襲を受けないことを祈ってます』(妻宛て)

一人の人間として父親として家族へのいたわりの情が伝わる文面である。が、これらが出されたのはまだ米軍が上陸する前の1944年。翌年になってから栗林の送信は、大本

栗林は自筆の絵を入れた手紙も子供宛に出していた。写真は1928年、留学先のアメリカから長男、太郎に送ったもの

営に対し、食料や物資、応援部隊を要請する電報が中心となる。

しかし、大本営はこれをことごとく無視する。軍本部にとって硫黄島は、本土空襲を遅らせるための単なる捨て石であり、最初から支援する気などなかったのである。

戦闘末期の1945年3月16日、栗林は玉砕を意味する訣別電報を大本営に打電し、連絡を絶った。その最後は割腹による自害、ピストル自殺、あるいは残り少ない兵力を率いて突撃したなど、諸説さまざまだ。

硫黄島決戦は3月26日に最終的に幕を閉じ、米軍はその日のうちに沖縄本島へ上陸する。

1945年2月23日、制圧した摺鉢《すりばち》山に米軍海兵隊が星条旗を立てる有名な1枚

『こんなところで生涯の幕を閉じるのは残念です』

第5章

真相

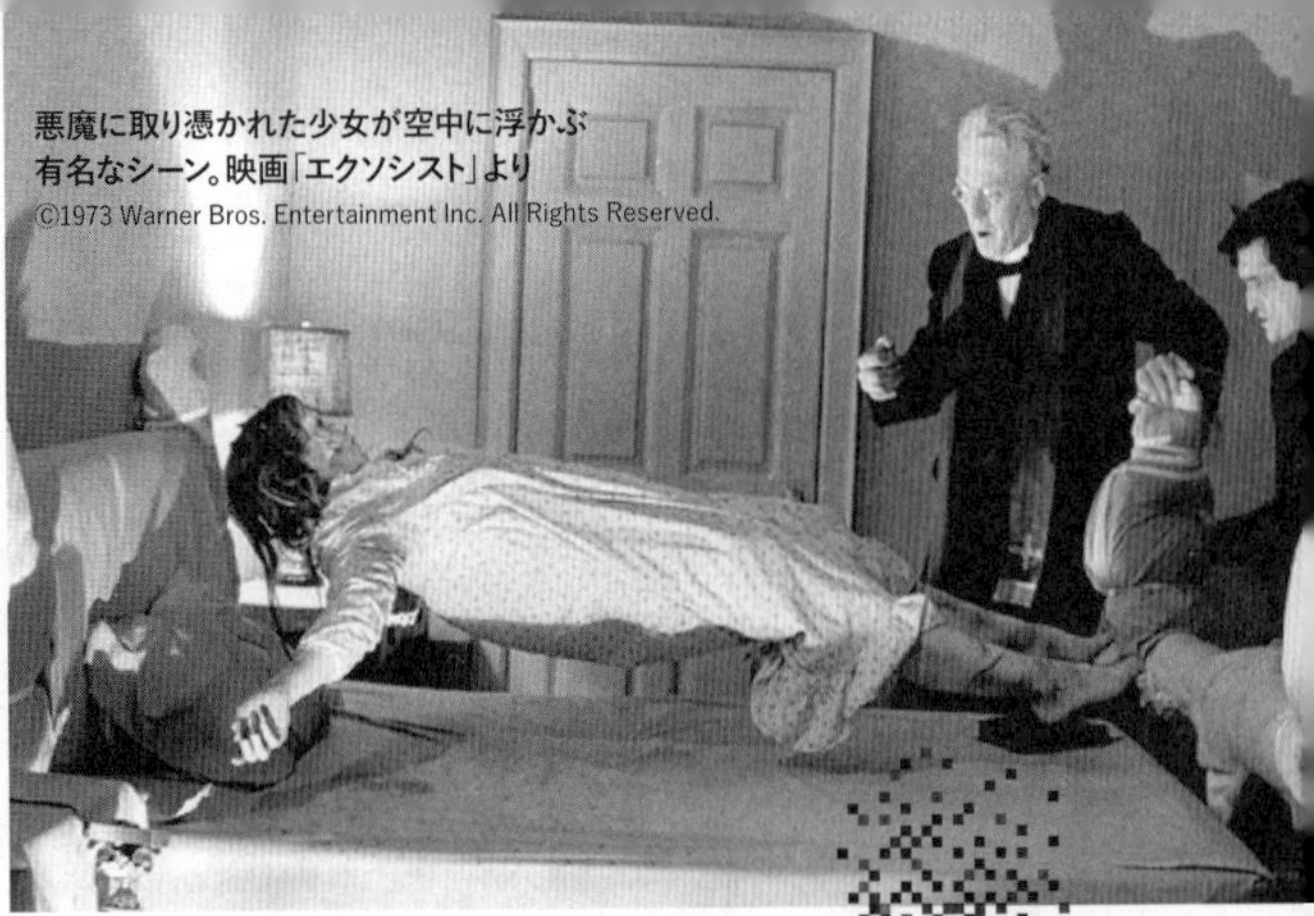

悪魔に取り憑かれた少女が空中に浮かぶ
有名なシーン。映画「エクソシスト」より

エクソシスト

傑作ホラーの題材と言われる怪奇現象は本当に起きたのか？

FILMS

メリーランド悪魔憑依事件

平凡な少女に取り憑く悪魔とキリスト教の神父たちの戦いを描いた、1973年公開の映画「エクソシスト」。実在する〝悪魔払い〟の世界をリアルに再現し、ホラー史上最恐とも称される一本である。

完全なフィクションと思いがちな作品だが、実は脚本を書いたウィリアム・ブラッティが下敷きに使った現実のエピソードが存在する。1949年に起きたメリーランド悪魔憑依事件だ。

事件はアメリカ・メリーランド州の住宅街で起きた。映画の主役は12歳の少女だが、現実に悪魔が取り憑いたのは、ロビー・マンハイムという13歳の少年である。

異変の始まりは1949年1月15日のこと。少年の部屋の家具がひとりでに動き出し、どこからともなくガラスを引っかく音が鳴り響く怪現象が頻発。さらに、少年の胸に謎の切り傷が浮かび、両親に向かって「地獄に堕ちろ！」と絶叫するようになった。

慌てた両親が精神科医のもとへ駆け込んだが、原因はわからず、治療の糸口すら見つからない。途方に暮れた一家が最終的にすがりついたのは、地元の教会で働くボバー牧師だった。

マンハイム家に泊まり込んだ牧師は、少年が夜ごとに叫び続けるのを見て、彼の体に悪魔が棲みついたと断定、米国聖公会のボーダーン神父へ悪魔払いを依頼した。ここまでの経緯は、映画のストーリーとほぼ同じだ。

初回の儀式は、教会が運営する病院で行われた。映画と同様に少年をベッドに縛りつけ、聖水をかけながら神への祈りを唱え続ける。

少年の反応は想像以上だった。全身を震わせながらベッドのバネをもぎ取り、神父の右腕へグサリ。返す刀で別の神父にも襲いかかり、鼻

エクソシスト

**1973／アメリカ／監督：ウィリアム・フリードキン
12歳の少女リーガンに取り付いた悪魔パズズと2人の神父の戦いを描いたオカルト映画の金字塔。ホラー映画史上初のアカデミー賞脚本賞に輝いた。**

の骨を叩き折る。それでも儀式が続くと、最後は腹部に「ＨＥＬＬ」（地獄）の形をしたミミズ腫れが浮かび上がったという。

最初の儀式から２ヶ月が過ぎた４月14日。映画では神父が自らの命と引き換えに悪魔に打ち勝つが、現実はあっけないラストを迎える。現場に立ち会ったビショップ神父の日記によれば、祈りの最中に爆発音が鳴り響き、気がつくと少年は元の穏やかな表情に戻っていたらしい。

映画「エクソシスト」で神父を演じたマックス・フォン・シドー（左）と、実際に悪魔払いを行った神父の1人、ウォルター・ハロラン

メリーランド悪魔憑依事件は、当初ローカル紙でひっそりと報道されただけだった。が、映画「エクソシスト」が公開されるとロビー少年の名は全米に知れわたり、以降、同じようなオカルト映画が次々に作られることとなる。中でも最大のヒット作が１９７９年に公開された「悪魔の棲む家」だ。「エクソシスト」と同じく〝実話を基にした〟作品で、１９７４年に発生したデフェオ一家殺害事件が下敷きと言われている。

映画のベースになったのは、1949年、当時13歳の少年ロビー・マンハイムに起きた怪現象

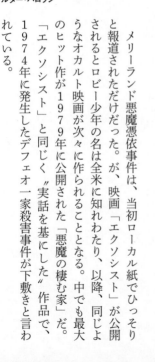

事件の舞台は、米ニューヨーク州の南東の小さな町、アミティヴィルだ。同年11月3日の夜、町はずれの一軒家に住むロナルド・デフェオ（当時23歳）が、自分の両親と兄妹あわせて6人をライフルで皆殺しにした。

取り調べに対し、ロナルドは「家族を殺せという声が聞こえた」と供述。裁判では責任能力が低いと判断され、彼は終身刑でニューヨーク刑務所に送られる。ここまでが、映画のプロローグとして使われた部分だ。

メインのストーリーは、事件から1年後、かつて殺人が起きた屋敷へ主人公のラッツ一家が移り住む場面から始まる。

問題の怪奇現象は、引越しが済んでから2日後に起きた。まず、リビングルームのドアが吹き飛び、階段の奥に見知らぬ少年の亡霊が出現。天井からは緑の液体がしたたり、床下から湧いた大量の虫が家族を襲う。しまいには、雪の上に悪魔のヒヅメのような足跡が現れ、深夜に巨大な赤い目が寝室をのぞき込んできたという。「エクソシスト」を遥かに超える怪現象のオンパレードだ。

家長のジョージ・ラッツは、各地から霊媒師や超能力者を呼んで解決を図ったが、祈禱も悪魔払いも一向に効果がない。結局、引越しからほんの28日間で、ラッツ一家は屋敷を手放すハメになってしまう。映画「悪魔の棲む家」のラストと、まったく同じ展開である。

かくして全米を席巻した2つのオカルト事件だが、ジャーナリストの間では、それぞれの事実関係の真偽を問う声も少なくない。

2006年に作家のマーク・オプサスニックが出版した『エクソシストの裏』によれば、映画「エクソシスト」のベースとなった神父の日記は、その記述の大半が母親からの伝聞に過ぎず、儀式の間に多発したポルターガイストも、ほとんどは少年が1人で部屋にいた際に発生しており、実際の目撃者はいないという。

決定的なのは、オプサスニックが1999年に行ったインタビューだ。取材の相手は、ボーダーン神父の助手として、儀式の一部始終を見届けたウォルター・ハロラン神父である。

「少年が超能力を発揮したことはなかったし、腹や胸に浮かんだミミズばれも、彼が自分で傷をつけた可能性が高い。1つだけ確実なのは、傷口から見えた血の色が、口紅を塗ったようにしか見えなかったことだ」

映画「悪魔の棲む家」に登場する屋敷、通称“オーシャン・アベニュー112”(左。写真左が主役ラッツを演じたジェームス・ブローリン)は、事件が起きた家(右)そっくりに造られた。右の写真の家族が惨殺されたデフェオ一家で、犯人は長男のロナルドだった(写真後列左)

この証言をもって、オプサスニックは事件を〝少年の虚言〟と断定。さらに周辺調査を進めたところ、少年が近所でも有名なイタズラ者だったうえ、ウィジャボード（欧米版の「こっくりさん」）で祖母の霊を呼び出そうとするなど、もともとオカルトへの興味が強かったことも判明したという。

一方、「悪魔の棲む家」の真相は、１９７９年に予期せぬ形で明るみに出た。映画と本の権利料を巡って、ジョージ・ラッツが意外な相手に訴訟を起こしたのだ。ウィリアム・ウェバー。１９７４年にアミティヴィルで家族を皆殺しにした、あのロナルド・デフォーの裁判で弁護人を務めた人物だ。

公判記録によれば、２人の関係は、ラッツ一家がアミティヴィルへ移り住んだ直後から始まった。問題の物件に目をつけたウェバーが、折りからのオカルトブームに便乗して一儲けを画策。借金に苦しんでいたジョージへ話をもちかけ、「エクソシスト」のエピソードを派手にふくらませる形で、怪現象をでっち上げたらしい。

いずれにしても、両作品ともに、実録作品を謳うには、かなり疑わしいと言わざるをえないだろう。

オカルトブームに乗じて一儲け!?

問題の屋敷を購入したジョージ・ラッツ本人（右）と妻

ミュンヘン

スピルバーグ監督はどこまで事実を知っていたか？

FILMS

占拠した選手村で
周囲を見張る「黒い九月」のメンバー

黒い九月事件

映画「ミュンヘン」は、巨匠スピルバーグ監督が、かつてイスラエルに実在した暗殺チームの苦悩を描いたサスペンスだ。

ベースとなったのは、1985年に発表されたノンフィクション『標的は11人』。ジャーナリストのジョージ・ジョナスが、イスラエル暗殺チームの元リーダーだったアヴナー・カウフマンの証言から、1972年のミュンヘン五輪で起きたテロ事件の詳細を暴いたベストセラーだ。

が、その内容と史実には少なからず違いがあるようだ。

第64回夏季オリンピック開催中の1972年9月5日未明、パレスチナの武装組織が選手村に忍び込み、敵対国家であるイスラエル人アスリート9人を人質に立て籠もった。実行グループの名を取った、いわゆる「黒い九月事件」である。

犯人側の要求は、イスラエルに収監されたパレスチナ人の解放だった。が、当時のイスラエル首相がこれを拒否したため、西ドイツ警察はやむなく狙撃兵を召集、テロリスト側と激しい銃撃戦を繰り広げる。結果、人質は全員が死亡。犯人グループは5人が射殺され、残る3人が逮捕された。

これに激怒したイスラエル政府は、テロ組織への報復を決定。首謀者たちを皆殺しにすべく、世界最強と称されたスパイ集団「モサド」に暗殺命令を下す。人呼んで「神の怒り作戦」だ。

リーダー格のカウフマンは、すぐさま4人のメンバーを引き連れてヨーロッパへ。上層部から指示された11人を1人ずつ手にかけていく。手口は銃殺がメインだが、一部のターゲットには、電話やベッドなどの日用品に爆薬を仕込む方法が使われた。憎きパレスチナ人たちに暗殺の恐怖を植えつけるためだ。

ミュンヘン

2005／アメリカ／監督：スティーヴン・スピルバーグ
1972年、ミュンヘン五輪開催中に起きたパレスチナ武装組織「黒い九月」のメンバーによるテロ事件と、その後のイスラエル諜報特務庁「モサド」の犯人グループに対する報復作戦を描くサスペンスドラマ。

しかし、その過程で、カウフマンたちは、少しずつイスラエル政府に疑問を抱くようになる。標的にされたパレスチナ人たちが、みな妻と子供を愛する良き家庭人だったからだ。

苦悩を深めたカウフマンは、映画のラストで、モサドの上層部へ暗殺の正当性を問いただす。答えは「確かに、政府の選んだ標的がミュンヘンテロに関った証拠はない」というものだった。

批評家たちが絶賛する一方で、映画「ミュンヘン」は公開直後から様々な批判を浴びた。

代表的なのは、イギリスBBCが2006年に放送した「モサドの逆襲」なるドキュメンタリーだ。番組には元幹部を含む5人のモサド関係者が出演し、いくつかの間違いを挙げた。

●映画の暗殺メンバーは5人の男だが、実際は15人を超す大所帯で、女性も含まれていた。

銃撃戦が終わった建物内、血と弾痕だらけだった

●映画では、あたかも暗殺チームが神経を病んだせいで計画が終わったかのようだが、実際は、メンバーの1人が間違って一般人のウェイターを殺してしまったため、イスラエル政府が世界を敵に回すのを恐れた。

●イスラエルの選手団が死んだのはパレスチナのテロリストのせいではなく、西ドイツの警察が誤って射殺したから。

そして、最も衝撃的なのが、カウフマンの正体だ。ワールド・ネット・ダイアリー社のエルサレム支局に勤めるアーロン・クラインが、50人以上の元モサドメンバーに聞き込みを行った結果、なんとカウフマンがモサドに所属した事実はなく、実はイスラエル航空で働く荷物運びだったことがわかったのだ。

続出する批判に対し、2006年には、ついに『標的は11人』の著者ジョナス自身が、カナダのニュース紙に「カウフマンの証言が正しいかを確認する手段はない」と回答。疑惑をほぼ裏づける形となった。

スピルバーグ監督が、どこまで真相を知ったうえで本作を作ったかは不明のままだ。

暗殺チームを指揮したと言われるアヴナー・カウフマンの近影

オリエント急行殺人事件

アガサ・クリスティの大ヒットミステリーの下敷きに

1974年と2017年の2度映画化された「オリエント急行殺人事件」は、世界的なミステリー作家アガサ・クリスティが1934年に発表した同名小説を原作としたサスペンス劇だ。

舞台は1935年。イスタンブールからロンドン行きの列車、オリエント急行に乗り合わせた私立探偵エルキュー

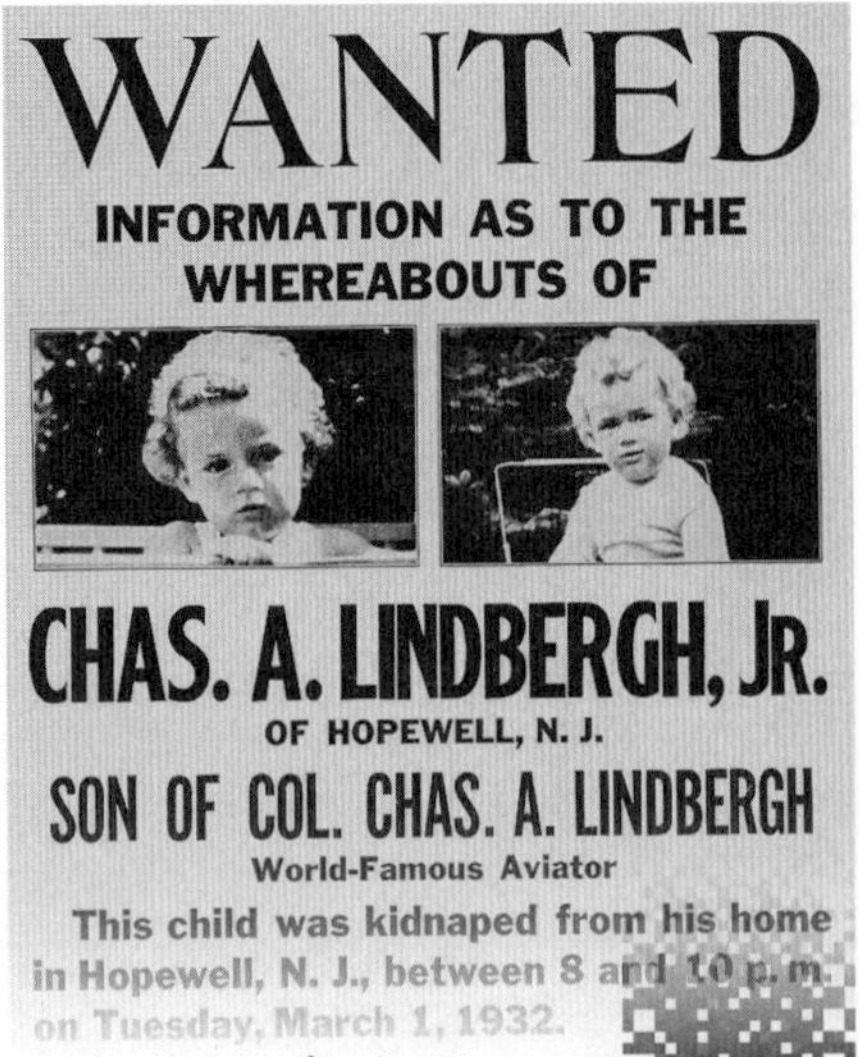

誘拐されたチャールズ・ジュニアの情報を求めるポスター

リンドバーグ愛児誘拐事件

ル・ポアロが車内で殺人事件に遭遇する。事件が発生した一等客車の乗客12人を調べたところ、最初は何の関係もないと思われていた彼ら全員が5年前、ニューヨークで起きた、ある誘拐殺人の関係者であることが判明する。

資産家の大佐の3歳の娘がさらわれ、身代金20万ドルを奪われたうえで惨殺。犯人は逮捕されたものの証拠不十分で釈放となり、母親はショックで命を落とし、父親も拳銃自殺した悲惨な事件。

本作の謎を解くキーワードとなるこの事件、原作者のクリスティは、作品発表の2年前、米ニュージャージー州で実際に起きた一つの誘拐殺人を参考にしている。初の大西洋単独無着陸飛行に成功したことで有名な飛行士チャールズ・リンドバーグの長男が殺害された「リンドバーグ愛児誘拐事件」だ。

1932年3月1日夜、リンドバーグ

オリエント急行殺人事件

1974／イギリス／監督：シドニー・ルメット
2017／アメリカ／監督：ケネス・ブラナー
アガサ・クリスティの大ヒットミステリーの映画化。1974版（左）では、乗客の1人で“俳優”の女性を演じたイングリッド・バーグマンがアカデミー賞最優秀助演女優賞を受賞。2017年版は、ポアロを演じたケネス・ブラナーが監督も兼任、他にジョニー・デップ、ペネロス・クルスらが出演している。

リンドバーグ夫妻。事件後まもなく死亡する作中の大佐夫妻とは違い、リンドバーグは事件から42年後の1974年に72歳で、妻アンは2001年、94歳で死去。ちなみに夫妻は殺害されたジュニアの下に5人の子供を授かっている

の長男、チャールズ・ジュニア（当時1歳8ヶ月）が自宅から誘拐された。2階の子供部屋の窓枠には犯人が侵入・逃走に使ったと思われる梯子がかけられ、窓の下に、5万ドルの身代金を要求する文言が記された手紙が残されていた。

国の英雄の息子が誘拐されたとあり全米は騒然となる。リンドバーグのもとには、地元警察やFBIはもちろん、マスコミが大挙して押し寄せる一方、20万通もの同情の手紙が届いた。

犯人は警察に通報したことに抗議し、「連中が静かになるまで取引には応じない」と手紙を寄こしたが、リンドバーグは協力者の手も借りて粘り強く交渉、4月2日、ようやく金の受け渡しにたどり着く。

指定された墓地には、顔をハンカチで隠した男が現れた。男は身代金を受け取ると、ジュニアの居場所が書かれた手紙を差し出し夜の闇に

消える。

果たして、ジュニアは手紙に記された場所ではなく、リンドバーグ邸からほど近い林の中で遺体で発見される。腐敗状況から、誘拐直後に殺害されたのは明らかだった。事件発生から2ヶ月半が経った5月12日のことである。

大失態を冒した警察は躍起になって犯人を捜した。特に疑われたのはリンドバーグ家の使用人である。全員が厳しい尋問を受けるなか、供述の矛盾を指摘された小間使いの女性はノイローゼに陥り服毒自殺した（作中でも、犯人グループの一味と疑いをかけられたメイドが飛び降り自殺したことになっている）。が、確たる証拠はつかめず、そのまま2年の時が流れる。

犯人は唐突に捕まった。1934年9月16日、ドイツ系ユダヤ人移民の大工、リチャード・ハウプトマン（当時34歳）が、ニューヨークのガソリンスタンドでナンバーが控えられていた身代金の紙幣を使用。彼のガレージからも1万2千ドルもの身代金紙幣が見つかったことで身柄を拘束されたのである。

リンドバーグ邸。2階に書斎と子供部屋があり、犯人は写真の梯子を使い侵入・逃走を図ったと推測されている

ハウプトマンは一貫して無罪を主張した。金は単に仕事仲間から預かっただけ。誘拐の際に使用した梯子が壊れていたが、本職が大工の自分がそんな雑なものを作るわけがない。犯行時、自分はニューヨークで大工仕事をしており、現場監督がアリバイを証明している等々。その主張は理に適っていた。が、1年の審理を経て下った判決は死刑。36年4月3日、ハウプトマンは電気椅子に送られる。

果たして、彼は真犯人だったのか。後に、陪審員の中に弁護側から被告に不利な証言をするよう買収された老人がいたことや、ハウプトマンが逮捕されて以降も身代金が使われた事実も判明している。彼の冤罪を唱える声は決して少なくない。

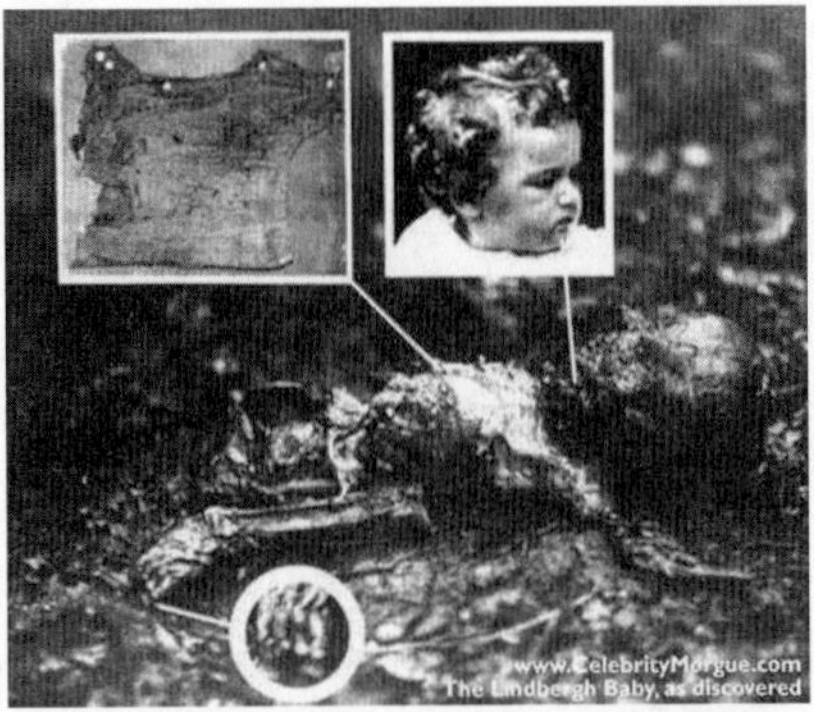

誘拐から2ヶ月半後に発見されたジュニアの遺体

では、ハウプトマンでなければ、誰が犯行を働いたのか。まことしやかに噂されたのが、父親リンドバーグの関与説だ。彼の妻アンの父親が、遺産の配当金年30万ドルの受取人をジュニアに指名していたことを不満に感じていたリンドバーグは、人を使い息子を誘拐・殺害させたというのだ。

未だ根強いリンドバーグ真犯人説

実際、ジュニアの死後、遺産はリンドバーグに配当されている。また、犯行時、彼の書斎は息子が寝ていた子供部屋の隣にあり、誘拐に気づかないはずがないという声も根強い。

他にも、後に自分がジュニアだと名乗りを上げた人物がいる。なんでも彼は誘拐後、ギャングの隠し子として育てられたという。では、見つかった遺体は誰なのかということになるが、その人物がリンドバーグにＤＮＡ鑑定を申し入れたところ、頑なに拒否されたそうだ。リンドバーグが有名人物だけに、事件は未だ数々の憶測を呼んでいる。

裁判所を出るリンドバーグ（中央）

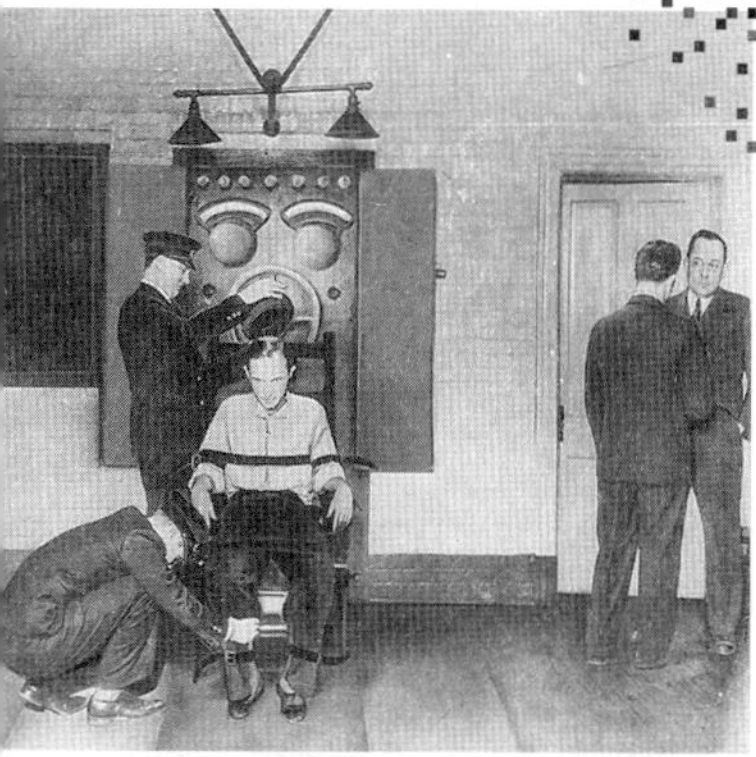

犯人として逮捕されたリチャード・ハウプトマンの処刑執行直前に撮られた1枚（1936年4月3日）

主人公ギャリソン検事を演じたケビン・コスナー（左）と、
被告クレイ・ショー役のトミーリー・ジョーンズ（前列右）。映画「JFK」より

JFK

ケネディ暗殺事件を裁いた唯一の訴訟

FILMS

クレイ・ショー裁判

1963年11月22日午後12時30分、第35代アメリカ大統領、ジョン・F・ケネディ（当時46歳）がテキサス州のダラス市内でパレード中に銃撃され死亡した。

犯人として逮捕されたリー・ハーヴェイ・オズワルド（同24歳）は犯行を否定したが、暗殺事件発生からわずか2日後、ダラス警察署内でテレビ中継のさなかに、マフィアとも関係のあったジャック・ルビー（同52歳）に射殺されてしまう。

政府は連邦最高裁判官アール・ウォーレン

を委員長とする検証委員会を設置、調査を行い、オズワルドの単独犯行と結論づけるが、これを信じる者は少なく、事件の背景に大きな闇が存在していたと見るのが一般的だ。マフィアに消された、ジョンソン副大統領が黒幕など、未だ囁かれる多くの陰謀論の一つに政府主犯説がある。ベトナム戦争に弱腰だったケネディのせいで軍需産業の利益が損なわれると恐れた政府の一部勢力が犯行に及んだというものだ。

１９６７年3月、地方検事ジム・ギャリソン（当時45歳）は、実業家のクレイ・ショー（同54歳）がＣＩＡ経由で暗殺に関与したとして彼を逮捕、起訴。裁判において、事件はＣＩＡ、軍部、国家が関与するクーデターであると主張した。社会派の映画監督オリバー・ストーンが１９９１年に発表した映画「ＪＦＫ」は、このケネディ大統領暗殺事件が唯一法廷で争われた「クレイ・ショー裁判」にスポットを当てた3時間以上に及ぶミステリー劇である。

映画では明確に示されないが、ケビン・コスナー演じるギャリソン検事がケネディ暗殺の捜査に関わるのは、オズワルドがきっかけである。

JFK

1991／アメリカ／監督：オリバー・ストーン
20世紀最大の謎といわれる、ケネディ大統領暗殺事件の謎を追う地方検事ジム・ギャリソンの捜査と、彼が殺人共謀罪で起訴したクレイ・ショーの裁判の行方を、オリバー・ストーン独自の解釈を交え描いた大作。実際のフィルムを交えた映像構成が見事で、第64回アカデミー賞において撮影賞と編集賞を受賞した。

事件の数ヶ月前、ギャリソンの勤務地であるニューオリンズで、オズワルド（演：ゲイリー・オールドマン）は、キューバの首相カストロを支持するキャンペーンに関係するトラブルで逮捕されていた。1962年のキューバ危機以来、同国はアメリカにとって最も警戒すべき国家の一つだった。

ギャリソンも名前をよく知るオズワルドが大統領暗殺犯として逮捕・暗殺されたことで、彼は検察上部の指示で、ニューオリンズにおけるオズワルドの行動や交友関係の調査に当たる。

そこで、浮上したのがデヴィット・フェリー（事件発生時44歳。演：ジョー・ペシ）なる人物だ。劇中でも描かれるように、ギャリソンは、フェリーが暗殺事件当日、何年かに一度の悪天候の中、ニューオリンズから300キロ離れたテキサス州ヒューストンに行っていたことを突き止め、彼を尋問。対しフェリーが「アイススケートをしに行った」などと不自然な供述をしたことを怪しみ、FBIに報告する。

ギャリソンは、フェリーがオズワルドの共犯だった可能性があると睨んでいた。が、FBIは彼をあっさり釈放。一介の地方検事であるギャリソンは、それ以上に大統領暗殺事

ケネディ暗殺の瞬間（1963年11月22日）。写真は、銃弾を受け、車体後部に飛び散った大統領の脳の破片を拾いに行くジャクリーン夫人

件に関与する立場になく、捜査を終える。

ギャリソンが再び動き出すのは事件から3年後の1966年。事件の公式記録である「ウォーレン報告書」（1964年9月に一部公開）の『ニューオリンズでのオズワルド』の項目が、自分が報告した内容とあまりに異なっていることに改めて疑惑を強くし、数名のスタッフとともに独自捜査に乗り出す。

彼が着目したのは、オズワルドが事件前によく姿を見せていたニューオリンズの「ガイ・バニスター事務所」である。表向きは探偵事務所だが、その正体は、亡命キューバ人らが頻繁に出入りする「キューバ革命委員会」だった。

ギャリソンは、組織をデヴィット・フェリーが取り仕切り、そこで彼と連れ立って行動していた白人の紳士クレイ・ショー（演：トミー・リー・ジョーンズ）の存在をつかむ。ショーはニューオリンズの数々の慈善団体の役員を務める、地元では知らぬ者のいない大物実業家だった。

また、「キューバ革命委員会」が、ＣＩＡの援助を受け、キューバ危機におけるマングース作戦（ＣＩＡが亡命キューバ人などをキューバ国内に送り込み行った破壊活動）の前線基地だった事実を把握。さらに、フェリーが腕利きのパイロットで、暗殺事件当日、彼がヒュースト

ジム・ギャリソン本人。1973年まで地方検事を務め、引退後の1988年、映画の原作となる『JFK ケネディ暗殺犯を追え』を発表。映画公開の翌年1992年、71歳で死去

ンに向かった目的は、犯人の逃亡を助けるための飛行機操縦にあったのではないかと考える。事件の背景に大きな陰謀が働いていることは、ギャリソンの中で疑惑から確信へと変わっていく。ただ、それを証明するためには、クレイ・ショー、デヴィット・フェリーらがCIAの裏の職員であったことを明らかにしなければならない。ギャリソンは、司法取引によってフェリーを味方につければ、クレイ・ショーを追及できると考えていた。が、1967年2月22日、フェリーは2通の遺書を残して不審な死を遂げる。ギャリソンはその死に疑問を持ち徹底的な調査を行ったが、他殺の確証は得られず自殺として処理されてしまう。

それから8日後の3月2日、ギャリソンは大統領暗殺の共謀罪でクレイ・ショーを逮捕。2年の歳月を経て起訴に持ち込む。裁判は1969年1月29日、ニューオリンズ郡刑事裁判所で始まった。ここで、ギャリソンは劇中同様、法廷で熱弁をふるう。が、彼は法廷に決定的な証言を期待できる人物を召喚できず、対し被告側の弁護士は検察側の証人に徹底的な個人攻撃を加え証言の信頼を低下させることに成功。結果、陪審員は陰謀の存在は認めたものの、被告のクレイ・ショーに関しては無罪判決を下した。

ちなみに、裁判前後のギャリソン検事に対する個人攻撃は常軌を逸したものだった。曰く政府の権力や大衆の信頼を悪用し自己の名誉欲を満足させるため、市民の税金を使用した売名主義者。何の根拠もないことを承知の上でクレイ・ショーを検挙し魔女狩りにうつつをぬかす検事。さらにはクレイ・ショーの同性愛癖を暴き出し一人の市民を破滅させた卑劣な男等々。敗訴は最初から決まっていたも同然だった。

劇中では描かれないが、実はこの反ギャリソンキャンペーン自体が後に彼の正しさを証明することとなる。1977年、「情報の自由法」が施行され、1枚のCIAメモが公表された。ここには、ウォーレン委員会の批判者らの信用を失墜させるCIAの戦略がはっきり記されていた。ギャリソン検事がその標的になったことは明らかだった。

さらに、その後、元CIA長官リチャード・ヘルムズの告白によって、クレイ・ショーがCIAのルイジアナ州の責任者であったことが判明。またヘルムズ元長官の補佐官を勤めた人物が、フェリーもまたCIAの協力者であったことを認めた上で、裁判の前に、ヘルムズ長官がクレイ・ショーを助けるようCIA内部に再三促していた事実も明らかにした。

CIAがケネディ暗殺に関与していた可能性は高い。が、その証拠はない。ちなみに、クレイ・ショーは無罪判決から5年後の1974年、肺ガンで死亡した。享年61。

殺人共謀罪で起訴されたクレイ・ショー

実業家クレイ・ショーはCIAのルイジアナ州の責任者だった

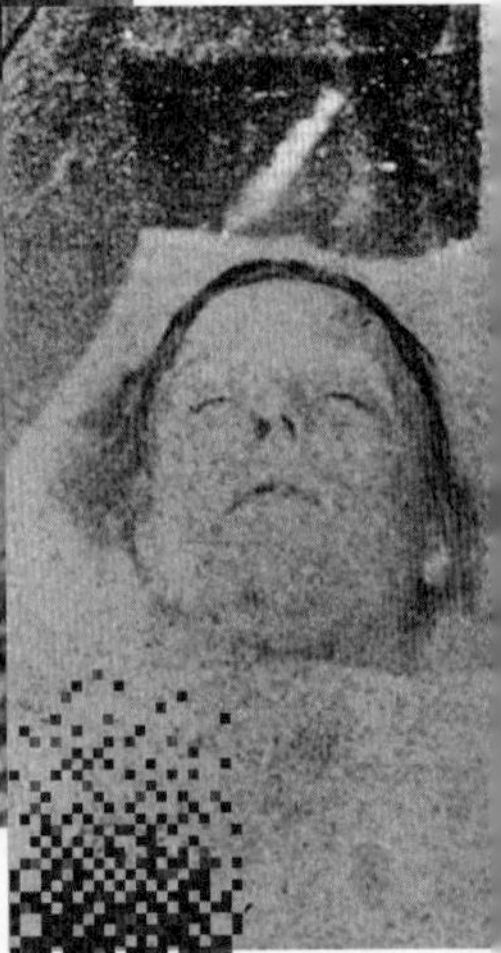

ジャックに殺された娼婦の大半は40代前半で、全員が内臓の一部を持ち去られていた。右は最初の犠牲者エアリン・アン・ニコルズ（42歳）の遺体

フロム・ヘル

19世紀末のロンドンを震撼させた娼婦連続殺人鬼

FILMS

「切り裂きジャック」は画家だった!?

切り裂きジャックは、19世紀のイギリスで5人の娼婦を切り刻んだ猟奇殺人鬼である。新聞社へ挑発的なメッセージを送りつける手口は劇場犯罪の走りとも言われ、ジョニー・デップ主演の「フロム・ヘル」やヒッチコックの「下宿人」など、様々な映画のモチーフになった。

その正体は、事件から1世紀以上が過ぎても不明のままだ。

切り裂きジャックによる最初の殺人は、１８８８年8月31日深夜3時、ロンドン外れのホワイトチャペルで起きた。被害者は42歳のベテラン娼婦で、路地裏で見つかった彼女の遺体は、顔面と陰部がバッサリ切られ大量の腸がはみ出ていた。

続く9月8日の早朝。今度は47歳の娼婦が、腹から臓器を引きずり出されたうえ、子宮と膀胱を持ち逃げされた状態で見つかった。

第3の犠牲者は、44歳のスウェーデン人娼婦。深夜1時、犯人は被害者へ襲いかかりノドと右耳を切り裂いたが、その瞬間、背後に馬車が近づいたため途中で〝作業〟を打ち切り、その夜のうちに別の娼婦へ凶刃を振るう。運悪くターゲットに選ばれた43歳の被害者は、内臓をえぐり出されたうえに、左の腎臓と子宮を持ち去られていた。

そして10月1日、犯人はロンドンのセントラル新聞へ犯行声明を送る。自らを「切り裂きジャック」と名乗り、「捕まえてみろ」と警察を煽っていた。

2週間後、町の自警委員会へ小包が届く。中には人間の腎臓の一部が同封され、手紙には「女から切り取った腎蔵を半分わけてやる。残りの半分はフライにして食べてしまったが」と

フロム・ヘル

2001／アメリカ／監督：アルバート・ヒューズ&アレン・ヒューズ
1888年のロンドンを舞台に、残虐な娼婦連続殺人事件を追う警部（演：ジョニー・デップ）の姿を描く。切り裂きジャックを題材としたアラン・ムーアの同名アメリカン・コミックが原作。

あった。

最後の殺人は11月9日の早朝。ロンドン南部の貧民街に住む25歳娼婦の遺体が、本人のアパートで見つかった。現場の状況はこれまでで最もひどく、テーブルの上に心臓や太もも、性器の一部などがズラリ。頭部は首の皮一枚まで深く切られ、壁の額からは大腸がぶら下がっていた。

ロンドン警察は、２００名を超す容疑者を調べたが、何の証拠も見つからず事件は迷宮入りに。犯人探しは、後世の人間の手に委ねられた。

映画「フロム・ヘル」では、王室の主治医だったウィリアム卿をジャックの正体に挙げている。実際、当時のヴィクトリア王朝には、お忍びで街中の売春宿へ出かける人たちが多く、スキャンダルには事欠かなかったらしい。

一方、現時点で最も真犯人の可能性が高いと言

切り裂きジャックが新聞社に宛てた投書。紙の一部に血液が付着している

われるのが、印象派画家のウォルター・シッカートだ。19世紀のイギリスを代表するアーティストで、事件の20年後に、娼婦の殺害をテーマにした絵画を大量に残した人物である。

作品に描かれた光景には、実際のジャック事件に酷似したシーンが多く、その一部には、警察しか知りえないはずの情報も含まれていた。

この〝シッカート犯人説〟を徹底的に調べ上げたのが『検視官』シリーズで有名なミステリー作家のパトリシア・コーンウェルだ。２００２年に出版された『真相〝切り裂きジャック〟は誰なのか？』の中で、コーンウェルは、シッカートの絵画や切り裂きジャックの手紙を買いあさり、切手などに付着した唾液からＤＮＡサンプルを入手。7億円もの私財を投じて遺伝子鑑定を行った結果、いくつかの塩基配列が一致したという。

真犯人の第一候補とされる画家ウォルター・シッカート。晩年は殺された娼婦の絵を描き続け、1942年、81歳で死亡した（写真は1911年当時）

もっとも、反論の声も少なくなく、鑑定に使われたジャックの手紙が、そもそも本物である確証がないという。対し、コーンウェルは「私が犯人を見つけたことに嫉妬しているだけ」と反論している。

デビルズ・ダブル

——ある影武者の物語——

暴君ウダイ・フセインの影武者は本当に存在したか

ナンパのために名前を利用!?

FILMS

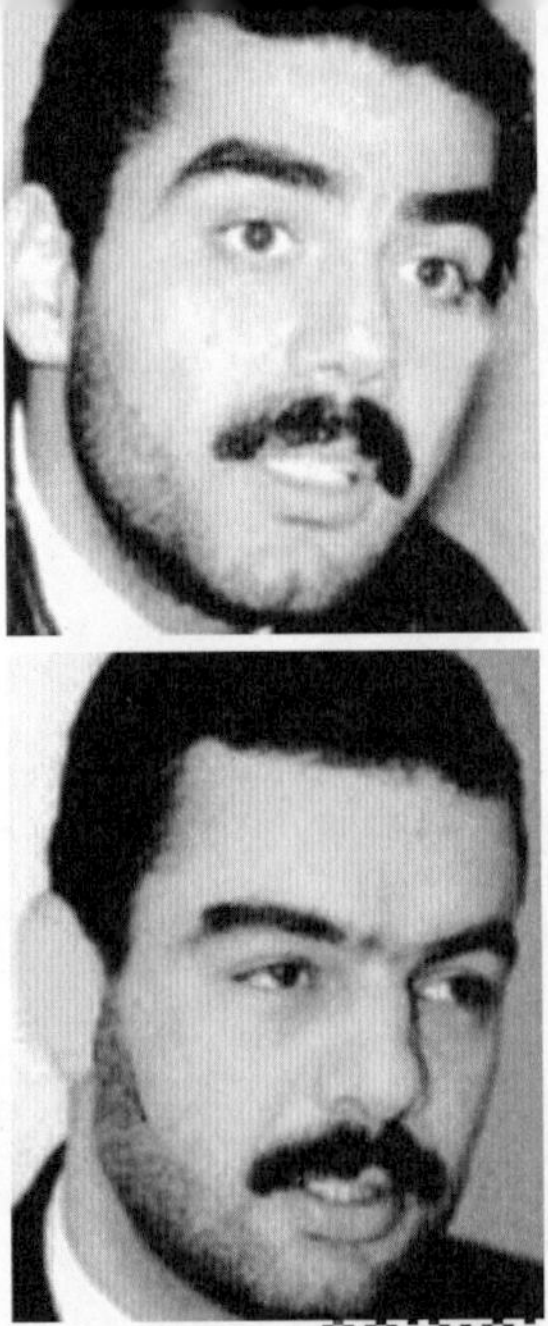

ウダイ・フセイン（上）と、影武者を務めたラティフ・ヤヒア（下）。確かに似ているが…

24年間にわたりイラクを恐怖で支配した独裁者、サダム・フセイン。その長男であるウダイ・フセインの影武者を務めた実在の男性の恐怖を描いたのが、２０１１年のアメリカ映画「デビルズ・ダブル——ある影武者の物語——」だ。

実父のサダムをして「生むべきではなかった」と言わしめた暴君ウダイに、４年間も仕え続けた男の正体とは？

本編の主人公であるラティフ・ヤヒアがウダイ・フセイン（2人とも1964年生まれ）の影武者を命じられたのは、イラン・イラク戦争が終わりに近づいた1987年のこと。子供の頃からウダイにそっくりだった顔立ちを見込まれた。

いったん命令を拒否したラティフだったが、1週間にわたり監獄に放りこまれ、家族を殺すとまで脅されては従うよりない。

仕方なく首を縦に振ると、バグダッドの宮殿に護送され、6ヶ月にわたりウダイのしゃべり方や行動パターンを学習。さらに外見を近づけるべく、歯並びと目元の整形手術を施された。

影武者として暮らし始めたラティフは、そこで初めてウダイの暴君ぶりを知る。夜ごと宮殿に美女を招いてドラッグパーティを開き、下校途中にさらった女子高生を自宅でレイプしてなぶり殺す。1988年には、ムバラク大統領夫人が開いたパーティの席上で、突如、父サダムの側近だった男を杖で殴り倒し、気絶したところを調理用の電動ナイフで切り刻んでいる。少しでも気に入らない人間がいた場合は、バグダッド川沿いに建てた拷問センターで監禁死させるのが常だった。

デビルズ・ダブル —ある影武者の物語—

2011／ベルギー／監督：リー・タマホリ
サダム・フセインの息子ウダイ・フセインの影武者を務めた男の4年間を描いた作品。CG合成でウダイと影武者の一人二役を演じわけたドミニク・クーパーの演技が見もの。

それでも忠実に職務を果たし続けたラティフだったが、やがて2人の関係に亀裂が走る。映画と同様に、ウダイのお気に入りの娼婦が、ラティフに色目を使ったのが原因だった。報復を恐れたラティフは脱走を決意。バグダッド北部へ向かう途中でクルド人の反乱軍に身柄を拘束された後、1992年にオーストリアへの亡命が許可された。

劇中ではこの後、イラクに戻ったラティフがウダイの射殺計画を実行に移すが、これは完全なフィクション。1996年にウダイの暗殺未遂事件が起きたのは事実だが、犯人はいまだ特定されていない。

銃が大好きだったウダイ・フセインは、常にAKライフルを持ち歩いていた。2003年のイラク戦争で死亡。享年39

かくして地獄の影武者暮らしは終わった。が、実はラティフの証言には異議を唱える者も少なくない。ジャーナリストのオーエン・バトラーによれば、そもそもラティフには誇大妄想の疑いがあるという。その証拠に2007年にBBCテレビへ出演したラティフは、イラク亡命後の行動をこう説明している。

「いったんはサウジアラビアの王女と恋仲になったが、彼女が本国で首を斬られてしまったので逃げ出した。その後、北洋の貨物船の船長になって、ダイヤモンドの密輸ルートを確立してボロ儲けした」

確かに、誇大妄想を疑われても仕方ないレベルだ。

また２０１１年には『サンデー・タイムズ』記者のエド・シーザーが、かつてウダイ・フセインに仕えた側近たちへインタビューを試みたところ、皆が「そもそも影武者自体が存在しなかった」と証言。ラティフに整形手術を施したとされる医師に尋ねても「そんな事実はない」と断定したという。

主演のドミニク・クーパーと映画のプレミアに出席したラティフ。この時期、マスコミから批判が噴出していた

疑いを強めたシーザーは、バグダッド警察の記録も調べ上げ、さらなる証拠を見つけ出す。１９９０年の夏、なんとラティフは自らの意思で「俺はウダイ・フセインだ」とウソをつき、身分詐称の罪で地元警察に逮捕されていたのだ。調書によれば、酒場で女をナンパするためにウダイの名を騙ったらしい。

これらの批判に対し、ラティフは「でっち上げだ」と真っ向から反論。真相は藪の中だ。

バンク・ジョブ

真の狙いはマーガレット王女の痴態写真!?

ロイズ銀行強盗事件

1971年9月、英ロンドンのベイカー街にあるロイズ銀行の貸金庫から多額の現金と大量の宝石類が盗まれた。

マスコミは〝イギリス史上最大の盗難事件〟と騒ぎ立てたが、報道されたのは4日間だけ。後は捜査状況も報告されぬまま事件自体がなかったことにされてしまった。政府が「D通告」(国防機密報道禁止令＝軍事や国防上の機密に触れる事態を封印する特殊法令)を発令したからだ。

いったい貸金庫にどんな秘密があったのか。2008年公開の映画「バンク・ジョブ」は当事者をアドバイザーに、事件の真相を解明した作品である。

1971年9月11日土曜の午後11時、1人のアマチュア無線家がセントラ

映画「バンク・ジョブ」より

FILMS

ル・ロンドン公園で、銀行強盗団と見張り役との会話と思しき不審な通信を傍受した。無線家の通報を受け、ロンドン警視庁はすぐさま動き出したが、技師を呼び出し発信源の追跡を開始したのは深夜2時。すでにウォーキートーキー（無線機）での会話は終わった後だった。

警察は、無線電波が届く範囲に位置する150行を中心に、ロンドン市内750に及ぶ銀行を調査。12日の午後には、ベイカー・ストリートとマリルボーン・ロードの交差点に建つロイズ銀行へも立ち寄った。

実はそのとき強盗団はまだ金庫室内にいたのだが、警察は気づかない。金庫室に続く厚さ38ミリの壁に傷はなく、金庫自体も決められた時刻まで開かない設定になっていたからだ。

無線はタチの悪いイタズラと思われたが、週明けに銀行がオープンして事件が発覚する。地下金庫室の貸金庫268個に納められていた25億円以上の金品が奪い去られていた。

強盗団の手口は前代未聞だった。銀行の2軒先にある革製品の店を賃借し、店の地下室から金庫室の真下まで12メートルのトンネル

バンク・ジョブ

2008／イギリス／監督：ロジャー・ドナルドソン
1971年のイギリスで実際に起きた王室スキャンダルに関わるロイズ銀行強盗事件の真相に迫った1本。映画公開後も英政府は沈黙を守っている。

を開削。電熱式の槍を使って厚さ38ミリの金庫室の床を突き破ったのである。銀行側は、まさか地下から強盗団がやって来るとは思わず、金庫室の床に警報装置を仕掛けていなかったらしい。

イギリスでは「ウォーキートーキー強盗」として知れ渡ったこの事件には、黒幕がいる。「MI5」と呼ばれる治安維持のため活躍するイギリス情報局保安部だ。彼らは、どうしても貸金庫に眠る1枚の写真を回収したかった。エセ左翼活動家でヤクの売人でもある悪党が、当局を脅迫するネタにしていた、リゾート先で乱交する英国王女マーガレットの盗撮写真である。

調査の結果、ロイド銀行の貸金庫に入っていることまでは突き止めた。が、政府が

強盗団は、右の革製品店「SAC」の地下室から、
1店挟んだ左のロイズ銀行地下金庫室までトンネルを掘った

関与するわけにはいかない。そこで逮捕者の中から適任者を選び、強盗を条件に釈放したのである。

映画ではマルティーヌという女性がMI5と繋がる役を演じ、中古車販売業者やカメラマンなど6人の強盗団が結成される。これら個人描写は全てフィクションながら、実際にも女性が1人混じっていたらしい。

計画は成功し、強盗団は大金を懐に入れ、政府は安泰、のはずだった。が、貸金庫にはスキャンダル写真以外にもとんでもないブツが隠されていた。ロンドンの裏社会の顔役が記した汚職警官への贈賄記録と、情報局高官と下院議員のSMクラブでの盗撮写真だ。

成功から一転、警察とギャング、政府に追われる強盗団。映画の見せ場でもあるが、最終的に贈賄記録は汚職とは無関係な警官へ、スキャンダル写真は新しい身分証と引き替えに政府に引き渡され一件落着となる。

乱交写真を撮られたとされるマーガレット王女。事件当時41歳

★

物語はフィクションだが、映画の作り手たちは徹底したリサーチを敢行し「9割が真実」と語っている。

白い嵐

アルバトロス号沈没事故

回避不可の遭難事故か、船長の技量不足が原因か

FILMS

船を巨大ハリケーンが襲うクライマックスシーン。映画「白い嵐」より

１９６１年、南米のエクアドル沖に「白い嵐」と呼ばれる伝説のハリケーンが吹き荒れた。海洋学校の若者６人の命を奪ったのは、１９９６年の映画「白い嵐」でも描かれた海洋史上最大級の異常気象である。

１９５９年、名門として知られるアメリカの海洋学校オーシャン・アカデミーが、帆船アルバトロ

ス号を訓練用に買い入れた。１９２０年に製造された中型船で、１９５４年発生のハワイ沖大津波を転覆せずに乗り切ったことで名高い。

同校の校長のクリストファー・シェルダンも船舶業界では名の知れた人物で、ケネディ大統領から平和部隊の責任者として任命された経験を持つ名船長でもあった。

１９６１年２月、シェルダン船長は、14人の生徒と４人のクルーを乗せアルバトロス号で航海訓練に出る。約10ヶ月をかけ、フロリダから南米を半周する計画だった。

ユカタン半島を経由し、メキシコからバハマへ。当初は順調と思われた航海は、出港から２ヶ月後に最初の危機を迎える。カリブ海に入った一行の前に、突如、キューバ兵の巡視船が出現。亡命者の捜索との名目でアルバトロス号に乗り込むや、羅針盤を破壊したのだ。

方角を失った船が、どうにか目的地へあと一歩まで近づいた5月2日、突如、史上最大級の乱気流に巻き込まれる。昔から船乗りたちが「白い嵐」として恐れてきた、伝説の巨大スコールだ。これは、現代の気象学者が「ダウンバースト」と呼ぶ異常気象なのだが、具体的なメカニズムが明らかになったのは１９７４年。当時のアルバトロ

白い嵐

1996／アメリカ／監督：リドリー・スコット 1961年5月2日に発生したアルバトロス号沈没事故の生存者チャック・ギーグ（事故当時17歳）の手記『白い嵐―アルバトロス号最後の航海』を原作とした1本。

ス号の乗組員たちは、対処する術を持ち合わせていなかった。

吹き荒れる風にマストは砕け、船体は数秒で逆さまに。荒れ狂う海は、生徒たち6名をまたたく間に呑み込んでしまう。

嵐は約60秒ほど続き、アルバトロス号が完全に海底に沈んだところで終息。生存者たちは2台の救命ボートにしがみついて難をしのぎ、2日間フロリダ沖をただよった後、オランダの貨物船に救助された。

映画では、この後、管理責任を問われたオーシャン・アカデミーが、遺族から訴訟を起こされ、最終的にシェルダン船長の船舶免許が無効に。学校の

出航直後のアルバトロス号。実際の写真

運営許可も取り消されてしまう。

しかし、現実には、そもそも裁判自体が存在しなかったようだ。海洋警備隊による聞き取り調査は行われたものの、シェルダン船長は「一瞬の出来事で何も覚えていない。神の手に捕まったようだった」と証言。史上最大級の嵐が招いた不可避の事故とみなされ、オーシャン・アカデミーへのお咎めはなかった。

ただ、近年になって、シェルダン船長の技量に異を唱える者も現れ始めた。

事故から40年が経過した2000年、気象学者のパロットは、過去に起きた類似の海洋事故を調べ直した結果、アルバトロス号の機能に不足があったことを指摘。嵐のサイズが小規模だったとしても、船は沈んでいた可能性が高いと結論づけた。

この批判に対し、シェルダン船長は「精神的なショックで当時の記憶が失われているので、どうにもならない。どうやってアメリカへ戻ったかすら覚えてないぐらいだ」と発言。明確な答えを出さぬまま、2002年、に膵臓ガンで世を去った（享年76）。

アメリカの海洋業界では、現在もシェルダン船長の技量をめぐり、評価が二分している。

アルバトロス号を率いた
クリストファー・シェルダン船長本人

デサルボを演じたトニー・カーティス。映画「絞殺魔」より

絞殺魔

別件の強姦容疑で逮捕された男は真犯人なのか?

FILMS

ボストン絞殺魔事件

1968年に公開された「絞殺魔」は、1962年から1964年にかけて米ボストンで次次に女性が絞殺された「ボストン絞殺魔事件」が題材である。

警察が犯人と確信した男が逮捕されていながら、事件はいまだに未解決と言われている。

映画は1962年6月、55歳の女性看護師の殺害シーンから始まる。全裸の遺体には「外科結び」という特殊な方法で絞められたロープが残されていた。

この事件を皮切りに、3年間で19歳から85歳まで、計13人の女性が餌食になる。いずれも同様の手口で、レイプの痕跡がないのが特徴だった。

ボストン警察は、前科者や窃盗犯はもちろんナンパ師、同性愛者まで徹底的に調べたものの捜査は難航する。劇中では、逮捕されたコソ泥犯アルバート・デサルボを調べるうち、捜査官は彼こそが絞殺魔と確信するが、デサルボが精神に異常をきたした二重人格者であることも判明。デサルボが、最終的に犯行の記憶を取り戻したところで「絞殺魔として裁かれていないが獄中にいる」のテロップとともに終了する。

絞殺魔だったと目されるデサルボは１９３１年、ボストンに生まれた。父親が最悪な男で、アル中で妻子を殴るばかりか、子供に盗みを教え、それは万引き、空き巣、強盗とエスカレート。おまけに娼婦を家に連れてきて子供たちに行為を見せつけた。ちなみにデサルボの初体験は6歳で、相手は実の姉である。

17歳で陸軍に入隊。ドイツに5年間赴任し、地元の女性と結婚。劇中では仲の良い夫婦に

絞殺魔

1968／アメリカ／監督：リチャード・フライシャー
1962年から1964年にかけて実際に起きた「ボストン絞殺魔事件」をベースにした1本。捜査と犯行の様子を同時に見せる実験的な仕かけも多く、犯罪サスペンスとしても評価が高い。捜査官役としてヘンリー・フォンダが出演。

描かれているが、実際は違う。性欲過多で毎日5回6回と求めてくる夫に妻は嫌気がさして夫婦生活を拒否。ばかりか、妻の妊娠中にデサルボは9歳の少女にイタズラを働いている。ただ、この一件は相手の親が公になることを嫌って告訴を取り下げたため闇に葬られ、1956年に軍を名誉除隊となる。

妻にセックスを拒まれたデサルボは、モデルのスカウトマンと偽って女性宅を訪問、体のサイズを測ることを口実に肉体関係が持てないかと思いつく。そこそこイケメンで口が達者だったことから、この方法で実際に何度もベッドインしたらしい。

しかし、1960年に不法侵入罪で逮捕され懲役2年の実刑に。11ヶ月の服役で釈放されたものの、妻は完全に夫を見放す。映画で描かれるコソ泥による逮捕は1964年11月のこと。実際の逮捕容疑は窃盗罪で

ボストン絞殺魔の被害者女性たち

はなく強姦容疑だった。

　実はこの時期、ボストン市民の生活を脅かしていたのは絞殺魔だけではなかった。「グリーン・マン」と呼ばれる緑色の作業服を着た強姦魔が暗躍、300人以上の被害者が出ていた。

　デサルボをその犯人とにらみ取り調べていた捜査官は、彼に精神疾患があることに気づき病院へ送る。そこで同室となった男性が、言動からデサルボが絞殺魔の犯人ではないかと疑い、弁護士に連絡したところ、デサルボはあっさり犯行を自供する。これが映画では一切描かれない逮捕までの流れだ。

　公表してない被害者のことを知っていたデサルボが犯人であることは極めて濃厚。しかし、証拠は自供だけで、彼が公判で自供を覆せば判決の行方はわからない。そこで検察は異例の司法取引を行う。デサルボを強姦事件でしか訴追しないが、もし裁判で責任能力が否定された際は絞殺魔であることを自供するというものだ。

　果たして、裁判所はデサルボに強姦事件で責任能力があったと認め、終身刑を下した。こうして、ボストンの絞殺魔は闇に消えたのだ。


逮捕時のアルバート・デサルボ本人。映画公開5年後の1973年11月26日、刑務所の独房で刺殺体となって見つかった。犯人はわかっていない

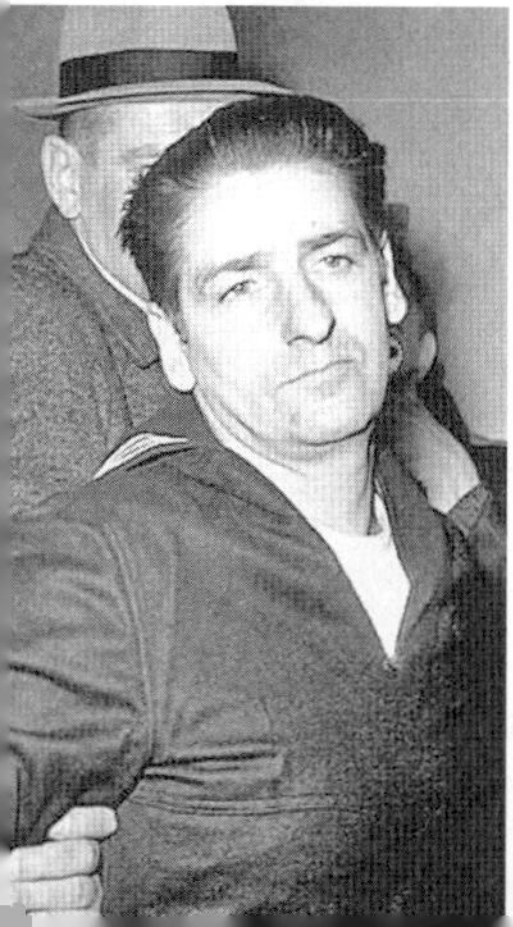

ボブ・クレイン 快楽を知ったＴＶスター

事件から14年後に逮捕された重要容疑者は無罪放免に

ボブ・クレイン殺害事件

１９６０年代から１９７０年代のアメリカで、ラジオやＴＶで大活躍したタレントに、ボブ・クレインという人物がいる。彼はＴＶコメディ「００１２捕虜収容所」に主演して人気を不動のものにするが、１９７８年、突然他殺体となって発見された。

映画「ボブ・クレイン 快楽を知ったＴＶスター」は、家族や関

ＴＶドラマ「0012捕虜収容所」の大佐ホーガン役で人気スターとなったボブ・クレイン。左は再婚相手の女優シグリット

係者へのインタビューを挟みながら、乱交やハメ撮りを趣味としたボブのスキャンダラスな人生と、いまだ犯人逮捕にいたっていない死の真相にも迫った作品である。

１９２８年、米コネチカット州に生まれ、子供の頃から社交的だったボブが、高校中退後、ナイトクラブのドラマーなどを経て地元のラジオ局にアナウンサーとして就職するのは１９５０年のこと。このとき、すでに高校時代からの恋人、アンと籍を入れていた。

１９５６年、ロサンゼルスのラジオ局にスカウトされ、ボブがホストを務める番組が始まると、その明るくウィットに富んだトークが評判を呼び、マリリン・モンローやフランク・シナトラなど、当時の大物スターたちがゲストに訪れるほどの人気を博す。

ボブはこの人気に満足することなく、次なる目標を俳優に置いた。そして１９６５年、格好の役を得る。ＴＶドラマ「００１２捕虜収容所」の主役、ホーガン大佐だ。第二次大戦中のドイツ軍捕虜収容所を舞台に連合軍捕虜たちの暮らしを描く戦争コメディはゴールデンタイムに放送され、ボブの名前は一躍、全国区となった。

ボブ・クレイン　快楽を知ったTVスター

2002／アメリカ／監督：ポール・シュレイダー
快楽の世界に溺れ、破滅へと突き進んでいった実在のＴＶスター、ボブ・クレインの波乱に満ちた生涯を描く。

セックスに興じるボブ。写真はシグリットとの息子スコットがインターネットで販売した中の1枚

一方で、ボブは依存症とでも言うべきセックス好きで、アンと離婚後、番組で共演した巨乳でブロンドの女優シグリットと再婚したものの、妻だけではとても満足できず、毎日のように女性との情事にのめり込む。

そんなある日、TVの撮影現場で出会ったのがビデオ機器のセールスマン、ジョン・カーペンターだ。今でこそスマホで簡単にハメ撮りできるが、当時はホームビデオもない時代。ジョンはボブに、自分のセックスビデオを撮る楽しみを教えた。

この遊びにボブはどっぷりハマる。ジョンと連れ立ってバーに繰り出し、自分の知名度を使って複数の女性をナンパ。ホテルの部屋で酒を飲ませては乱交に持ち込み、その様子を据え付けのビデオカメラで撮影した。

が、芸能界は浮き沈みが激しい。1971年に「００１２捕虜収容所」が終わり、１９７４年に主演したディズニー映画も失敗すると、人気は一気に落ち目に。ボブは、地方のディナー劇場回りに身を落とす。

俳優としては屈辱的だが、家を離れてのドサ回りはナンパにはもってこい。地方なら簡単に女性たちが調達でき、乱交やハメ撮りもやりたい放題だった。

一向に仕事が増えず、ただ遊びまくる夫に嫌気がさした妻シグリットは、離婚を口にし始める。そして別居。ボブが家族と別れて自分のアパートの部屋で殺害されているのを、訪ねてきたジョンに発見されるのは、別居から間もない１９７８年６月29日のことだ。

映画では、ボブはやっと入った映画の仕事を機に自堕落な巡業生活から足を洗おうとし、それを裏切られたと感じたジョンが犯行に及んだのではないかと推理している。

実際、ジョンは事件から14年後の１９９２年に殺人罪で逮捕される。が、当時はＤＮＡ鑑定もない時代。有力な物的証拠がない中で始まった裁判では、ジョンの「友達を殺すわけない」という証言が通り、無罪放免となった。

ボブは誰に何の目的で殺されたのか。いまだ犯人は不明だ。

遺体の第一発見者で、最重要容疑者だったジョン・カーペンターは1992年に無罪が決定。1998年に心臓発作でこの世を去っている

ワンダーランド

ポルノスターはギャング4人を殺したのか?

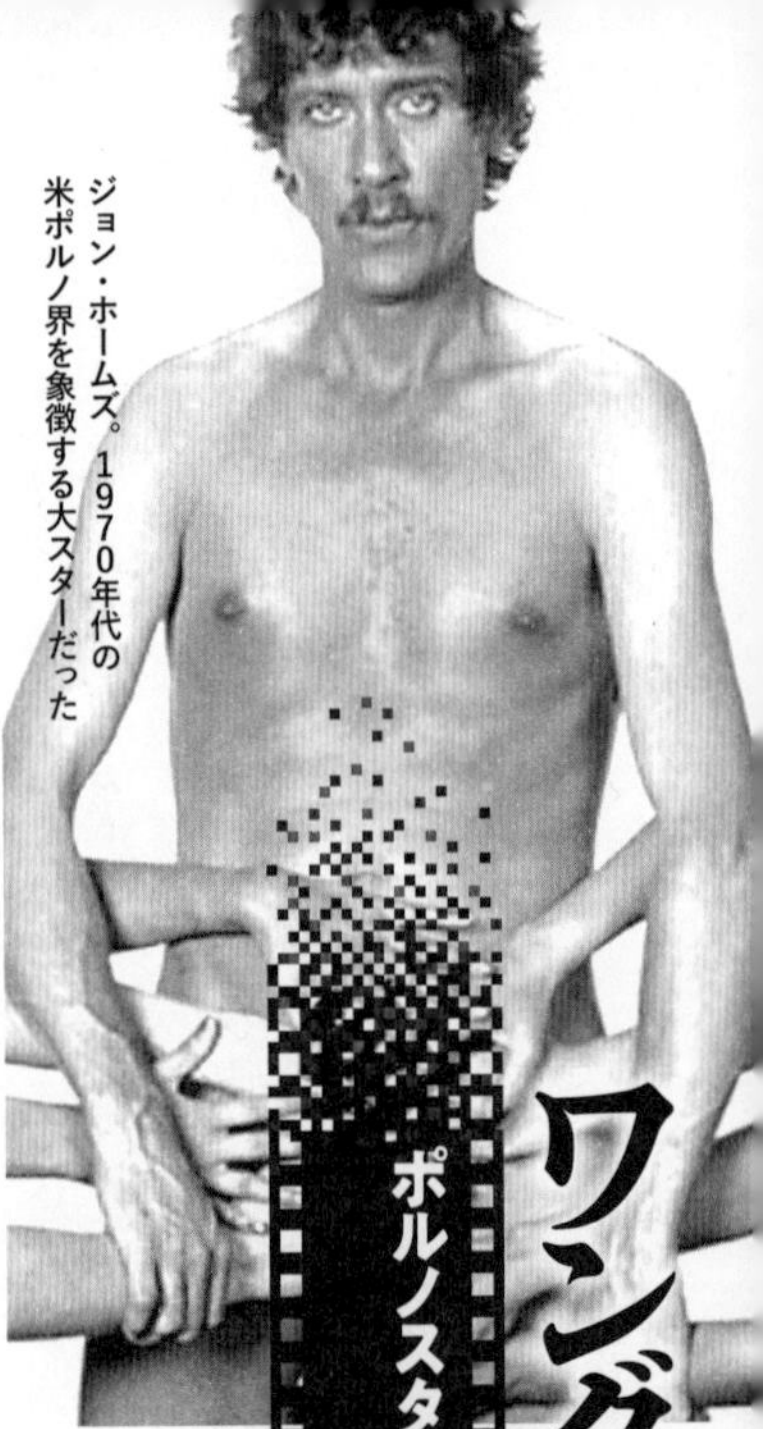

ジョン・ホームズ。1970年代の米ポルノ界を象徴する大スターだった

ワンダーランド殺人事件

１９８０年代初め、エンタテインメントの発信地ハリウッドが震撼する事件が起きた。ワンダーランド通りのレンタルハウスで男女４人が惨殺された「ワンダーランド殺人事件」だ。

警察の捜査では、２千５００本に及ぶ作品に出演した伝説のポルノスター、ジョン・ホームズと、地域を仕切る陰の実力者エディ・ナッシュが重要参考人として浮上、テレビカメラの前で何人もが証言しながらも、事件は結局、迷宮入りとなる。

２００３年公開の映画「ワンダーランド」は事件当時、ジョンの妻だったシャロンと、彼の恋人ドーンをアドバイザーに迎え、事件の真相に迫った作品である。

１９７０年代のアメリカでは、ハリウッドで制作されたポルノがポップカルチャーとしてもてはやされ、その時代に〝ポルノスター〟として頂点に立ったのが、35センチとも言われる巨大なペニスと破天荒な生き様で知られるジョン・ホームズ（１９４４年生まれ）である。全盛期には２００ものファンクラブが作られたカリスマで、１９９７年に公開されたカルトムービー「ブギーナイツ」のモデルにもなった人物だ。

ホームズは１９７３年からポルノでは初のシリーズ作品を生み出し、以後、5年間は1日に3千ドル（約60万円）も稼ぎ出す一方で、この頃から勃起の維持力に影響を及ぼすほどコカインの乱用が始まる。

映画は、麻薬に溺れ、すっかり身を持ち崩したホームズが主人公だ。薬のおかげで仕事はなくなり、妻シャロンが家を出ていっても薬を止められなかった。

ワンダーランド

2003／アメリカ／監督：ジェームズ・コックス
1981年、ハリウッドのワンダーランド通りで起こった、最も残虐な未解決事件「ワンダーランド殺人事件」を映画化。関係者の証言から事件の真相に迫るリアルな仕上がりになっている。

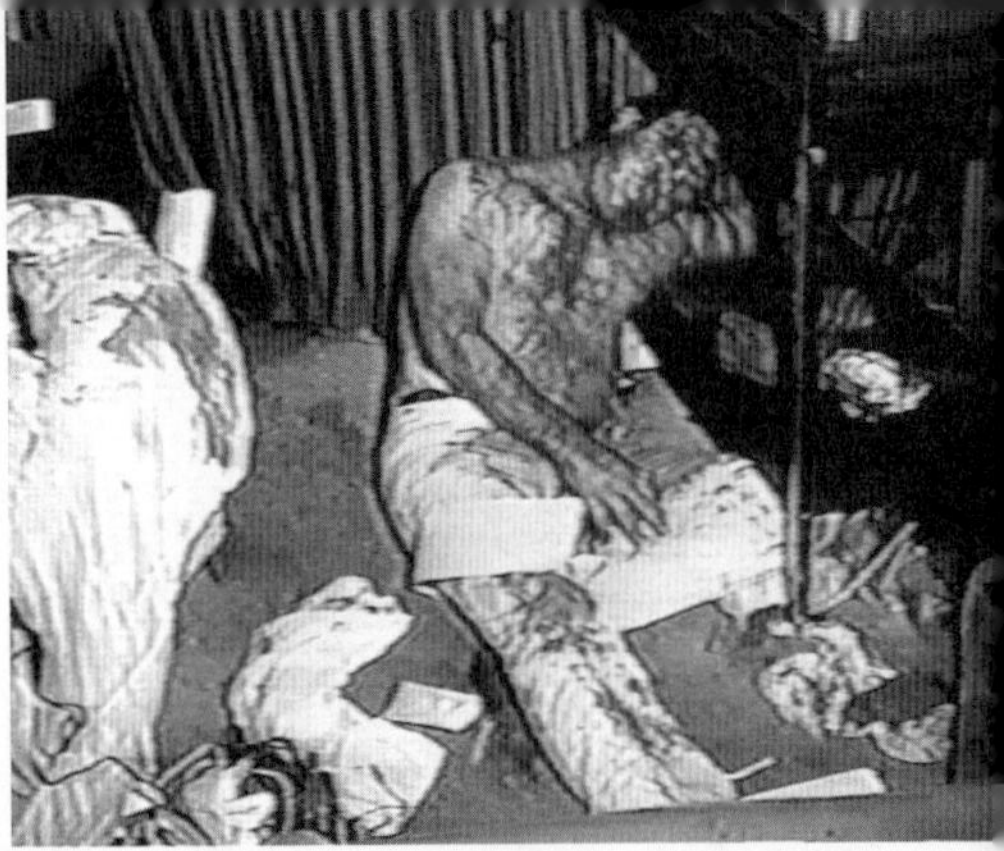

ワンダーランド・ギャングが殺害された現場

1976年、16歳のドーンと出会うと、彼女と一緒に売春で稼ぎ、同時に麻薬ディーラーのエディ・ナッシュと親しくなる。

ロサンゼルスのワンダーランド通りにあるテラスハウスを根城にしていた〝ワンダーランド・ギャング〟と関係を深めるのもこの頃だ。薬を得るため、ホームズは彼らの運び屋に手を染めていた。あるとき、金の貸し借りでギャングと揉めたホームズは、ナッシュ宅に大量の麻薬や現金があったことを仄めかす。と、1981年6月29日朝、ギャングたちはラリった勢いでナッシュ宅に侵入。ホームズは現場に出向かなかったものの、ナッシュはホームズが手引きしたものと見破り、今度はホームズにギャングのテラスハウスへの手引きを強要する。

結果、同年7月1日早朝、ギャングのメンバー4人の死体と1人の重傷者が根城で発見されることとなる。

ホームズはいったん逮捕されるものの、証拠不十分で釈放。ドーンと共にフロリダに向からが、半年後、改めて４人の殺人容疑で拘束される。犠牲者の１人が寝ていたベッドの横板にホームズの指紋が残されていたため、彼が武器で殴打した証拠とみなされたのだ。が、弁護士は、指紋は、真犯人（ナッシュの手下）により強制的に現場に連れて来られたため付いたものと弁護。最終的にホームズは全殺人容疑について無罪となった。

その後、ポルノ業界に復帰したホームズは１９８５年、シャロンと正式に離婚。ドーンも去っていったことから、１９８７年に共演相手と再婚したものの、翌年、エイズによる脳炎で死去する。43歳の若さだった。

★

映画は、事件に関して驚きの真相を示す。ホームズは事件当日の朝、返り血で真っ赤に染まった服のままでシャロンの家を訪ねており、さらにドーンによれば、逃げていた半年間、悪夢にうなされ続けていたという。

果たしてホームズは劇中で描かれるとおり、ナッシュの手下に強要され、ワンダーランド・ギャングの頭に鉄パイプを振り下ろしたのだろうか。

ジョンに殺人を教唆《きょうさ》したとされる
麻薬ディーラーのエディ・ナッシュ

バーニー／みんなが愛した殺人者

町一番の人気者が、町一番の嫌われ者を殺した本当の動機

犯人のバーニー・ティーディ（右）と
被害者のマージことマージョリー・ニュージェント

マージョリー・ニュージェント殺害事件

1996年8月、米テキサス州の田舎町で、大富豪の老婆マージョリー・ニュージェント（通称マージ。当時81歳）が自宅冷凍庫の中から遺体で発見されるという殺人事件が発生した。

犯人として逮捕されたのは、長年、彼女の専属マネージャーを務めていたバーニー・ティーディ（当時39歳）。彼女とは信頼関係で結ばれていたはずのバーニーがなぜ

犯行に及んだのか。彼女の資産が目的だったのか。

２０１１年公開の映画「バーニー／みんなが愛した殺人者」は、全米から注目されたこの事件を、コメディタッチながらも忠実に再現した作品である。

バーニーがマージと出会うのは１９９０年。石油会社で莫大な富を築いたマージの夫の葬儀の場である。教会で哀しみにくれる彼女に、慰めのことばをかけたのが、当時葬儀社に勤務していたバーニーだった。後にマージを殺害することを考えれば、最初から金目当てで近づいたようにも思えるが、映画でも描かれるとおり、バーニーはずば抜けて人の良い親切な男として評判の人物だった。

以前から、夫を亡くした未亡人には葬儀の後も直接自宅を訪ね、寝たきりの老人がいれば積極的に世話をする。困った人を放っておけない性格だった。

一方、マージは彼とは真逆の底意地の悪い女性として有名だった。資産家であることを鼻にかけ、何かにつけては町の人々に「田舎者」と悪態をつきまくっていた。当然友達は１人もおらず、葬儀でも同情する人間は皆無だった。

バーニー／みんなが愛した殺人者

2011／アメリカ／監督：リチャード・リンクレイター
1996年に米テキサス州で元葬儀店員の男性が大富豪の老婆を殺害した事件を題材にしたブラック・コメディ。ジャック・ブラック（バーニー役）、シャーリーン・マクレーン（マージ役）の他、事件を担当する地方検事役としてマシュー・マコノヒーが出演。

バーニーは、そんな女性だからこそマージに声をかけ、その後何度も彼女の自宅を訪ねた。マージには驚きだった。町一番の嫌われ者の自分の話相手となり、時に庭の芝を刈り、食器を洗ってくれる心優しき男性。しだいにマージにとってバーニーはかけがえのない存在となり、高級時計を贈り、豪華な海外旅行に同行させる仲となる。

1993年、マージはバーニーに葬儀社を辞めさせ、自分の預金を管理する専属マネージャーとして雇い入れる。給料は以前の2倍。バーニーにとっても嬉しい話のはずだが、現実は少し違う。マージはバーニーの親切心につけ込んでいた。コーヒーを飲みたくなれば、たとえ仕事中でもポケベル一つで駆けつけてくれる彼。そんな相手を他の職に就けておくことは許せなかった。早い話がバーニーを独占したかったのだ。

そして驚くべきことに、マージは自分の死後、10億円にも及ぶ遺産をバーニーが相続するよう手続きを取る。彼女には実子も姉妹もいたが、身内よりバーニーを優先した。

バーニーが町に金をばらまき始めるのは、それから2年が経った1995年頃だ。大学や公共施設に寄付したり、町の聖歌隊が使用する劇場の建設費用を提供したりと、その額は3億円に及んだ。時を同じくして、マージが人前に姿を現さなくなる。銀行員が自宅を訪ねても、バーニーは「あいにく体調を崩しています」の一点張り。親族も全く連絡が取れない状態が続く。

1996年10月、さすがに不審に思った彼女の息子が、保安官と一緒に自宅を訪問。そこで見つけたのは、冷凍庫に保管されたマージの遺体だった。死後9ヶ月が経っていた。

背中を4発撃って殺害したことを、バーニーは素直に自供した。マージの支配がエスカレートし、そのストレスが限界に達したのが動機だという。

バーニーの人柄を知る住民はこぞって彼に同情し釈放を要求。中には保釈金を用意したり、「マージはいつか殺される運命にあった」と口にする人まで現れた。

こんな状況で公正な裁判は実施できないとみた当局は、別の町で審理を行うことを決める。果たして、陪審員が下した評決は第一級殺人罪で有罪。終身刑が下された。

現在も、地元でバーニーを悪く言う人は少ない。犯行は彼女に精神的に追い込まれた、やむにやまれぬものだった、と。しかし、一方で、殺害の本当の動機は、バーニーが一度知った贅沢の味を忘れられず、マージの金を横領し続けていたことを本人が察知、追及してきたためとも言われている。真相は謎のままだ。

映画でバーニーを演じたジャック・ブラック（左）と、マージ役のシャーリーン・マクレーン。映画「バーニー／みんなが愛した殺人者」より

チャプター27

犯人チャップマンが凶行に及んだ本当の理由

ジョン・レノン殺害事件

FILMS

1980年12月8日夜、世界で最も偉大なミュージシャンの1人で、元ビートルズメンバーのジョン・レノンがニューヨークで殺害された（享年40）。犯人は熱心なジョンのファンだったマーク・チャップマンなる当時25歳の男性。彼はジョンの自宅ダコタハウス前で何時間も待ち伏せし、戻ってきたジョンの胸に容赦なく銃弾を放った。

いったい、犯行の動機は何だったのか。映画「チャプター27」は、チャップマンが凶行に至るまでの3日間の行動と心理を描写した作品である。

ニューヨークの自宅「ダコタハウス」前でジョンとヨーコ。事件はこの家の前で起きた

チャップマンがジョン暗殺に至った理由。それは、劇中では詳しく触れられない彼の半生に一因があるようだ。

チャップマンは1955年、米テキサス州に生まれた。父親は石油会社のサラリーマン、母は看護師。典型的な中流家庭だが、彼の父親は母や息子に日常的に暴力を振るう男だった。心の傷を癒すためか、チャップマンは8歳のとき初めてビートルズを聴いて以来熱心なファンになり、中でもジョンに強い憧れと尊敬の念を抱く。

しかし、彼が拠り所にしていたのはビートルズだけではなかった。14歳でドラッグを覚え2年間にわたり薬に依存。何度も家出し、路上で暮らすような生活も送っていた。

1971年、高校に入学すると、キリスト教に目覚め、宗教活動に熱中するようになる。YMCAのサマーキャンプに参加し、子供から信頼と尊敬を集める自分。これぞ、彼が幼少期から求めていた己の姿だった。

しかし、大学に入ってから勉学に遅れを取り、当時付き合っていたガールフレンドと破局。周囲とも上手く馴染めず、しだいに精神を病んでいく。

チャプター27

2007／アメリカ・カナダ／監督：J.P.シェファー
獄中のチャップマンをインタビューしたノンフィクション「ジョン・レノンを暗殺した男」を基に、犯人が凶行に至るまでの3日間を描く。作品タイトルは、チャップマンの愛読書で、全26章からなるサリンジャーの『ライ麦畑でつかまえて』の後に27章を書き加える思いで制作されたという意味を持つ。

事件の7時間前、ジョンは犯人チャップマン（右）のサインに応じている。写真は現場にいた雑誌カメラマンが撮影したもの

1977年、チャップマンは心機一転ハワイに移り住む。生活を変える気持ちが半分、残り半分は自殺願望で、実際、彼はホノルルで車の排気管ホースを口に咥え自殺未遂を図っている。

図書館でサリンジャーの『ライ麦畑でつかまえて』に出会うのは、そんな頃だ。インチキ社会に抵抗する主人公ホールデンが自分に重なった。一時期社会貢献をした業績を上げ高く評価されたのに、なぜ自分は認められないのだろう。こうしてチャップマンは身勝手な悩みを深刻化させていく。

チャップマンの中では、もはや何か大きなことをして名を上げる道しかなくなっていた。その思考とジョン殺害には大きな開きがあるように思えるが、彼は後に『サージェント・ペパーズ』のアルバムを開いて、着飾ったジョンの姿を見るうち彼を「インチキの大人」と見なすようになったと語っている。明らかに『ライ麦畑』の影響だった。

1980年、12月6日、チャップマンは拳銃を持ち、ハワイからニューヨークに飛ぶ。ジョンの自宅前で、ファンを装いながら待つこと3日。12月8日、ついにその時は訪れた。

同日午後5時、ジョンは妻ヨーコと新曲作業のため、自宅を出る。このとき、チャップマンはジョンに歩み寄り、持参したアルバム『ダブル・ファンタジー』にサインをねだり、快く引き受けてもらっている。

それから6時間弱が過ぎた10時50分、ジョンとヨーコの乗ったリムジンがダコタハウス前に到着。2人が車から降りたそのとき、暗闇からチャップマンが呼びかけた。

「レノン？」

同時に、チャップマンは両手に構えた拳銃から、ジョンめがけ銃弾を撃ちこむ。そして、持参していた『ライ麦畑』を読みながら警察の到着を待った。病院に担ぎ込まれたジョンが息を引き取るのは、狙撃からわずか10数分後、23時過ぎのことだ。

チャップマンの近影。無期懲役の判決を受け、2018年4月現在も収監中。2000年から7回にわたり仮釈放を申請したが全て却下されている

2012年、低予算で作られた1本の韓国映画が国内で350万人を動員する大ヒットを飛ばした。韓国の国民的俳優アン・ソンギ演じる元大学教授が、己の無罪を晴らすため司法権力と闘う法廷劇「折れた矢」だ。

本作の題材になった「クロスボウ事件」とは？

2007年1月15日、ソウル高等法院部のパク・ホンウ部長判事が自宅アパートにてクロスボウ（石の弓矢）で襲われ腹部を負傷するという事件が起きた。逮捕されたのは、ソウルの名門、成均館大学数学科の元教授キム・ミョン

事件の
加害者として逮捕された
キム・ミョンホ元大学教授
折れた矢
名門大学元教授の
無罪の訴えは通らず

韓国
クロスボウ事件

ホ。なぜ、彼はこんな行動を取ったのか？

発端は事件から12年前の１９９５年1月、同大学の数学の入試問題にミスが発生したことだった。キム教授は平等を期して受験生全員に点を与えるよう主張したが、学校の名誉を第一に考えた大学側はこれを拒否、キム教授を懲戒解雇とする。

教授は、この不当処分に再任用を求める訴訟を起こし、自らもソウル市内で抗議デモを行う。が、最高裁まで争ったものの、１９９７年、上告棄却。キム元教授は完全に職を失う。

その後、仕事を求め一家でアメリカ・ニュージャージー州に渡り8年が経った２００５年3月、転機が訪れる。韓国国会で、再任用に落ちた大学教授を改めて審査する法律が通ったのだ。

キム元教授は国に戻り、再び地位確認の訴訟を起こす。が、同年9月の一審判決は訴え棄却。２００７年1月の控訴審でも訴えは通らなかった。事件が起きたのはその３日後のことだ。

逮捕されたキム元教授は取り調べはもちろん、裁判でも一貫し無罪を主張した。ボウガンを手に判事宅を訪れたのはあくまで判事を威嚇し、裁判の結果に反省を促すため。その後、揉

折れた矢

2012／韓国／監督：チョン・ジヨン
2007年、韓国ソウルで起きたクロスボウ事件を題材に、正義と法を重んじる元大学教授の法廷闘争を描く。アン・ソンギ主演。

み合いになった過程で、誤って矢が発射されたものの、判事には絶対当たってない。判事が負った傷は、自分を陥れるための自作自演、もしくは警察当局の偽装工作だ——。

何とも仰天の反論だが、検察が主張する、判事に刺さった際に〝折れた矢〟はどこにも存在せず、法廷に提出されたのは真っ直ぐの３本の矢のみ。また、判事が事件時に着用していた上着と下着には血痕が付いていたものの、その間に着ていたワイシャツには全く血の跡はない。さらには、そもそも判事の傷を見たと証言できる者が１人もいなかった。

キム元教授は、これら不審点を検察側に説明するよう裁判官に求める。しかし、担当判事はこれをことごとく拒否。そもそも着衣の血痕がパク判事のものであるかを確認するＤＮＡ鑑定さえも実施しなかった。

この不可解極まる裁判所の対応に対する憤りは、

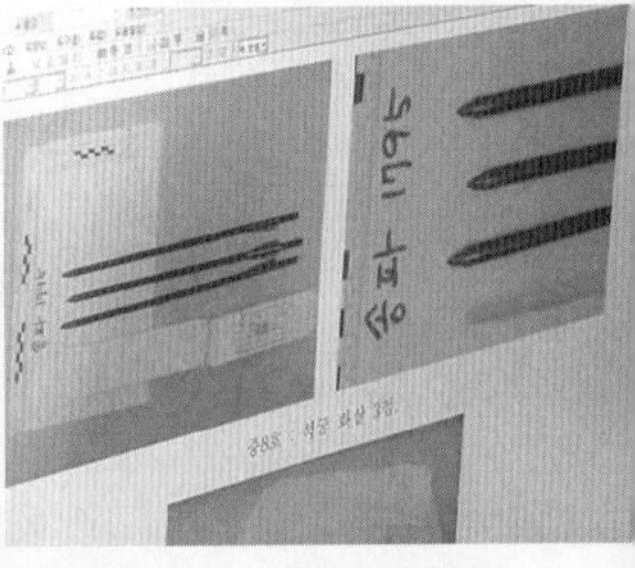

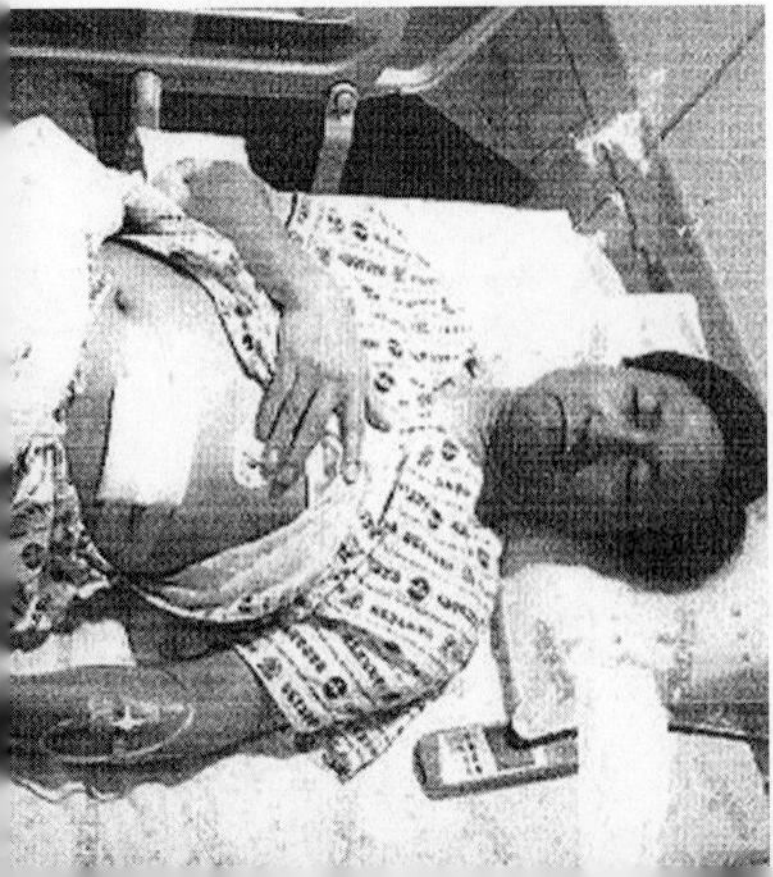

上／法廷に提出された矢は、1本たりとも折れていなかった（韓国SBSテレビの検証番組より）。左／腹部に傷を負い入院中の被害者パク・ホンウ判事

キム元教授より彼の弁護を担当したパク・フン弁護士の方が大きかった。

劇中にも出てくるが、彼は正当な要求を一切聞き入れようとしない裁判長に対し、最後の公判時に水の入ったペットボトルを投げつけようとした。ところが、それよりも早く傍聴席から裁判長に向かって卵が飛んできた。公判を見ていた者にも、裁判が不当であることは明らかだった。

2007年10月、裁判長はキム元教授に対し懲役4年の実刑判決を言い渡す。何とも納得し難い結果だが、劇中では描かれない部分で、司法部は以下のような点から有罪判決を下したという。

▼キム元教授が被害者宅付近の空地で1週間に1回程度数十発の矢を撃つ練習をしていた。

▼被害者の家を事前に7回程度訪れ、被害者の帰宅時間などを確認した。

いずれも状況証拠である。

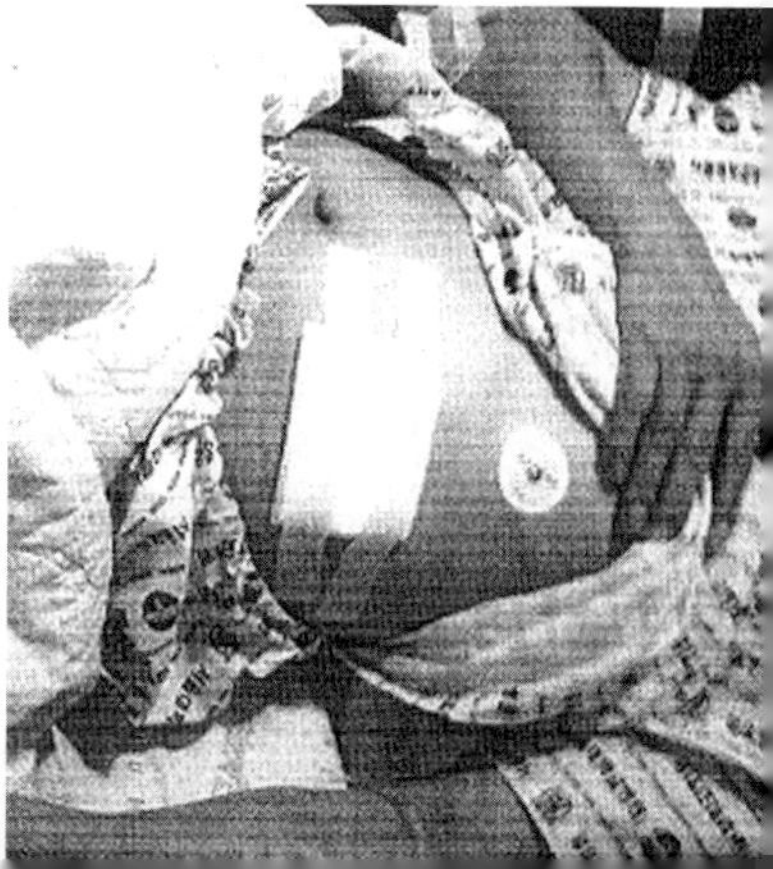

★

2011年1月、キム元教授は満期で出所。翌年2月、自分の裁判記録や主張を盛り込んだ著書『判事よ、あなたたちは一体何者だ?』を出版、裁判官たちを徹底的に非難している。

シルクウッド

原子力関連会社の不正を告発した女性活動家

カレン・シルクウッド怪死事件

1974年、米オクラホマ州の原発関連工場で働いていた女性カレン・シルクウッドが、企業ぐるみの不正と労働条件の改善を求めている最中、28歳で謎の交通事故死を遂げた。

いまだ真実が明らかになっていないこの実話を映画化したのが1983年公開の「シルクウッド」である。主人公を演じたのは、若き日のメリル・ストリープだ。

1946年、テキサス州生まれのシルクウッドは、州立のカレッジを卒業後、1965年に石油パイプライン勤務の男性と結婚。3人の子供を授かったも

謎の死を遂げたカレン・シルクウッド。享年28

FILMS

のの1972年に離婚する。

生活のため病院の事務員として短期間働いた後、原発関連企業「カー・マギー社」が運営するプルトニウム製造工場で、時給4ドルの技術者に。受け持った仕事には、放射性プルトニウムが詰まった燃料棒を研磨する危険な作業も含まれていた。

彼女は原子力労働組合に加入し、工場労働者の健康と安全の問題を熱心に調査。結果、欠陥のある換気設備や、放射性物質のずさんな管理、また不十分なシャワー設備などが、労働者の放射線被曝を引き起こしている事実に気づく。

正義心の人一倍強いシルクウッドは1974年夏、原子力委員会に出席し、カー・マギー社が前記した労働者の健康と安全規制における重大な違反を犯していること、燃料棒の扱い方が不適切なために不具合が生じてプルトニウムが漏洩していること、さらに相当量のプルトニウムが行方しれずになっていることを証言。また、欠陥品が出ても上司が記録を工作して検査を通過させていることを暴露する。

映画では、彼女の訴えに応じて原子力委員会のメンバーが不正を公にしようと尽力する場面があるが、実際は違う。委員会はカー・

シルクウッド

1983／アメリカ／監督：マイク・ニコルズ
核の危険性を訴え、労働条件改善を求めていた最中、謎の事故死を遂げたカレン・シルクウッドの実話を映画化。事件そのものよりも、一人の女性の生き様を主軸に据えている。

マギー社と手を組んでおり、外部に働きかけることは一切なかった。

ここで、シルクウッドがあきらめていれば事態はまた違っていたのかもしれない。が、正義心の強い彼女はどうしても不正を許すことができなかった。


シルクウッドの体に突如異変が生じるのは同年11月5日のこと。定期検査で、法的基準値の400倍を超えるプルトニウムが検出されたのだ。すぐさま工場で除染を受けた後、自己診断用の尿と大便の収集キットを手渡されて自宅に戻されたが、翌日も翌々日も、全く危険物を扱っていないにもかかわらず、陽性反応が出た。

なぜ、この3日間で、彼女の体が急速に汚染されてしまったのか。シルクウッドは、不正を暴こうとする自分の口を封じるため、会社側が意図的に収集キットにプルトニウムを混入させていたと主張。対して会社は、ネガティブなイメージを与えるため、彼女が自分で自分を汚染したのだと反論した。

11月13日、シルクウッドは『ニューヨーク・タイムズ』紙の記者に会うため、オクラホマシティにある、組合の事務所に1人で車を走らせる。車内には不正を証明する書類があり、それを基に記者に告発記事を書いてもらう算段だった。

が、記者がその書類を見ることはなかった。車がハイウェイの反対車線の路肩に飛び出し、排水溝に落下。そのまま壁に激突して、シルクウッドが死んでしまったからだ。

追突痕やスリップ痕などは、彼女の車が後ろから追突されて反対側の路肩に押し出されたこと。ハイウェイに戻ろうとする彼女の車を邪魔するように並行走行する車があったことを示していたが、警察は、シルクウッドが前方不注意で事故死したと発表する。ちなみに、彼女が携えていたはずの書類は車内から跡形もなく消えていた。

映画は、シルクウッドが亡くなったところで終わる。果たして、彼女の死は事故なのか、殺人なのか。

シルクウッドの事故捜査資料はＦＢＩが封印し、いまだ詳細は明らかになっていない。しかもカー・マギー社の指示により、彼女の遺体は冷凍されたままロスアラモス研究所送りになった。ここは、全米から放射能で汚染された労働者の遺体が運ばれ処理される施設で、彼女も炉で加熱されて灰になり、さらに酸性溶液で溶解されこの世から消し去られたのだ。会社側が、彼女が被曝していた事実を隠蔽した可能性は否定できないだろう。

娘の遺体も受け取れなかった両親は、カー・マギー社を提訴。最終的に１３８万（当時の日本円で約４億円）ドルで和解した。

事故で大破したシルクウッドの愛車、ホンダのシビック

幸せの行方

映画公開後に発覚した大富豪の殺人

ロバート・ダースト事件

ロバート（右）と、失踪した妻キャシー。写真は結婚当初の1973年頃に撮影された1枚

人気俳優ライアン・ゴズリング主演の映画「幸せの行方」は、アメリカの不動産王一族の御曹司が妻を殺害、さらに共犯の親友や隣人までをも手にかけてしまうサスペンス劇である。

映画は、1980年代〜2000年代前半にかけて、実在の不動

殺人罪で逮捕されたロバート・ダースト

産王ダースト家の周囲で起きた事件に基づいて制作、2010年に公開されたが、その後、事件は驚愕の展開を見せる。

主役のモデルは、タイムズ・スクエアなどの建設に携わった総資産44億ドルとも言われるニューヨークの不動産王ダースト家の御曹司ロバート・ダースト（2018年4月現在、75歳）。彼の周りでは、全米を騒がせた3つの未解決事件が起きていた。

最初は1982年12月31日に突然行方不明となったロバートの妻キャシーの一件である。2人は1980年より別居していたが、キャシーが失踪直前に夫と電話で口論していたとの目撃情報からロバートに嫌疑がかかる。が、決定的な証拠が見つからず、結局、この一件は失踪扱いのまま処理される。

2件目は2000年、ロバートの親友女性スーザン（当時55歳）が、自宅で頭部に一発の銃弾を受け〝処刑スタイル〟で射殺されていた事件である。

映画では描かれていないが、彼女とロバートはUCLA大学時代からの付き合いで、幼い頃に父親を亡くしたスーザンの結婚式では、ロバートが代わりにバージンロードを歩いたほどの仲だった。

幸せの行方

2010／アメリカ／監督：アンドリュー・ジャレッキー
ニューヨークに実在する不動産王ダースト家の御曹司を巡る3つの未解決事件の真相を描いたサスペンス。

スーザンの父親はラスベガスを仕切るマフィアのボスで、彼女が13歳のときに獄死していた。その事実を知らず育った彼女は大学卒業後に父親のことを調べて出版、以後、ルポライターとして活躍していた。

劇中でも描かれるように、殺された当時、スーザンは投資に失敗して破産、家賃の支払いも滞る状態だった。そこで、彼女が考えたのが、ロバートへの金の無心。実は彼女、ロバートの妻の失踪事件でアリバイ工作を手伝い、それをネタに彼を強請っていたのだ。

警察は、当然ながらロバートに嫌疑を向ける。が、その残虐な殺害方法に加え、死亡前、スーザンが周囲に「マフィアに関するテレビ番組の制作に参加する予定」と話していたため、マフィアによる犯行説が強まる。

一方、ロバートは警察からの追及を恐れ、

精神病質な主人公をライアン・ゴズリングが演じた。映画「幸せの行方」より

2000年、自宅で殺害されたロバートの親友、スーザン

テキサスに移転。2001年10月9日、近所に住んでいた高齢者の男性を殺害、遺体を遺棄する。動機は、被害者に自分の素性がバレそうになったためと推測されている。

この第3の事件で、初めてロバートは逮捕される。しかし金にモノを言わせ腕利きの弁護士を雇い、相手が襲ってきたための正当防衛だと主張。裁判ではこれが通り、死体遺棄のみの微罪で終わった。

ここまでが映画で描かれたロバート・ダーストにまつわる容疑の概要だが、その後、驚くべき展開が待っていた。

まず、映画公開後にロバート本人がアンドリュー・ジャレッキー監督に「自分で事件を説明したい」と連絡。ロバートへの取材をメインに「ザ・ジンクス」なるドキュメンタリー番組が作られることになった。

ジャレッキー監督はこの全6回のテレビシリーズで、

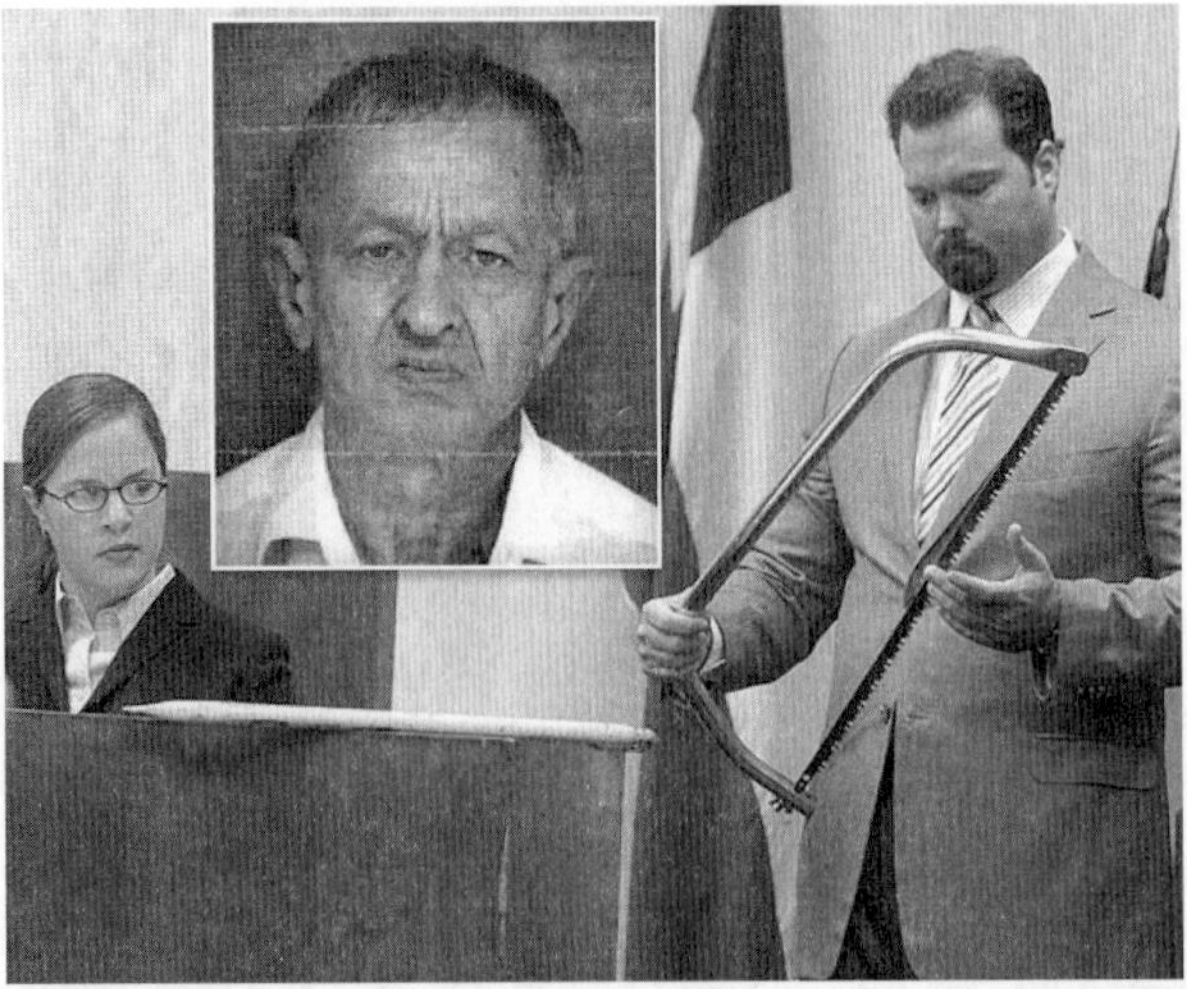

2001年、ロバートが殺人容疑で逮捕された際の裁判。中央の写真が被害者男性。検事が手にしているのは遺体解体に使われたノコギリ。ロバートは正当防衛を主張、死体遺棄罪のみ有罪となった

関係者、友人らへ新たに取材し、スーザン事件の真相究明に乗り出す。

と、その過程で、スーザンが殺された後、ビバリーヒルズ警察に犯人が送ったものと思われる手紙の筆跡が、ロバートの筆跡と一致することが判明。ジャレッキー監督はロバートが真犯人であるとの疑惑を強め、番組の最終回で彼に事件の真相を問い質す。

ロバートは、あっさり犯行を否定した。番組もそのまま終了するはずだった。が、この後、誰もいなくなった部屋の映像に、ぼそぼそと呟くロバートの声が

TV収録中、トイレで「俺が殺した」と独白

聞こえてきた。

「俺が何をしたかって？　全部俺が殺したに決まってるだろ」

スイッチが入ったピンマイクを付けたままトイレに行ったロバートの独り言である。

これを受け、警察は捜査を再開、ロバートはスーザン事件で逮捕・訴追された。

2020年8月現在、彼の公判は続いている。有罪となれば死刑判決が下される可能性も十分ある。

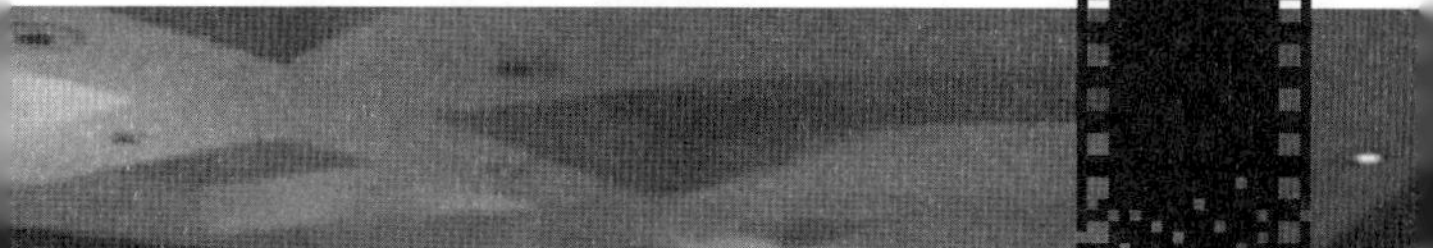
Killed them all, of course.
彼ら、全員殺したんだよ。もちろん

TVドキュメンタリーの映像に聞こえてきたロバートの独り言

ホッファ

全米トラック運転手組合元会長はどこに消えたのか

ジミー・ホッファ失踪事件

ジミー・ホッファ本人

１９７５年7月30日、アメリカ屈指の労働団体である全米トラック運転手組合（ＩＢＴ。通称「チームスターズ」）の元会長、ジミー・ホッファ（当時62歳）が突如、デトロイトの駐車場から行方不明となる事件が起きた。

劇中でホッファを演じたジャック・ニコルソン。映画「ホッファ」より

警察の捜査も空しく消息はわからず仕舞いで、7年後の1982年、死亡宣告がなされる。果たして、ホッファはどこに消えたのか？　映画「ホッファ」は、彼がマフィアに暗殺されたという観点から、事件に至るまでの経緯を描いた作品である。

映画は、事件当日、ホッファが親しい1人のマフィアを待つ車中で、過去を回想する形で進んでいく。

ホッファが世に頭角を現すのは1931年、貨物列車から積み荷を降ろす仕事に就いていた18歳のとき。劣悪な労働環境を改善するため、仲間に呼びかけ仕事をボイコット、雇用者側に賃上げや保険制度の充実などを盛り込んだ労働契約を結ばせた。

この実績により、彼は1933年、デトロイトのIBT支部専従となり、その後、身長165センチと小柄ながらも逞しい体格、恐れを知らぬ交渉術で、めきめきと出世していく。が、その裏にはマフィアの助けがあった。時にIBTに非協力的な労働者を恫喝し組合に入れさせ、時にストライキを匂わせ雇用者から金を強請り取る。IBT

ホッファ

1992／アメリカ／監督：ダニー・デヴィート
アメリカの労働組合指導者で、全米トラック運転組合の会長を務めたジミー・ホッファの半生を描く。本作の監督で、劇中、ホッファの側近チャロを演じたダニー・デヴィートの役柄は、実在したホッファの何人かの部下のキャラを組み合わせた架空の人物。

に限らず、当時のアメリカの労働組合活動は裏社会と手を組むのが常識だった。

　が、ホッファの場合は、力が大きすぎた。1950年代半ば、IBTは全米のトラック運転手200万人以上を擁する巨大組織となり、その最大の貢献者として、ホッファを次期会長に推す声が日に日に強まっていた。

　対し、アメリカ政府は、労働組合の腐敗を調査し、組織犯罪との関連を究明することを目的に、1957年、上院にマクレラン委員会を発足する。その主席顧問となったのが、後の米国大統領ジョン・F・ケネディの弟、ロバート・F・ケネディだ。

　使命に燃えるロバートは、FBIを動かし、ホッファの逮捕に踏み切る。容疑は3件の贈賄と共同謀議だった。

　ロバートは自信満々、報道陣を前に大見得を切った。


ホッファの会長就任を支持する組合員（1957年）

「これでホッファが無罪になったら、私は議事堂の上から飛び降りる」

果たして、裁判で下された判決は無罪。映画では描かれていないが、この後、ホッファは嫌みでロバートにパラシュートを送ったという。ホッファが組合員の投票によりＩＢＴの会長に就くのはそれからまもなくのことだ。

赤っ恥をかかされたロバートは、組合の積立金がマフィア組織に流れていることに目を付け、１９６１年、兄のジョンが大統領に就任すると、司法長官としてホッファ再逮捕のための特命チームを組織。日ごとに追及を強めていく。対し、ホッファは金に糸目を付けず腕利きの弁護団を雇い入れ、いつも際どいところで有罪を免れていた。

しかし、１９６４年、運は尽きる。マネーローンダリングに関与した罪で、逮捕。懲役13年の判決を受けたのだ。

生涯の天敵となったホッファと、ロバート・ケネディ（手前）

ホッファをあっさり裏切った元側近の
フランク・フィッツシモンズ

ホッファは部下のフランク・フィッツシモンズに全てを任せ、１９６７年、刑務所に収監される。いったんフィッツシモンズを要職に就かせ、出所後、また権力の座に返り咲く算段だった。

ところが、これがとんだ誤算だった。服役から４年後の１９７１年、ホッファは特赦を受け、仮出所する。が、ここには裏があった。仮釈放の厳守事項に「本来の刑期が切れる１９８０年まで組合活動を禁ず」と記されていたのだ。

映画では、全てはフィッツシモンズの策略で、それに怒り狂ったホッファがフィッツシモンズ殺害を旧知のマフィアに依頼することになっている。が、実際は、圧倒的に不利な状況にもかかわらず、ホッファは労働者の圧倒的な支持を力に、会長職への返り咲きへの道を真剣に模索していた。事件は、そんな頃に起きる。

ホッファ失踪を報じるデトロイトの地元紙

METRO

HOT

Detroit Free Press

ON GUARD FOR 144 YEARS

Friday, August 1, 1975

LAST SEEN OUTSIDE RESTAURANT

Jimmy Hoffa Is Missing

Investigators Probing Mystery Appointment

Action Line
Dial 222-6464

マフィアに惨殺され、死体は圧縮機に放り込まれた!?

映画は、旧知のマフィアを待つホッファが1人の青年に銃殺され、その死体をトラックが運び去るところで終わる。が、この日、ホッファがマフィアと待ち合わせていたという証拠も、殺害された証拠もない。現在もホッファは行方不明扱いで、捜索が続いている。

だが、世間の意見は一致している。マフィアにとって利用価値のない、単に邪魔者となったホッファは、組織の手先によって惨殺された。その死体はどこかに埋められたか、圧縮機に放り込まれたのだ、と。

映画になった衝撃の実話

2020年9月11日　第1刷発行

編　者　鉄人ノンフィクション編集部
発行人　稲村 貴
編集人　尾形誠規
発行所　株式会社 鉄人社
〒102-0074 東京都千代田区九段南3-4-5 フタバ九段ビル4F
TEL 03-5214-5971　FAX 03-5214-5972
http://tetsujinsya.co.jp
デザイン　細工場
印刷・製本　新灯印刷株式会社

ISBN978-4-86537-195-6　C0176

本書へのご意見、お問い合わせは直接、小社までお寄せくださるようお願いします。